T0287580

OSHO

El verdadero nombre

La melodía de la existencia

Charlas ofrecidas a propósito
del *Japuji-Saheb* de Guru Nanak

Traducción del inglés de Elsa Gómez

editorial Kairós

Título original: THE TRUE NAME, Vol. 1, by OSHO

© 1974, 1994 **OSHO** International Foundation. Switzerland.
www.osho.com/copyright. 2012.
All rights reserved.
OSHO® es una marca registrada de Osho International Foundation
www.osho.com/trademark.

El contenido de este libro está formado por charlas de Osho provenientes de unas series originales en hindi tituladas "Ek Omkar Satnam" impartidas por Osho ante una audiencia en vivo. Todas las charlas de Osho han sido publicadas íntegramente como libros, y también están disponibles las grabaciones de audio. El archivo completo de audio y de texto puede ser consultado en la Biblioteca en línea en la página www.osho.com.

© de la edición en castellano:
2012 by Editorial Kairós, S.A.
Numancia 117-121, 08029 Barcelona, España
www.editorialkairos.com

Traducción del inglés: Elsa Gómez
Revisión: Amelia Padilla
Fotocomposición: Moelmo, SCP
Diseño cubierta: Katrien van Steen
Impresión y encuadernación: Romanyà-Valls. Verdaguer, 1. 08786 Capellades

Primera edición: Noviembre 2012
ISBN: 978-84-9988-192-8
Depósito legal: B-30.374-2012

Este libro ha sido impreso con papel certificado FSC, proviene de fuentes respetuosas con la sociedad y el medio ambiente y cuenta con los requisitos necesarios para ser considerado un "libro amigo de los bosques".

Sumario

1. El cantor 7

2. El peso de una flor 53

3. La resolución del enigma 93

4. El otro Ganges 135

5. El arte de escuchar 177

6. Solo la contemplación lo puede conocer 213

7. Termina el viaje 255

8. Incontables maneras 293

9. Teñido de Su color 329

10. La atracción de lo infinito 369

Sobre el autor 405

OSHO International Meditation Resort 407

Más información 409

1. El cantor

Él es uno, Él es Omkar, la verdad suprema.
Él es el creador, que existe más allá del miedo,
más allá del rencor.
Su forma es atemporal.
Nunca nació, es autocreador.
Se llega a Él por la gracia del gurú.
Era verdad antes del principio del tiempo y es verdad
mientras el tiempo sigue su curso.
Nanak dice: «Él es verdad eterna ahora, y lo será
para siempre».

No podemos comprenderlo aunque pensemos en Él
un millón de veces,
ni aquietar la mente con silencio, por mucho que nos
sentemos a intentarlo.
Ni siquiera una montaña de pan saciará el hambre
del alma,
ni cien mil proezas de la mente conseguirán la unidad
con Él.

¿Cómo alcanzar la verdad y desgarrar el velo
de lo falso?

Nanak dice: «Sometiéndonos al orden divino
que está predeterminado».

Era una noche oscura, sin luna; las nubes estaban cargadas de lluvia porque era la estación de los monzones. De repente se oyó un trueno y brilló un relámpago, a la vez que empezaban a caer una gotas. La aldea dormía. Solo Nanak estaba despierto, y el eco de su canto llenaba el aire.

La madre de Nanak se preocupó, porque había pasado más de la mitad de la noche y la lámpara del cuarto de su hijo seguía encendida. Lo oía cantar. Al final, no pudo contenerse y llamó a su puerta: «Duérmete ya, hijo mío. Falta poco para que amanezca». Nanak guardó silencio. Desde la oscuridad llegó el reclamo de un gavilán. «¡Qui-qui-qui!», se oyó.

«¡Escucha, madre! –gritó Nanak–. El gavilán llama a su amada; ¿cómo puedo yo callar cuando estoy compitiendo con él? Llamaré a mi amado tanto tiempo como él llame a su amada, o incluso más, porque ella está cerca, quizá en el árbol de al lado, ¡y mi amado está tan lejos! Tendré que cantarle durante muchas vidas para que mi voz llegue hasta Él.» Y siguió cantando.

Nanak llegó a Dios por medio de su canto; la suya fue una búsqueda muy poco frecuente: su camino estuvo adornado de canciones. Lo primero que debemos saber de Nanak es que no practicó austeridades, ni meditación ni yoga; solo cantaba, y, cantando, alcanzó su meta. Cantaba de todo corazón, con toda el alma. Tanto era así que su cántico se hizo meditación; su cántico fue su purificación y su yoga.

Cuando alguien realiza cualquier acto con toda el alma, ese acto se convierte en su sendero. Largas horas de meditación hecha con desgana no te llevarán a ninguna parte, mientras que cantar una canción con todo tu ser o danzar con esa misma absorción total te llevarán a Dios. La cuestión no es lo que haces, sino cuánto de ti pones en ello.

El sendero que condujo a Nanak a la realización suprema, a la santidad, está salpicado de cantos y flores. Cuanto dijo, lo dijo en verso. Su sendero era cadencioso y suave, rebosaba de sabor a ambrosía.

Kabir dice: «Tan embriagador era el sentimiento, que mi mente encantada vació la copa sin preocuparse de medir la cantidad». Lo mismo le ocurría a Nanak: bebía sin llevar la cuenta de cuánto había bebido; a continuación cantaba y cantaba sin fin. Pero sus canciones no eran las de un cantante común; proviniendo de lo más profundo de quien ha conocido a Dios, rezuman un aroma de verdad y palpita en ellas Su reflejo.

He aquí otro detalle sobre *Japuji*. La noche sin luna que describía al comienzo pertenece a un incidente de la vida de Nanak, cuando tenía alrededor de dieciséis o diecisiete años. Cuando se concibió *Japuji*, Nanak tenía treinta años, seis meses y quince días. El primer incidente se refiere a los tiempos en que todavía era un aspirante en busca del amado. La llamada al amado, el estribillo, «Qui-qui-qui...», era todavía el reclamo del gavilán; todavía no se había encontrado con Él.

Japuji fue su primera proclamación tras la unión con el amado. El gavilán había encontrado lo que anhelaba, y el canto de «Qui-qui» había quedado atrás. El *Japuji* fueron las primeras palabras que Nanak pronunció después de su autorrealización, y ocupan por tanto un lugar muy especial entre los dichos de Nanak. Son las últimas noticias traídas del reino de los cielos.

Es necesario entender también el incidente que precedió al nacimiento del *Japuji*. Nanak se sentó a la orilla del río en total oscuridad con su amigo y discípulo Mardana. De repente, sin decir palabra, se quitó la ropa y entró en el río. Mardana lo llamó: «¿Adónde vas? ¡Está muy oscuro, y hace frío!». Nanak siguió alejándose, y se zambulló en las profundidades. Mardana esperó, pensando que saldría pronto, pero Nanak no volvía.

Esperó cinco minutos, y cuando hubieron pasado diez se puso nervioso. ¿Dónde podía estar? No había señal de él. Mardana empezó a correr por la orilla gritando: «¿Dónde estás? ¡Contéstame! ¿Dónde estás?». Entonces le pareció oír una voz que decía: «¡Ten paciencia, ten paciencia!», pero seguía sin haber señal de Nanak.

Mardana regresó a la aldea y despertó a todo el mundo. Aun en mitad de la noche, una multitud se congregó a la orilla del río, porque la aldea entera sentía un gran afecto por Nanak. Todos habían intuido, vislumbrado, lo que llegaría a ser, pues habían percibido el aroma de su presencia igual que se percibe la fragancia del capullo de una rosa antes de que se abra la flor. Todos lloraban. Corrieron adelante y atrás a lo largo de la orilla del río, pero de nada sirvió.

Pasaron tres días. Para entonces, ya no cabía duda de que Nanak se había ahogado. La gente imaginaba que la fuerza de la corriente habría arrastrado el cuerpo río abajo, y que tal vez ya lo habrían devorado las fieras. La aldea estaba sumida en un profundo pesar. Sin embargo, a la tercera noche Nanak salió del río, y las primeras palabras que pronunció se convertirían desde entonces en el *Japuji*.

Eso cuenta la leyenda..., y una leyenda siempre es a la vez verdad y no verdad. Es verdadera porque transmite una verdad esencial, y es falsa en el sentido de que es solo simbólica; pero es evidente que, cuanto más profundo es un tema, mayor es la necesidad de utilizar simbolismos.

Cuando Nanak desapareció en el río, cuenta la leyenda que se encontró ante las puertas de Dios. Experimentó a Dios. Allí estaba, ante sus ojos, el amado al que había anhelado tanto, al que había cantado día y noche. ¡Aquel que había llegado a ser la sed de cada uno de sus latidos se había revelado a Nanak! Se habían colmado todos sus deseos. Después Dios le habló: «Vuelve, y da a los demás lo que yo te he dado». Y el *Japuji* es la primera ofrenda de Nanak a su regreso de Dios.

Bueno, esto es una leyenda, pero es importante que entendamos lo que simboliza. En primer lugar, a menos que te pierdas por completo, hasta morir, no esperes conocer a Dios. Da lo mismo si te pierdes en un río o en la cima de una montaña, pero debes morir, pues tu aniquilación deja paso a Su ser. Mientras tú estés presente, Él no puede estarlo. Eres el obstáculo, el muro que te separa de Él. Este es el significado simbólico de ahogarse en el río.

Tú también tendrás que perderte, también tendrás que ahogarte. Debido a que la muerte no se completa hasta pasados tres días –ya que el ego no se rinde con facilidad–, los tres días de la leyenda de Nanak representan el tiempo necesario para que el ego se disuelva por completo. Y como la gente solo era capaz de ver el ego y no el alma, pensaron que Nanak había muerto.

Siempre que una persona se hace *sannyasin** y emprende la búsqueda de Dios, sus familiares lo entienden y le dan por muerto. Ya no es la misma persona; los antiguos lazos se rompen, el pasado desaparece, y amanece una vida nueva. Entre lo viejo y lo nuevo hay un abismo, y a eso se debe el símbolo de los tres días que transcurren antes de la reaparición de Nanak.

El que se ha perdido invariablemente vuelve, pero vuelve nuevo. No hay la menor duda de que quien recorre esta senda

---

* Se entiende habitualmente que *sannyasin* es la persona que ha renunciado al mundo para emprender el camino espiritual. Osho, en uno de sus libros, hace la siguiente definición: «La persona de la línea vertical es el auténtico sannyasin, está inmensamente feliz de no ser nadie, inmensamente feliz de la pureza interior de su vacío, porque solo el vacío puede ser puro. El sannyasin es aquella persona que está absolutamente satisfecha con su desnudez, porque solo la nada puede estar en armonía con el universo. El sannyasin es solo una firma, pero no en la arena, sino en el agua; todavía no has terminado de hacerla y ya ha desaparecido». Fragmento extraído del libro *Madurez. La responsabilidad de ser uno mismo*. Traducción: Moriones Alonso, Esperanza. Barcelona: Debate, 2001. (*N. de la T.*)

regresa. Mientras Nanak la recorría era un ser sediento, pero al regresar es un benefactor; atrás ha quedado el mendigo, y el que regresa es un rey. Todo el que recorre esta senda lleva consigo su cuenco de mendicante, y, a su regreso, posee tesoros infinitos.

El *Japuji* es el primer regalo de Nanak al mundo.

Aparecer ante Dios, alcanzar al amado son expresiones puramente simbólicas, que no se han de tomar al pie de la letra. No hay un Dios sentado en las alturas ante el que uno aparezca, pero, para referirse a ello, ¿qué otra forma hay de expresarlo? Cuando se erradica el ego, cuando *tú* desapareces, lo que está ante tus ojos es el propio Dios. Dios no es una persona... Dios es una energía que trasciende toda forma.

Estar ante esa energía sin forma significa verlo donde quiera que mires, en lo que quiera que veas. Cuando los ojos se abren, todo es Él. Solo hace falta que tú dejes de ser y que tengas los ojos abiertos. El ego es como una mota en el ojo; en cuanto se quita, Dios se revela ante ti. Y en cuanto Dios se manifiesta, tú también eres Dios, porque no existe otra cosa que Él.

Nanak volvió, pero el Nanak que volvió era también Dios mismo. Entonces, cada palabra que pronunciaba era de un valor incalculable; cada palabra suya era equiparable a las palabras de los *Vedas*.

Vamos a intentar entender ahora el *Japuji*:

> Ek Omkar Satnam
> Él es uno, Él es Omkar, la verdad suprema.

Él es el creador, que existe más allá del miedo, más allá
del rencor.

Su forma es atemporal.

Nunca nació, es autocreador.

Se llega a Él por la gracia del gurú.

Él es uno: *Ek Omkar Satnam.*

Para ser visibles a nuestros ojos, las cosas han de tener muchos niveles y formas distintos; por eso siempre que vemos, vemos multiplicidad. En la playa, solo vemos olas, no vemos el mar. La realidad, sin embargo, es que solo el mar *es*; las olas son meramente superficiales.

Solo podemos ver lo superficial porque solo tenemos ojos externos, y para mirar el interior de las cosas hacen falta ojos internos. Según sean los ojos, será la visión. No es posible ver a mayor profundidad de la que tienen los ojos. Con los ojos externos ves las olas, y piensas que has visto el océano; pero, para conocer el océano, tienes que abandonar la superficie y zambullirte en las profundidades. Por eso, en la leyenda, Nanak no se quedó en la superficie, sino que se sumergió hasta lo más profundo del río. Solo entonces se puede saber.

Las olas por sí solas no son el mar; el mar es mucho más que una serie de olas. El hecho más elemental es que la ola que ahora ves, dentro de un momento ya no existirá, ni existía un momento antes.

Había un faquir sufí llamado Junnaid. Su hijo, al que quería con todo su corazón, murió de pronto en un accidente. Junnaid fue y lo enterró. Su esposa estaba perpleja por su comportamiento; había imaginado que enloquecería de dolor ante la muerte del hijo al que amaba tanto, y, en cambio, Junnaid actuaba como si no hubiera pasado nada, ¡como si su hijo no hubiera muerto! Cuando todo el mundo se fue, su esposa le preguntó:

—¿No estás triste? Yo estaba tan preocupada por que te derrumbaras... ¡Lo querías tanto!

—Por un momento me quedé conmocionado —le contestó Junnaid—, pero luego me acordé de que, antes de que este hijo naciera, yo ya existía, y era bastante feliz; de modo que ahora que él ya no está, ¿qué razón hay para estar afligido? He vuelto a estar como estaba antes. Entre el antes y el ahora, el hijo vino y se fue. Pero si no era desgraciado antes de que él naciera, ¿por qué habría de serlo ahora por no tener un hijo? ¿Qué diferencia hay? Entre antes y ahora hubo un sueño, que se ha desvanecido.

Lo que se formó y luego se destruyó ya no es más que un sueño. Todo lo que viene y se va es un sueño. Cada ola es un sueño; el océano es la realidad. Las olas son muchas, mientras que el océano es uno, aunque a nuestros ojos sea un sinfín de olas. Hasta que no veamos la unidad, la unicidad del océano, continuaremos vagando.

Hay una sola realidad; la verdad es solo una: Ek Omkar Satnam. Y, dice Nanak, el nombre de esta unidad es *Omkar*. Todos los demás nombres son obra nuestra: Ram, Krishna, Allah son meramente símbolos creados por el ser humano. Solo hay un nombre que no proviene de nosotros, y ese nombre es Omkar, y Omkar significa el sonido de *Om*.

¿Por qué Omkar? Porque cuando las palabras desaparecen y la mente queda vacía, cuando el individuo se sumerge en el océano, incluso entonces, el son de Omkar sigue siendo audible en su interior. No es un sonido artificial, sino la melodía de la existencia. Omkar es el propio ser de la existencia, y, por tanto, Om no tiene significado. Om no es una palabra, sino una resonancia, que es única, que no tiene origen, que nadie ha creado. Es la resonancia del ser de la existencia. Es como una catarata: te sientas a su lado y oyes su bramido, pero el sonido lo crea el agua al golpear contra las rocas. O te sientas y escuchas el rumor de un río; es el río el que lo crea al rozar sus orillas.

Tenemos que profundizar más para entender las cosas. La ciencia intenta descomponer la existencia entera. Lo primero que descubrió fue la energía en forma de electricidad, y luego una serie de partículas con carga eléctrica, como el electrón, de las que está compuesta la totalidad de la existencia. La electricidad no es más que una forma de energía. Si le preguntamos a un científico de qué está hecho el sonido, dirá que no son más que ondas de electricidad, ondas de energía. La energía está en la raíz de todo. Los sabios dicen lo mismo; coinciden con los científicos, salvo por una ligera diferencia de lenguaje. Los sabios han llegado a saber que toda la existencia proviene del sonido, y que el sonido es solo una expresión de la energía. Existencia, sonido y energía son uno.

El método de la ciencia es descomponer las cosas y analizarlas para llegar a una conclusión. El del sabio es muy diferente: por medio de la síntesis, él ha descubierto la indivisibilidad del sí mismo.

El viento al pasar crea un murmullo en las ramas del árbol, una colisión del aire contra las hojas. Cuando el músico pulsa una cuerda de un instrumento, el sonido lo produce una percusión. Todo sonido está producido por un impacto, y un impacto requiere *dos* elementos: las cuerdas del instrumento y los dedos del músico. Son necesarios dos para formar cualquier sonido.

Pero el nombre de Dios está más allá de toda separación. Su nombre es la resonancia que permanece cuando todas las dualidades se han desvanecido y han dejado de existir. En el interior de este todo indivisible te encuentras con esa resonancia. Cuando una persona alcanza el estado de *samadhi*, Omkar le resuena dentro. Lo oye resonar en su interior y todo a su alrededor; la creación entera parece vibrar dentro de ella.

La primera vez que le ocurre, se queda maravillada, pues sabe que ella no está creando el sonido. Ella no hace nada, y, aun así, le llega esa resonancia... ¿de dónde? Después se da cuenta de que el sonido no es producto de ningún impacto, de ninguna fricción; es el *anahat nad*, el sonido sin fricción, el sonido sin causa.

Nanak dice: «Únicamente Omkar es el nombre de Dios». Nanak se refiere al nombre muy a menudo. Cada vez que habla de Su nombre —«Su nombre es el camino», o «Quien recuerda su nombre alcanza lo supremo»– se refiere a Omkar, porque Omkar es el único nombre que no proviene del ser humano, sino que es Suyo propio. Ninguno de los nombres que el ser humano Le ha puesto pueden llevarnos muy lejos; y si nos permiten recorrer cierta distancia y aproximarnos un poco a Él, es solo porque una ligera sombra de Omkar late en ellos.

La palabra "Ram", por ejemplo. Cuando repites Ram una y otra vez, empieza a transportarte un poco, puesto que la "m" de Ram es también la consonante de Om, y, si sigues repitiéndola mucho tiempo, descubrirás de repente que el sonido de Ram ha cambiado sutilmente, convirtiéndose en la resonancia de Om, porque, a medida que la repetición va aquietando la mente, entra Om hasta penetrar Ram; entonces Ram va desvaneciéndose poco a poco, y Om ocupa su lugar. Es la experiencia que han vivido todos los sabios: fuera cual fuese el nombre con el que iniciaran su viaje, al final era siempre Om. En cuanto el ser se aquieta, entra Om, pues está siempre a la espera; solo necesita que te quedes en calma.

Dice Nanak: «Ek Omkar Satnam».

Conviene que entendamos la palabra *sat*. En sánscrito hay dos términos: *sat*, que significa "ser", "existencia", y *satya* que significa "verdad", "validez". Aunque los dos provienen de una misma raíz, hay una gran diferencia entre ellos. Veamos cuál es.

Satya es la búsqueda del filósofo, que busca la verdad. ¿Qué es la verdad? Está presente en las leyes por las que dos más dos son cuatro, no cinco ni tres. *Satya*, por tanto, es una fórmula matemática, un cálculo de creación humana, pero no es *sat*. Es la verdad lógica, pero no la realidad existencial.

Por la noche sueñas. Los sueños existen; son *sat*, realidad, pero no *satya*, verdad. Los sueños tienen existencia..., si no la tuvieran, ¿cómo podrías verlos? Son, pero no puedes decir que sean verdad, porque por la mañana descubres que se han evaporado y no son nada. De modo que hay sucesos en la vida que son verdaderos pero no existenciales, y hay sucesos que existen, pero no son una verdad lógica. Las matemáticas son verdad pero no existenciales; son *satya* pero no *sat*. Los sueños, por su parte, son existenciales, pero no son verdad.

Dios es ambas cosas: es *sat*, y también es *satya*; es tanto existencia como verdad. Y dado que lo es todo, no es posible conocerlo ni mediante la ciencia, que busca la verdad, ni mediante las artes, que exploran la existencia. La búsqueda de ambas está incompleta, pues se dirige solo hacia una mitad de Él.

La búsqueda de la religión es completamente distinta de todas las demás. Combina *sat* y *satya*: va en busca de aquello que es más auténtico y verdadero que ninguna fórmula matemática, y va en busca de aquello que es más existencial, más empírico, que ninguna imagen poética. La religión busca ambos. Si emprendemos la búsqueda desde una de las dos perspectivas, fracasaremos; solo cuando lo hacemos desde las dos alcanzamos la meta.

Así que cuando Nanak dice: «Ek Omkar Satnam», tanto *sat* como *satya* están contenidos en su expresión. El nombre de la existencia suprema es igual de verdadero que una fórmula matemática, e igual de real que cualquier obra de arte; es igual de bello que un sueño, e igual de exacto que una fórmula científica; contiene todas las emociones del corazón, y todo el conocimiento y la experiencia de la mente.

Allá donde la mente y el corazón se encuentran, empieza la religión. Si la mente domina el corazón, nace la ciencia; si el corazón domina la mente, entramos en el ámbito del arte: la poesía, la música, el canto, la pintura, la escultura. Pero si la mente y el corazón se han unido, entramos en Omkar.

Una persona religiosa está por encima del científico más eminente, y mira desde arriba al artista más sublime, porque su búsqueda contiene lo esencial de ambos. La ciencia y el arte son dualidades; la religión es la síntesis.

Nanak dice:

«Ek Omkar Satnam.
Él es uno. Él es Omkar, la verdad suprema.
Él es el creador (...)».

Tomar esto literalmente te impedirá comprender las palabras de Nanak. Será un error.

Una de las dificultades con la que se encuentra el sabio radica en la necesidad de utilizar palabras de uso general. Tiene que hablar contigo, y por tanto debe hablar tu idioma, pero lo que quiere decir está más allá de las palabras. Tu idioma no lo puede contener, ya que es muy limitado y la verdad es muy vasta; es como si alguien tratara de comprimir la totalidad del cielo en su casa, o de apresar la totalidad de la luz en la palma de su mano. Aun así, el sabio tiene que emplear tu idioma.

Es a causa de las palabras, a causa del lenguaje, por lo que hay tantos movimientos religiosos. Por ejemplo, el Buddha nació dos mil años antes que Nanak y utilizó el lenguaje de su tiempo. Krishna había nacido otros dos mil años antes que el Buddha, y su lengua era bastante distinta, pues había nacido en un país diferente, con un clima y una cultura diferentes también; y lo mismo puede decirse de Mahavira y Jesús. La diferencia radica solo en la lengua, y las lenguas difieren entre sí a causa de la gente; a no ser por esto, no hay una auténtica diferencia entre los seres iluminados. Nanak hizo uso de la lengua que se hablaba en los tiempos en que vivió.

Nanak dice: «Él es el creador». Pero al instante uno piensa: «Si Él es el creador y nosotros somos creación Suya, eso establece una diferencia entre nosotros y Él, cuando desde el primer momento Nanak negó que hubiera ninguna dualidad, al decir que "Dios es uno"». El lenguaje es el responsable de todos los obstáculos, que irán aumentando a medida que profundicemos más en las palabras de Nanak.

Las primeras palabras pronunciadas por Nanak después del *samadhi* fueron: «Ek Omkar Satnam».

De hecho, la religión sikh está comprendida en su totalidad en esas tres palabras. Todo lo demás no es más que un intento de enseñarte, de ayudarte a entender. Esas tres palabras transmiten por sí solas el mensaje completo de Nanak, pero, como a la gente común le resultaba imposible entender el mensaje directamente, hubo que hacer un esfuerzo para explicarlas. La razón de las explicaciones es esa: tu incapacidad para comprender; en lo que respecta a Nanak, él ya había dicho cuanto quería decir en el instante en que pronunció: «Ek Omkar Satnam». El mantra estaba completo. Sin embargo, para ti no tiene pleno significado; estas tres palabras no te bastan para resolver el misterio, de modo que hay que hacer uso del lenguaje.

Dios es el creador, pero debes comprender que no está separado de su creación; está absorbido en todo lo que ha creado y es uno con ello. Por eso Nanak nunca hizo separaciones entre el *sannyasin* y el padre de familia. Si el creador estuviera separado de su creación, puede que tuvieras que dejar atrás todas las actividades mundanas para encontrarlo, y abandonar la tienda, la oficina o el mercado. Pero Nanak no renunció a sus responsabilidades con el mundo hasta el final. En cuanto regresaba de sus viajes iba a trabajar al campo; eso es lo que hizo toda su vida, arar los campos. Por otro lado, a la aldea en la que se estableció le puso el nombre de Kartarpur, que significa la aldea del creador.

Dios es el creador, pero no pienses que está separado de su creación. Cuando el ser humano esculpe un ídolo y el ídolo está terminado, el escultor y la escultura han dejado de ser uno; están separados: la escultura seguirá existiendo después de que el escultor muera, y, aunque la imagen se rompa, el escultor no se romperá por ello, porque son independientes. Pero entre Dios y su creación no existe esa distancia.

¿Qué tipo de relación existe entre Dios y Su creación? Es como la de una bailarina y su danza. Cuando alguien baila, ¿es

posible separarlo de su baile? ¿Puede regresar a casa y dejar el
baile tras de sí? Si la bailarina muere, su baile muere con ella.
Cuando el baile termina, ya no es una bailarina. Están unidos.
Por eso, desde tiempos muy antiguos, los hindúes han considerado a Dios el bailarín, "Nataraj", que simboliza la unidad
indivisible del bailarín y su baile.

El poeta no está ya relacionado con su poema una vez que
lo ha terminado. El escultor, cuando ha completado su escultura, está separado de ella. La madre da a luz a su hijo, y están
separados; el padre, siempre ha sido un ser distinto de su hijo.
Pero Dios no es distinto de Su creación; está contenido en ella.
Sería más exacto decir que el creador es la creación, o que el
creador no es sino creatividad.

Al descartar toda idea de separación, Nanak dice que no hay
necesidad de renunciar al mundo o escapar de él. Allá donde
estés, está Dios. Nanak fue el origen de una religión única, en
la que el cabeza de familia y el *sannyasin* son uno. Solo tiene
derecho a considerarse sikh aquel que, siendo padre y esposo,
es a la vez *sannyasin*, y aquel que, siendo *sannyasin*, continúa
siendo padre y esposo.

No se puede ser sikh por el mero hecho de dejarse crecer
el pelo o de llevar un turbante. Es difícil ser sikh. Se ha de
seguir en casa..., pero como si no se estuviera allí, sino en el
Himalaya; seguir a cargo de la tienda, pero mantener el recuerdo de Su nombre vibrando siempre en lo más hondo, y
contar las ganancias, pero abrazando Su nombre junto con el
dinero.

Antes de alcanzar *samadhi*, Nanak tuvo toda una serie de pequeños vislumbres de Dios –lo que llamamos *satori*–. El primero ocurrió mientras trabajaba en la tienda de grano, donde su labor era pesar el arroz y otros cereales para los clientes. Un día, según los medía, «Uno, dos, tres...», llegó al número trece, que en la lengua de Punjab es *tera*, palabra que significa también "tuyo". Cuando Nanak llego a trece, *tera*, perdió por completo la consciencia del mundo exterior, porque le asaltó el recuerdo del Señor, su amado.

Llenaba la jarra de medir y repetía, «tera, tuyo, tú». La llenó una y otra vez... «tera»..., como si todos los números acabaran en *tera*. *Tera* se convirtió en su mantra. Había alcanzado su destino; todo terminaba en *tera* para Nanak. La gente pensó que se había vuelto loco e intentaron detenerlo, pero Nanak estaba en otro mundo: «¡Tera! ¡Tera! ¡Tera!». No podía ir más allá de *tera*; más allá no había nada.

En realidad, solo hay dos lugares en los que detenerse: uno es yo y el otro, tú. Se empieza por yo y se termina por tú.

Nanak no está en contra de lo mundano. De hecho, está enamorado de ello, porque para él el mundo y su creador son uno. Ama el mundo y, por medio del mundo, ama a Dios; ve a Dios a través de Su creación.

Cuando Nanak alcanzó la mayoría de edad, sus padres le ordenaron que se casara. Nanak no se negó a ello, aunque la gente temía que lo hiciera, pues desde la niñez su comportamiento había sido tan distinto del de los demás. Su padre estaba muy preocupado por esto. Nunca había entendido a Nanak...,

¡todos aquellos cantos devocionales, y siempre en compañía de los santones!

En una ocasión lo envió en viaje de negocios a la aldea vecina con veinte rupias para comprar algunos artículos que revender a fin de obtener algún beneficio. Puesto que los negocios se hacen así, comprando algo a buen precio y vendiéndolo más caro, su padre le dijo que comprara algo a lo que se le pudiera sacar provecho. Nanak hizo varias compras, y, en el camino de regreso, se encontró con un grupo de ascetas que no habían comido desde hacía cinco días y les rogó que lo acompañaran a la aldea, en lugar de quedarse allí sentados esperando a que les llegara algo de comida.

–Pero ese es el voto que hemos hecho –contestaron–. Dios nos proveerá de alimento cuando Le parezca. Gustosamente aceptamos Su voluntad. El hambre no representa para nosotros un problema.

Nanak se dijo a sí mismo entonces: «¿Qué puede haber más provechoso que alimentar a estos hombres? Debería repartir entre ellos la comida que he comprado. ¿No dijo mi padre acaso que hiciera algo de provecho, algo que valiera la pena?».

De modo que entregó a los *sadhus* lo que había traído de la aldea vecina, aunque su acompañante, Bala, intentó detenerlo diciéndole:

–¿Qué haces? ¿Te has vuelto loco?

Nanak insistió:

–Hago algo que vale la pena; ese era el deseo de mi padre –y volvió a casa muy satisfecho por lo que acababa de hacer.

Pero a su padre aquel comportamiento le pareció inadmisible, y se enfadó mucho.

–Eres un insensato –le dijo–. ¿Es así como quieres obtener beneficios? ¡Me vas a arruinar!

–¿Qué puede haber más beneficioso que esto? –respondió Nanak.

Pero nadie era capaz de entender de qué beneficio hablaba, y mucho menos Kale Mehta, su padre. Era incapaz de entender qué provecho se le podía sacar a aquel acto. Estaba convencido de que el muchacho se había descarriado por estar en compañía de los ascetas, de que había perdido la sensatez; por eso esperaba que el matrimonio hiciera de él una persona más razonable. La gente suele pensar que, como el *sannyasin* renuncia a las mujeres y escapa de ellas, la manera de mantener a un hombre en el mundo es uniéndolo a una mujer. Pero el truco no surtió efecto en el caso de Nanak, porque él no renegaba de nada.

Cuando su padre le dijo que se casara, aceptó al instante. Se casó y tuvo hijos, pero esto no cambió su forma de ser. No había forma de echar a perder a este hombre, porque él no veía ninguna diferencia entre Dios y el mundo. ¿Cómo se puede corromper a una persona así? Si un hombre abandona sus riquezas para hacerse *sannyasin*, se le puede tentar ofreciéndole riquezas. Si otro ha dejado atrás a su esposa, ofrecerle una mujer le hará caer de inmediato. Pero ¿cómo se puede echar a perder a un hombre que no ha abandonado nada? No hay manera de provocar su caída. A Nanak no se le podía corromper.

Mi visión sobre el *sannyasin* es similar a la de Nanak, porque él es *uno* formidable e incorruptible. A aquel que vive en el mismo mundo que tú y a la vez no pertenece a él, no se le puede tentar de ningún modo.

Nanak llama a Dios «el creador», «el que no tiene miedo», porque el miedo existe cuando existe "el otro". Hay una expresión de Jean Paul Sartre que se ha hecho famosa: «El otro es el infierno», y que describe tu experiencia: ¿cuántas veces quieres escapar del otro, como si él fuera el origen de todos tus problemas? Cuando el otro es alguien próximo a ti, la perturbación es menor que cuando se trata de alguien lejano, de un extraño. Pero el otro es siempre problemático.

¿Qué es el miedo? El miedo siempre está referido al otro: si alguien puede quitarte algo, ese hecho destruye tu seguridad. Luego están la enfermedad y la muerte, que también son el otro. El infierno es estar rodeado del otro; el infierno *es* el otro.

¿Y cómo escapar del otro? Aunque huyeras al Himalaya, seguirías sin estar solo. Te sientas bajo un árbol; los excrementos de un cuervo te caen en la cabeza, y te enfureces con el cuervo. Están las lluvias, y el sol... ¡Hay motivos de irritación por todas partes! ¿Cómo escaparás del otro, que está presente allá donde vayas? La única forma de escapar del otro es encontrando el uno. Entonces el otro desaparece; entonces se desvanece el miedo y no hay muerte ni enfermedad; no hay molestias, porque el otro ya no existe. Finalmente estás solo. El miedo permanecerá mientras, para ti, el otro siga siendo el otro.

Ek Omkar Satnam. Una vez que este mantra haya penetrado en tu ser, ¿dónde está el miedo? Dios no tiene miedo; ¿a quién podría temer? Él es el único, no hay nadie aparte de Él.

> Él es el creador, que existe más allá del miedo, más allá del rencor.
>
> Su forma es atemporal.
>
> Nunca nació (...)

Debes entender que tiempo significa cambio. Si nada cambia, no serás consciente del tiempo. No puedes medir el tiempo si las agujas del reloj no se mueven. Todo está cambiando constantemente: el sol sale y es la mañana; luego llega la tarde, y después la noche. Primero está el niño, luego el joven, y finalmente el anciano. Una persona sana enferma, y una persona enferma se cura; el hombre rico lo pierde todo y es pobre, y el pobre se convierte en rey. El cambio es constante. El río fluye eternamente. Y el cambio es tiempo.

El tiempo es la distancia entre dos cambios.

Imagina que te levantas una mañana y que no sucede nada hasta la noche. Ningún cambio: el sol está quieto, las agujas del reloj no se mueven, las hojas no se marchitan, tú no envejeces...; todo está detenido. ¿Cómo sabrás entonces qué hora es? No habrá tiempo.

Eres consciente del tiempo porque estás rodeado de cambios. Para Dios, sin embargo, el tiempo no existe, porque Él es eterno, perpetuo, inmortal. Existe para siempre. Para Él nada cambia, todo es estático. El cambio es la experiencia de los ojos miopes que no perciben las cosas en toda su perspectiva. Si pudiéramos ver las cosas desde el más destacado lugar estratégico, no habría ningún cambio, y el tiempo se detendría; dejaría de existir. Para Dios, todas las cosas son como son; nada cambia, todo es estático.

> Su forma es atemporal.
> Nunca nació, es autocreador.

No ha nacido de nadie. Dios no tiene padre ni madre. Todos los que han sido engendrados por el proceso de la procreación entran en el mundo del cambio. Por eso, debes encontrar dentro de tu ser eso que no ha nacido. Este cuerpo nace, y morirá. Nace como resultado de la conjunción de dos cuerpos, y se desintegrará un día. Cuando los cuerpos que le han dado vida han perecido, ¿cómo es posible que perdure lo que está compuestos de ambos?

Pero en el interior de ese compuesto existe también eso que nunca ha nacido, pero que llegó a este mundo a la vez que el embrión. Existía incluso antes de la formación del feto, y, sin ello, un día el cuerpo volverá a ser solamente barro. Lo atemporal ha penetrado en este cuerpo, que no es más que una vestimenta de lo atemporal. Aquello que existe más allá del tiempo reside en el interior de lo que está sometido al tiempo; de ahí que solo cuando descubras el ser atemporal que hay en ti, serás capaz de comprender las palabras de Nanak. Tienes que buscar en tu interior aquello que nunca cambia, aquello que es inmutable.

Si practicas estar simplemente sentado con los ojos cerrados, desde dentro no sabrás qué edad tienes. Dentro, te sentirás igual a los cincuenta que te sentías a los cinco..., como si el tiempo no hubiera pasado en el mundo de tu interior. Cierra los ojos y descubrirás que dentro no ha cambiado nada.

Eso que es inmutable dentro de ti no ha nacido del vientre materno. Has nacido de tu padre y de tu madre, pero ellos son solo el camino que te ha traído hasta aquí; no son ellos los que te han dado la vida. Has pasado por ellos porque necesitabas que ellos atendieran las necesidades de tu cuerpo, pero lo que entró en ese cuerpo y le dio vida provenía de más allá. El día que descubras en ti eso que no ha nacido, comprenderás que Dios no tiene origen, no tiene fuente, porque Dios es la totalidad; es la suma de todas las cosas. Dios significa totalidad; ¿y cómo podría la totalidad nacer de un ser particular? Más allá de la totalidad no hay nada que pudiera ser madre ni padre; luego *nunca nació, es autocreador.*

Ser autocreador significa que Él existe por sí mismo y que, para ser, no cuenta con más apoyo que el Suyo propio; se ha engendrado a Sí mismo y no tiene origen. El día que vislumbres esta realidad dentro de ti, aunque sea durante un instante, te habrás librado de todas tus angustias y preocupaciones. ¿Por qué te preocupas? La preocupación siempre nace de tu dependencia de las cosas, porque en cualquier momento podrían arrebatársete y, con ellas, la seguridad que te dan. ¿Hoy tienes riquezas? Es posible que desaparezcan para mañana, y ¿qué harás entonces, si crees que eres rico por lo que posees y no por lo que eres?

El *sannyasin* es rico por derecho propio; es rico por sí mismo, y por eso nada ni nadie puede robarle sus riquezas. ¿Qué podrías robarle al Buddha o a Nanak? No puedes empobrecerlos quitándoles algo; no puedes ni añadir a su riqueza ni sustraer de ella. Lo que es Nanak se deriva de ser uno con el apoyo supremo; no necesita nada en lo que apoyarse.

El ser supremo no es una entidad separada. Dios no tiene ningún punto de apoyo. El día en que también tú estés preparado para vivir sin ningún punto de apoyo sucederá tu unión con Dios.

Esta definición de Dios no es la interpretación que hace el filósofo, sino una herramienta que le sirve al aspirante para conocer las características de Dios. Y, si quieres descubrir a Dios, tendrás que hacer de ellas tu práctica religiosa, pues tienes que intentar ser Dios a pequeña escala. Luego, a medida que te vayas asemejando a Él, notarás que se establecen en ti un ritmo y una resonancia entre tú y Dios.

> Nunca nació, es autocreador.
> Se llega a Él por la gracia del gurú.

¿Por qué dice Nanak «por la gracia del gurú»? ¿No basta con la labor del ser humano? Es importante que entendamos este aspecto tan sutil, porque con mucha frecuencia Nanak hace hincapié en el papel del gurú. Más adelante dice que, sin él, no se puede llegar a Dios. ¿Cuál es la razón? Si Dios es omnipresente, ¿por qué no podemos conocerlo directamente? ¿Qué necesidad hay de que intervenga el gurú?

Krishnamurti dice que el gurú es totalmente innecesario, e intelectual y racionalmente parece que esto tenga sentido. ¿Qué necesidad puede haber de introducir al gurú si yo he nacido de Dios, al igual que él? La mente no está de acuerdo con la idea del gurú, de modo que hay una congregación de egotistas en torno a Krishnamurti. Está en lo cierto al decir que el gurú no es necesario..., siempre y cuando seas capaz de aniquilar el ego tú solo.

Pero deshacerse del ego es igual de difícil que levantarse a uno mismo del suelo tirando de los cordones de los zapatos. Es como un perro intentando atrapar su cola; cuanto más se gira, más lejos está la cola. No obstante, si una persona es lo bastante competente, entonces Krishnamurti tiene toda la razón al decir que el gurú es innecesario.

Pero pronto empiezan las complicaciones. En cuanto hayas encontrado la manera de vencer el ego, dirás: «Me he desecho del ego», y, al decirlo, habrás introducido una forma nueva de ego aún más peligrosa que la anterior. Por eso es necesario el gurú, para que no nazca ese nuevo ego. Pero es posible que, incluso al decir «por la gracia del gurú», lo que se trasluzca en tu actitud sea: «¡Ved lo humilde que soy! ¡Nadie puede ser más humilde!», y, en ese caso, el tuyo volverá a ser un camino que ha delineado el ego: hasta ayer estabas orgulloso de tus riquezas, y hoy lo estás de haber renunciado a ellas y de tu humildad. Has quemado la superficie de la cuerda, pero la torsión interior sigue existiendo. ¿Cómo se puede destruir esa arrogancia? Esta es la razón por la que Nanak subraya la importancia del gurú.

No es difícil descubrir a Dios directamente, porque está presente justo delante de ti. Dondequiera que vayas, está Él. El único problema es el *tú* que habita en tu interior; ¿cómo harás desaparecer ese tú que interfiere entre el ser que verdaderamente eres y Dios? De ahí, «la gracia del gurú». El aspirante ha de hacer lo que debe hacer, pero el último paso es siempre por la gracia del gurú, y este concepto en sí impedirá que se forme el ego. Destruirá el viejo ego e impedirá que se forme uno nuevo; porque, de lo contrario, te librarás de una enfermedad y contraerás otra.

Se ha creado una situación muy graciosa. Una multitud de egotistas se han reunido en torno a Krishnamurti, gente que no quiere inclinarse ante nadie. Se sienten a sus anchas porque no tienen que agacharse y tocar los pies de ningún maestro; no tienen nadie a quien reverenciar. Creen firmemente que no necesitan un gurú, que llegaran por sus propias fuerzas; y este es precisamente el problema.

Si fueran personas como Nanak o Ramakrishna las que se congregan en torno a Krishnamurti, sus palabras habrían surtido efecto; pero la multitud que lo rodea está compuesta precisamente por personas que son incapaces de desprenderse de sus egos..., precisamente por aquellas personas que con más urgencia necesitan un gurú. Lo más irónico del caso es que quienes rodean a Krishnamurti necesitan un gurú, mientras que quienes rodeaban a Nanak hubieran podido hacer su camino sin necesidad de él.

Quizá te suene a paradoja, pero es un hecho que quienes rodeaban a Nanak habrían descubierto a Dios incluso sin un gurú, porque estaban deseosos de aceptar el regalo del gurú; estaban dispuestos a renunciar a sí mismos. El descubrimiento ocurre sin el gurú, pero la idea del gurú resulta efectiva para destruir el ego, a fin de que no te llenes de arrogancia por lo que sea que consigas. De lo contrario, presumirás de todo lo que hagas: «¡Puedo estar en postura supina durante tres horas, y medito cada mañana!».

La esposa de un caballero sikh se quejaba una vez:

–Todo empieza a ser un despropósito. Mi marido viene a verlo a usted, así que, por favor, aconséjele.

–¿Qué pasa? –le pregunté.

–Se levanta a las dos de la madrugada y empieza a recitar el *Japuji*, y al resto de la familia no nos deja dormir. Si me quejo, ¡me contesta que todos deberíamos levantarnos y recitarlo también! ¡No sé qué hacer!

Hice venir al marido. Le pregunté:

–¿Cuándo recitas el *Japuji*?

–Cada mañana, temprano, alrededor de las dos –contestó con orgullo.

–Lo cual está resultando ser un auténtico incordio para los demás.

–Eso es culpa suya –dijo–. ¡Son perezosos e indolentes! Deberían levantarse todos a esa hora. Además, les hago un favor recitando en voz alta, pues de ese modo las palabras llegan a oídos, no solo de los miembros de mi familia, sino de los vecinos también.

–Tómate las prácticas con más calma. De hoy en adelante puedes levantarte a las cuatro –le aconsejé, sabiendo que a una persona así hay que hacerla descender gradualmente, o de lo contrario es sencillamente imposible hacer que descienda ni lo más mínimo.

–¡De ninguna manera! –replicó–. Nunca imaginé que le oiría pronunciar estas palabras. ¿Quiere robarme mi religión? –el hombre no daba crédito a lo que oía.

Esa era la razón de ser de su arrogancia: que nadie era capaz de recitar el *Japuji* como él. Paradójicamente, este era su único obstáculo. Puedes repetir el *Japuji* toda tu vida sin darte cuenta de que solo hay una cosa necesaria, y es que pongas fin a tu arrogancia.

Por eso, Nanak dice una y otra vez: «Hagas lo que hagas, no conseguirás nada a menos que erradiques tu sentido de individualidad». De ahí que el concepto del gurú sea un inestimable instrumento alquímico para aniquilar el ego, pues al referirte a cada una de tus acciones dices: «Todo es por la gracia del gurú». El problema es la idea de que soy yo quien hace. De modo que, si eres capaz de erradicar el "yo" sin ayuda de nadie, no necesitas un gurú, pero no hay más de una persona entre un millón que sea capaz de hacerlo; ella es la excepción para la que no es necesario crear normas ni establecer directrices.

A veces ocurre que una persona se desprende del ego sin la ayuda de un gurú, pero, para ello, es necesaria una compresión muy profunda, de la que tú careces. Debería ser una comprensión tan profunda como para poder ordenar al ego que se pusiera ante ti, y entonces, con solo mirarlo de frente, el ego *por fuerza* se desvanecería. Deberías tener ojos como los de Shiva, ante cuya mirada el dios del amor se convirtió en cenizas. Ese estado de consciencia deberías tener. Un Buddha o un Krishnamurti escrutan el ego con tal intensidad que se disuelve y no queda nada; no surge otro sentimiento para ocupar su lugar... Y ni siquiera son conscientes de haber hecho algo, simplemente sucede.

Pero tú no eres ellos. Cada vez que haces algo, hay una voz dentro de ti que repite: «He hecho esto; he hecho aquello...». Si cantas un himno, eres consciente de que *estás* cantándolo; si meditas, el sentimiento que brota en ti es: «*Estoy* meditando». Con tu oración o tu alabanza, tu ego se recrea y obtiene una nueva satisfacción a cada momento.

Así que vamos a dejar de lado las excepciones, el uno entre un millón que inevitablemente alcanzará el despertar. Para todos los millones restantes, solo hay un camino: hagas lo que hagas, sea cual sea la práctica, el ritual o la repetición, deberías sentir que los resultados que obtengas son por la gracia del gurú.

Él era verdad antes del principio de los tiempos, y lo es
mientras el tiempo sigue su curso.
Nanak dice: Él es verdad eterna ahora, y lo será para
siempre.

Atendiendo a un antiguo dicho de la India, durante el *Sat Yuga*,
la era de la verdad, el gurú no era muy necesario, pero en *Kali
Yuga*, la era de la oscuridad, que empezó hace cinco mil años,
el gurú será una necesidad. ¿Por qué? Sat Yuga fue un período
en el que la gente estaba muy despierta, muy consciente. En el
Kali Yuga, en cambio, la gente es insensible, inconsciente, está
casi dormida.

Por eso las religiones del Buddha o de Mahavira, que se
crearon en el Sat Yuga, no son tan útiles en la actualidad como
lo es la religión de Nanak, que es la más moderna, aunque tenga ya quinientos años de antigüedad. Necesitamos otra religión
nueva, pues quienes escucharon a Mahavira y al Buddha estaban relativamente más despiertos que nosotros, y eran también
más sabios, más sencillos y más ingenuos. Y si nos remontamos
a una época más antigua todavía, quienes escucharon a Krishna
eran aún más conscientes.

A medida que retrocedemos en el tiempo encontramos mayor inocencia, como ocurre cuando alguien recuerda su vida
y va retrocediendo hasta llegar al período de su infancia: en la
infancia, uno era sencillo e inocente; en la juventud, empezó
a ser más complicado. Es difícil encontrar a un anciano que
rebose de sabiduría. El hombre llega a la vejez, cree que lo sabe

todo, y sin embargo no sabe nada. La vida lo he vapuleado, y piensa que el sufrimiento le ha hecho un hombre de gran experiencia; ha recogido inmundicia, y cree que ha recolectado diamantes.

El niño es simple, inocente; él es el símbolo de Sat Yuga. El anciano, en cambio, es terriblemente complicado, y su insensibilidad aumenta de día en día, a medida que la muerte se aproxima; él es el símbolo de Kali Yuga. La consciencia del niño está fresca, porque la fuente de la vida está muy cerca de él; es como una onda recién emanada de Dios. El anciano está sucio, le pesa el polvo acumulado, y está a punto de volver a caer en Dios. El niño es un capullo de flor; el anciano es la flor marchita cuyo aliento vital está casi agotado.

Kali Yuga es un período en el que el fin está muy próximo. La vida es ya vieja. Por eso, en Kali Yuga no es posible, bajo ninguna circunstancia, despertar sin la mediación del gurú, porque el ego se apoderará de ti continuamente. Cuando cada acción que realizas te llena de ego, ¿cómo pretendes no estar lleno de arrogancia al hacer tus prácticas espirituales? Si construyes una cabaña y te enorgulleces de ello, el día que llenes tu arca de tesoros, tu engreimiento no tendrá límites; y el día que emprendas la búsqueda del tesoro supremo, tu vanidad y el sentimiento de importancia personal serán inimaginables.

Fíjate en la mirada de desprecio que dirige el hombre que va con regularidad al templo o mezquita a aquellos que no lo hacen. Sus ojos dicen: «¡Sois viles pecadores, y os pudriréis y arderéis en las llamas del infierno! En cambio, ¡miradme a mí!

Rezo cada día, y estoy salvado». Recita «Ram, Ram» y cree que tiene abiertas las puertas del cielo, mientras que los demás irán al infierno.

Cuanto mayores sean tu insensibilidad y somnolencia, mayor será tu necesidad de un gurú. Debes entender esto. Si estás profundamente dormido, ¿cómo puedes despertarte a ti mismo? Alguien tendrá que sacudirte; e incluso entonces es muy posible que te des la vuelta y te quedes dormido otra vez.

> Él era verdad antes del principio de los tiempos,
>   y lo es mientras el tiempo sigue su curso.
> Nanak dice: Él es verdad eterna ahora, y lo será
>   para siempre.

Esta es la definición de *satya*, la verdad, y de *asatya*, lo que no es verdad. *Asatya* es aquello que antes no era, ahora es, pero volverá a desvanecerse en la nada. Se refiere a aquello que es inexistente en ambos extremos y existe solo en el medio. Piensa en los sueños, por ejemplo: durante la noche, mientras estabas dormido, los sueños existían; pero por la mañana, cuando te despiertas, el sueño desaparece, y dices que los sueños no son verdad.

Hubo un momento en el pasado en el que tu cuerpo no existía, y un día nuevamente dejará de ser; por tanto, el cuerpo es una falsedad. La ira llega; un instante antes no existía, y al cabo de un rato volverá a no existir. La ira es como un sueño, porque no es verdad. Solo es verdad lo que existe eternamente. Si al menos eres capaz de captar este pensamiento y dejar que te penetre hasta lo más hondo, tu vida experimentará una transformación. No te dejes arrastrar por aquello que no tiene existencia verdadera. Busca solo aquello que no cambia, lo inalterable.

Busca a aquel que hay en ti que nunca cambia; búscalo solo a Él. Todos los cambios ocurren a Su alrededor, como si fuera el eje de una rueda: jamás se mueve, pero la rueda gira en torno a Él precisamente por eso. Si quitas el eje, la rueda se cae. Todos los cambios suceden alrededor de lo eterno; el centro del alma es estático, mientras que la rueda del cuerpo gira en torno a él. Y en cuanto el eje de la rueda se desintegra, la rueda se hace pedazos.

Nanak dice que solo Dios es la verdad, solo Él, pues existía más allá del comienzo de todas las cosas. Todavía existe, y existirá siempre, es eterno, mientras que todo lo demás es un sueño. Deja que estas palabras calen en ti.

Y cuando surjan el odio o la codicia, repítetelas; deja que te recuerden lo que es real, lo que es verdad. Recuerda: lo que existe ahora pero antes no existía solo puede ser un sueño, y se desvanecerá. No hay necesidad de que te involucres demasiado en ello; mantén una actitud de testigo. Poco a poco, todo lo que es inservible y carece de valor se desprenderá de ti por sí solo, puesto que se ha roto tu conexión con ello; y lo que tiene utilidad y valor empezará a arraigar dentro de ti. Lo eterno ha empezado a aflorar, y el mundo ha empezado a desvanecerse.

No podemos comprenderlo aunque pensemos en Él
un millón de veces,
ni aquietar la mente con silencio, por mucho que nos
sentemos a intentarlo.
Ni siquiera una montaña de pan saciará el hambre
del alma,
ni cien mil proezas de la mente conseguirán la unidad
con Él.

¿Cómo alcanzar la verdad y desgarrar el velo de lo falso?
Nanak dice: «Sometiéndonos al orden divino que está
predeterminado».

Este es un *sutra* inapreciable; es la quintaesencia de las enseñanzas de Nanak. Ni con toda nuestra capacidad de pensamiento podemos pensar en Dios. Aunque pensemos un millón de
veces, no podemos pensar en Él. Nadie ha llegado a Él por
medio del pensamiento; de hecho, por un exceso de pensar
Lo hemos perdido. Cuanto más pensamos, más nos extravia-
mos en el pensamiento.

Dios no es un pensamiento, no es un concepto. No es la
resolución de un debate, ni es resultado de la mente. Dios es
la verdad. El pensamiento no es relevante; tienes que *ver*. El
pensamiento solo te hará vagar. Tienes que abrir los ojos; pero
si están empañados por pensamientos y conceptos, seguirán ciegos. Únicamente los ojos que están libres de pensamientos te
permiten ver.

Hace falta lo que los maestros Zen llaman "no mente", lo que Kabir denomina el "estado *Unmani*", el estado de no mente. El Buddha se refiere a ello como la disolución de la mente, y Patañjali lo llamó *nirvikalpa samadhi*, el *samadhi* sin pensamientos. Todos ellos describen el mismo estado en el que todas las dudas y debates tocan a su fin, que es también a lo que Nanak se refiere en este *sutra*.

No podemos pensar en Dios ni siquiera con pensamientos infinitos, ni aunque pensemos en Él un millón de veces. No podemos alcanzar ese silencio por más que estemos quietos y callados, por más que nos sentemos en meditación continua. ¿Cómo es que, ni con todos los pensamientos posibles, podemos concebir a Dios? ¿Cómo es que no podemos alcanzar el silencio con nuestro esfuerzo?

Descubrirás que cuanto más lo intentas, más imposible te resulta estar en silencio. Hay cosas que no se consiguen con esfuerzo. El esfuerzo no sirve para hacer que llegue el sueño; cuanto más intentas conciliar el sueño, más difícil resulta. La esencia del dormir es la ausencia de esfuerzo, solo entonces llega el sueño; el esfuerzo hace que sigas despierto. Pero si en vez de esforzarte te estiras en la cama, completamente relajado, tras haber suspendido toda actividad, el sueño llega. Del mismo modo, ¿cómo puedes sumirte en el silencio? Quizá normalmente te obligues a permanecer sentado en una postura que emula a la del Buddha, mientras dentro de ti la mente sigue en ebullición.

Nanak estaba invitado en casa de un *nawab*, un noble musulmán. Para Nanak no había hindúes ni musulmanes; el sabio no
entendía de ninguna clase de delimitaciones sectarias. El *nawab*
le dijo:

–Si es verdad lo que dices, que no hay hindúes ni musulmanes, como hoy es viernes, ven con nosotros a la mezquita y ore-
mos juntos.

Nanak aceptó de inmediato. Pero añadió:

–Rezaré solo si tú rezas también.

–¡Qué condición tan extraña! –respondió el *nawab*–. A eso
voy, precisamente.

La noticia se extendió por la aldea como un reguero de pól-
vora. Todo el mundo se arremolinó en la mezquita. Los hindúes
estaban terriblemente disgustados, y la familia de Nanak se sintió personalmente ultrajada, pues todos pensaban que Nanak
se había hecho musulmán. Así es como los seres humanos car-
gan a otros con sus propios miedos.

Cuando Nanak llegó a la mezquita, los rezos ya habían comenzado. El *nawab* se enfadó, y su enfado fue creciendo porque, cada vez que se giraba, veía a Nanak todavía erguido, sin
inclinarse ni orar, allí de pie como una estatua. El *nawab* rezó
sus oraciones a toda velocidad, ya que ¿cómo puede una persona rezar cuando está enfadada? Finalmente se volvió hacia
Nanak y le dijo:

–Eres un fraude. ¡No eres ni un santo ni un buscador de la
verdad! Me prometiste que rezarías, y no lo has hecho.

–Te lo prometí –contestó Nanak–, pero ¿has olvidado la condición que puse? Te dije que rezaría siempre que tú rezaras también, y no lo has hecho; así que ¿cómo iba a rezar yo?

–¿Qué dices? ¿Has perdido la cabeza? Todos los que están aquí son testigos, ¡todos me han visto ofrecer mis plegarias!

–Pero no puedo creer lo que me digan otros testigos. Yo he estado mirando dentro de ti todo el tiempo, y lo que he visto es que estabas comprando caballos en Kabul.

El *nawab* se quedó perplejo porque eso era exactamente lo que había estado haciendo. Su caballo predilecto había muerto justo aquella mañana, y estaba todavía muy afectado por la pérdida de un animal tan magnífico. Lo único que ocupaba su mente era cómo llegar a Kabul lo antes posible para comprar otro pura sangre, pues, para él, un caballo era símbolo de estatus y honor.

–Y el sacerdote que presidía la plegaria –continuó Nanak– estaba ocupado cosechando sus campos.

El sacerdote admitió que estaba preocupado porque le urgía recoger la cosecha.

–Así que, por favor, dime, ¿ofreciste de verdad tus plegarias para que yo pudiera ofrecer las mías?

Obligarte a ti mismo a rezar, obligarte a alabar a Dios, a meditar... no sirve de nada. Inclinando el cuerpo y adoptando determinadas posturas no puedes forzar la mente para que haga lo mismo; la cacofonía de la mente continúa, y, de hecho, se hace más intensa y ensordecedora. Cuando el cuerpo estaba ocupado en una u otra actividad, la energía estaba dividida, pero en cuanto el cuerpo se sienta y está absolutamente inactivo, toda la energía fluye a la mente, ¡y los pensamientos se arremolinan a mucha mayor velocidad!

Por eso cuando la gente se sienta a meditar, la mente está cada vez más activa... ¡hay una avalancha de pensamientos que se precipitan uno sobre otro! Te sientas a adorar a Dios, pero el mundo sigue adueñándose de tus pensamientos; vas al templo y haces sonar las campanas, pero la mente se desboca en todas las direcciones. Normalmente, la mente no está tan inquieta. Vas a ver una película y la mente está tranquila, te sientes en paz; pero en cuanto entras en el templo, en la mezquita o en la iglesia, se apodera de ella el desasosiego. ¿Por qué? Porque el cine está relacionado con tus deseos. En las películas sale todo aquello de lo que estás lleno, toda la basura, toda la inmundicia, y te haces eco de lo que ves. En el templo, sin embargo, lo que oyes no encuentra ningún eco dentro de ti, y por eso surge la confusión.

Nanak dice que intentando forzar el silencio no conseguirás nada, pues *ese* silencio no se puede "conseguir". Incluso si te sentaras a practicar la meditación continuamente, no sucedería nada. Esta hambre no se sacia ni con una montaña de pan, porque no es un hambre que el pan pueda saciar. El hambre de meditación, el hambre de Dios, no es un hambre común; nada del mundo puede saciarla. Esta sed es única, y solo puede saciarse cuando el propio Dios desciende sobre el buscador.

¿Cómo podemos ser auténticos, ser de verdad? ¿Cómo podemos desgarrar el velo de lo falso? La respuesta, dice Nanak, es seguir las órdenes de Dios, obedecer solamente Sus deseos. Deberíamos dejarlo todo en Sus manos, dejarlo a Su voluntad, a Sus designios, ya que es lo único que nos servirá de algo.

¿Cómo alcanzar la verdad y desgarrar el velo de lo falso? Nanak dice: «Sometiéndonos al orden divino que está predeterminado».

Con tus obras, no lograrás nada. Cualquier cosa que hagas será siempre obra *tuya*; e incluso si dices la verdad, dado que nace de tu personalidad falsa, será una falsedad: ¿de qué lugar de ti podría salir una verdad cuando eres absolutamente falso?

Nanak estaba invitado en casa de Lalu, un carpintero pobre. El acaudalado terrateniente de la aldea iba a celebrar un sacrificio religioso al que había invitado a la aldea entera, y había enviado una invitación especial a Nanak. Cuando este no apareció, el terrateniente acudió en persona a llevarlo consigo.

–¿Cómo puedes negarte a venir a mi mansión a participar de una fiesta como esta? Habrá lo mejor de lo mejor, todo estará hecho con los ingredientes más puros; es una celebración especialmente preparada para los *brahmanes* que han realizado sus primeras abluciones y rituales. ¿Cómo puedes rechazar los alimentos que te ofrezco, cocinados con agua del Ganges, y preferir un plato de comida escaso en casa de este pobre carpintero que ni siquiera es un *brahman*?

–Si insistes iré contigo –contestó Nanak, pero le pidió a Lalu que lo acompañara y llevara consigo su comida.

Una vez allí, se dice –y esta es una leyenda simbólica– que Nanak tomó el pan seco de Lalu y lo retorció, y emanó de él un río de leche. Con la otra mano retorció el pan del terrateniente, y un río de sangre emanó de él. Nanak le dijo al hacendado:

–No puedes esconder tu impureza. Da lo mismo que sean brahmanes quienes cocinan tu comida o que laves con agua del Ganges cada grano de arroz. Tu vida es una larga historia de explotación, engaño, robo y mentiras. Hay sangre escondida en cada bocado de tu pan.

Si de verdad salió sangre del pan o no, es irrelevante; este relato trata sobre la verdad. Solo si la esencia de tu ser es verdadera puedes ser veraz. De lo contrario, ¿quién puede remediarlo?

Nanak dice que, por mucho que hagas, no sucederá nada, pues eres deshonesto, y la deshonestidad se infiltrará también en tu verdad. Inevitablemente, tus verdades estarán al servicio de tu deshonestidad, y las utilizarás para hacer daño a otros. Antes hacías daño al mundo con tus mentiras, y ahora le haces daño con tus verdades. Cualquier cosa que hagas será vil si eres vil.

¿Cuál es la cura? Nanak dice que el remedio es dejárselo todo a Dios, que Él haga Su voluntad. Espera a que esté complacido. Vive como Él quiere que vivas, sé lo que Él quiere que seas, ve adonde Él te lleve; deja que Sus mandatos sean tu sola y única práctica espiritual. Deshazte de tus esperanzas y deseos, y llénate de admiración y gratitud. Si te ha infligido sufrimiento, debe de haber tras ello una razón, algún misterio; debe de tener algún significado. En vez de quejarte, rebosa de gratitud: «Dame alegrías, dame aflicciones, ¡haz de mí según Tu voluntad!». Si Él te ha hecho pobre, acepta con gusto la pobreza; si te ha hecho rico, estate agradecido. Lo mismo en la felicidad que en el dolor, cuida de que sea una sola melodía la que resuene sin cesar en ti: «Lo que quiera que decidas darme, Señor, me hace feliz. Tus órdenes son mi vida».

De repente te encontrarás tranquilo. Lo que no sucedió con un millar de meditaciones empieza a suceder por el simple hecho de dejarlo todo a Su voluntad; y ha de ser así, puesto que ya no hay nada por lo que preocuparse.

¿Qué significa para ti "preocupación"? La preocupación surge cuando las cosas no ocurren como tú deseabas. Tu hijo se está muriendo; sientes que no debería ocurrir, y esa es tu preocupación. Te has arruinado, y el pensar que no debería ser así es tu angustia. Vives intentando imponerle a la existencia tu voluntad: han ocurrido cosas que no deberían haber ocurrido, y las cosas no son como deberían ser: esa es tu desazón, que te hace sufrir.

Y atosigado por todas estas preocupaciones, te sientas a meditar. ¡Qué otra cosa podrías hacer salvo seguir recogiendo tu cosecha o irte a Kabul a comprar un caballo! La angustia se infiltra y se adueña de la meditación; ¿crees que hay posibilidad alguna de que estés en calma? Solo hay una fórmula para resolverlo: *acepta lo que sea*. Si captas esto, habrás entendido toda la búsqueda de Oriente, desde Lao-Tsé hasta Nanak.

El antiguo nombre que se daba a esto era "sino" o "destino". Son palabras que se han adulterado, como suele ocurrir con el paso del tiempo, porque quienes las emplean lo hacen sin propiedad y les atribuyen significados que no son los auténticos. Actualmente, para insultar a alguien y tacharlo de irresponsable o de anticuado se le acusa de creer en el destino. Nanak dice: *Sometiéndonos al orden divino que está predeterminado*. Deberíamos dejarlo todo en Sus manos; dejarlo a Su voluntad, a Sus designios, ya que es lo único que nos servirá de algo.

Piensa, date la oportunidad, experimenta un poco; vive como Él quiere que vivas. ¿No te has esforzado ya bastante? ¿Y ha mejorado en algo tu situación? Quizá estés más deformado, pero lo que es seguro es que no eres *mejor* de lo que Él te hizo. Ni siquiera has conservado la inocencia y la sencillez que tenías en la infancia. El libro de tu vida lo has llenado de garabatos; ahora está ahí corrompido, lo has echado a perder, ¿y qué has ganado con ello, salvo sufrimiento, dolor, tensión y remordimiento?

Intenta escuchar las palabras de Nanak y ponlas en práctica unos días. «Déjaselo todo a Él», dice Nanak; ni oraciones, ni mantras, ni penitencia, ni meditación, ni resoluciones. Hay una sola práctica espiritual: Su deseo. En cuanto llegue hasta la raíz de tu ser la idea de que todo sucede por orden Suya, una paz intensa, una suave ducha interior te limpiará de toda tensión y ansiedad.

Occidente está lleno de ansiedad y tensión; mucho más que Oriente, a pesar del atraso oriental, de su índice de pobreza y de enfermedades, de no tener comida suficiente, de que la gente no tenga con qué cubrirse el cuerpo, o ni tan siquiera un techo bajo el que cobijarse. Occidente lo tiene todo, y, sin embargo, es tal su tensión y ansiedad que son muchos los que están al borde de la crisis nerviosa o dependen de los tranquilizantes.

¿A qué se debe? Está claro. Occidente ha intentado imponerle su voluntad a la existencia; Occidente ha intentado salirse con la suya; el ser humano occidental solo tiene fe en sí mismo: «Lo haremos todo solos. ¡Dios no existe!». Y es cierto que ha hecho mucho, pero el hombre o la mujer que hay en él ha perdido el norte y vive en un estado próximo a la esquizofrenia. Ha realizado maravillas en el exterior, pero interiormente está enfermo, desquiciado.

Si este verso penetra en ti, no queda nada por hacer. Sencillamente, deja que las cosas sucedan por sí solas. En vez de nadar, flota. No luches contra el río, porque no es tu enemigo sino tu amigo. ¡Flota! Si luchas, crearás enemistad. Cuando nadas contracorriente, el río se opone a ti; pero no es el río sino tú quien genera el forcejeo. El río fluye siguiendo su curso –ni siquiera sabe que tú existes–, y tú, haciendo valer tu voluntad, empiezas a nadar en dirección contraria, reafirmando tu poder, o, lo que es lo mismo, alimentando y fortaleciendo el ego.

Cuando dejas que Su deseo se cumpla, te haces uno con la corriente, y allá adonde el río te lleve es tu destino, es la orilla, la playa; si te ahoga, tu destino es ese. ¿Dónde hay cabida entonces para la ansiedad, para el dolor? Al someterte a Sus designios has arrancado las propias raíces del sufrimiento. Lo que dice Nanak es inestimable: déjaselo todo a la voluntad y a la autoridad de Dios; pues únicamente cuando recorres el camino que él te ha trazado, puede todo suceder.

Nanak le ha cerrado al ego todas las puertas: primero, al subrayar la importancia de la gracia del gurú –todo lo que consigas con tu esfuerzo será por gracia suya–, y al añadir luego que lo que quiera que ocurra, cualquiera que sea el lugar al que te lleve la corriente, es por voluntad Suya. Entonces no hay nada más que hacer; entonces no tardarás mucho en darte cuenta de que:

No podemos comprenderlo aunque pensemos en Él
un millón de veces,
ni aquietar la mente con silencio, por mucho que nos
sentemos a intentarlo.
Ni siquiera una montaña de pan saciará el hambre
del alma,
ni cien mil proezas de la mente conseguirán la unidad
con Él.

¿Cómo alcanzar la verdad y desgarrar el velo de lo falso?
Nanak dice: «Sometiéndonos al orden divino que está
predeterminado».

2. El peso de una flor

Por orden divina se crearon todas las formas,
pero Su orden es imposible de describir.
La orden divina ha creado la totalidad de la vida,
y por ella se le ha otorgado toda su grandeza.
Por orden divina son nobles unos e innobles otros,
y se conceden el placer y el dolor.
Por orden Suya alcanzan algunos la salvación,
o vagan sin fin, atrapados en los ciclos de muerte
      y nacimiento.
Todos están bajo Su mandato; nadie escapa
      a Su voluntad.
Dice Nanak: «Quien comprende Su orden se libera
      de sí mismo».

Quienes conocen el poder cantan Su fuerza
      inefable.
Al conocer la caridad, algunos cantan
      Su generosidad como señal.
Algunos cantan Sus virtudes y Su grandeza,

y cantan Su sabiduría quienes se inclinan
      por la erudición.
Hay quienes cantan que Él es el creador del cuerpo,
      al que luego convierte en cenizas,
y quienes cantan que la vida que Él se lleva volverá
      a nacer.
Hay quienes cantan que está muy muy lejos.

Algunos cantan que Él lo ve todo y está en todas
      partes.
No tienen fin Sus atributos,
aunque un millón de personas Lo describan
      de un millón de maneras.
El dador da eternamente, por más que el receptor
      se canse de recibir;
así, desde el principio del tiempo hemos sobrevivido
      gracias a Su generosidad infinita.
Él es el ordenante, y Su orden hace girar el universo.
Dice Nanak: «Él carece de preocupación,
      es infinitamente dichoso».

Hay dos maneras de vivir: una es el conflicto y la otra, la entrega. Cuando vives en conflicto, sientes que tu voluntad es diferente de la voluntad del todo. Cuando te rindes, sientes que formas parte del todo, y no cabe la posibilidad de que tu voluntad sea distinta o esté separada de la Suya. Si eres uno con el todo, la entrega sucede de forma natural. El conflicto provoca tensión, inquietud, preocupación y ansiedad. La entrega aporta vacío, paz, dicha y, finalmente, el conocimiento supremo.

El ego se fortalece con el conflicto, y se destruye por la entrega. La persona mundana está siempre en conflicto; la persona religiosa ha abandonado todas las luchas y se ha entregado. La religión no tiene nada que ver con acudir a la iglesia, a la mezquita o a un templo sikh. Si tienes tendencia a luchar, si forcejeas incluso con Dios, si tratas de imponer tu voluntad –aunque sea mediante la oración o la alabanza–, eres una persona irreligiosa.

Cuando no tienes deseos propios, Su deseo es tu deseo; si no te has marcado una meta por decisión propia, allá adonde Él te lleve es tu destino. Cuando estás dispuesto a actuar como a Él le place, cuando no tienes expectativas propias y no tomas decisiones, dejas de nadar y empiezas a flotar.

¿Has observado a un halcón planear en el cielo? Una vez que ha alcanzado suficiente altura, extiende las alas y flota en el aire. Cuando tu mente alcanza ese estadio, te hallas en estado de entrega; ya no necesitas batir las alas, sino que simplemente flotas, ingrávido, en la atmósfera. Pues el peso es producto del conflicto. Nace cuando opones resistencia: cuanto más forcejeas, más bajo caes; cuanto más abandonas la lucha, más ligero eres, y cuanto más ligero eres, más alto planeas. Si desechas por completo todo conflicto, alcanzas las alturas de Dios, lo cual significa que estás absolutamente libre de carga, que eres totalmente ingrávido. El ego es como una piedra que llevas atada alrededor del cuello; cuanto más luchas, más pesada es la piedra.

Una vez, Nanak acampó al lado de un pozo que había a las afueras de una aldea habitada por faquires sufíes. A la mañana siguiente temprano, cuando el jefe de los sufíes supo que Nanak estaba allí, hizo que le llevaran una taza llena de leche hasta el borde. Estaba tan llena que no hubiera cabido ni una gota más. Nanak cortó una flor de un arbusto cercano, la depositó en la taza y la envió de vuelta al gurú sufí. La flor flotaba sobre la leche; porque... ¿cuánto pesa una flor? Mardana, el discípulo de Nanak, estaba confundido y preguntó a su maestro qué significaba aquello.

Nanak le explicó: «El mensaje que el sufí quería transmitirme era que la aldea estaba tan llena de sabios que no quedaba sitio ni para uno más. Le he respondido que no necesito un sitio, porque soy igual de ligero que la flor y flotaré en lo alto».

Quien está libre de carga es un sabio. Quien lleva un peso a cuestas es todavía ignorante, y, mientras no esté completamente libre de cargas, su peso puede hacer daño a otros. La no violencia ocurre por sí sola. El amor florece por sí solo. Nadie puede engendrar el amor o implantar la compasión; si te liberas de todas tus cargas, sucede por sí mismo. Al igual que la sombra sigue al hombre, el odio, la ira, la maldad y la violencia siguen a quien vive agobiado por la ansiedad, y siguen a la persona ingrávida el amor, la compasión, la piedad y la oración. Por tanto, lo principal es aniquilar el ego que vive en ti.

Y solo hay una manera de aniquilarlo. Los *Vedas* la han llamado *Rit*; Lao-Tsé la llama *Tao*; el Buddha la llamó *Dhamma*, Mahavira empleó la palabra *Dharma*, y Nanak se refiere a ella como *Hukum*, la orden divina. Únicamente quien se conduce según Su mandato, sin hacer ni un solo movimiento independiente, sin ningún deseo ni sentimiento propio ni necesidad de introducir su propio sí mismo, es una persona religiosa.

Y quien se somete a Su mandato lo consigue todo; a esa persona no le queda nada por alcanzar. Obedecer Su mandato es la puerta al corazón, mientras que depositar la confianza en las propias fuerzas es dar la espalda a Dios. Obedece Su voluntad y estarás de nuevo mirándolo de frente. Si vives tu vida de espaldas al sol, hagas lo que hagas no conseguirás deshacerte de la oscuridad; pero en cuanto te das la vuelta y miras al sol de frente, la oscuridad de innumerables vidas se desvanece. Eso sí, la única manera de estar frente a Dios es abandonar tu voluntad individual. Debes comprender que con flotar basta, que no te hace falta nadar ni llevar a cuestas una carga innecesaria. Todas las derrotas y victorias son enfermedades del ego.

Estás en la misma situación que aquella mosca que se posó en el eje de la enorme rueda de un carro que levantaba una gran nube de polvo a su paso. La mosca no veía más que polvo al mirar a su alrededor, y se dijo: «¡Debo de ser muy grande para levantar tanto polvo!». Lo mismo si tienes éxito como si te sientes derrotado, todo se debe a ese polvo. Tú no eres más que la mosca posada en la rueda del carro, así que no metas en ello a tu yo insignificante pensando que el polvo lo levantas tú. El polvo es resultado del carro, y del viaje.

Probablemente conozcas el cuento de la lagartija. Un día sus amigos la invitaron a dar un paseo por la selva. «Lo siento, no puedo ir –dijo–, porque, si me voy, ¿quién sostendrá el techo del palacio del rey? Si el techo se cae, la responsabilidad será mía.» ¡La pobre pensaba que era tanto lo que dependía de ella! Y si una lagartija puede pensar algo así...

O ese otro cuento de la anciana que tenía un gallo que cantaba cada mañana según empezaba a salir el sol. La mujer se fue volviendo soberbia, y con arrogancia advertía a sus vecinos de que cuidaran sus modales cuando se relacionaban con ella, porque, si no, se marcharía de la aldea con su gallo y el sol no volvería a salir.

Era cierto que, cada mañana, al cantar el gallo salía el sol, pero los vecinos se reían de la mujer a carcajadas; le decían que estaba mal de la cabeza. Finalmente, encolerizada, se marchó a vivir a otra aldea, donde el gallo también cantaba en el instante en que el sol empezaba a salir. Y pensó: «Ahora se darán golpes de pecho y llorarán. ¡Ya no está allí el gallo para hacer que salga el sol!».

La lógica que aplicaba la anciana y los argumentos que esgrimía son muy parecidos a los tuyos. Aunque nunca haya ocurrido que el gallo cantara y no saliera el sol, lo has entendido todo al revés. Pero ¿quién va explicarle esto a la mujer, y quién va a hacer que tú lo entiendas? Cuando ella vio salir el sol en la aldea a la que acababa de llegar, estaba convencida de que, si había salido allí, no podía estar en ningún otro sitio.

Tu inteligencia y tu capacidad de razonamiento también son limitadas. Dios no existe gracias a ti, sino que eres tú el que existe gracias a Él. Tu aliento fluye de Él, no es obra tuya; ni son obra tuya tus oraciones, sino que es Él quien reza a través de ti.

Si logra penetrar en ti esta comprensión, se te desvelarán con claridad las inestimables palabras de Nanak, cada una de ellas rebosante de sabiduría:

> Por orden divina se crearon todas las formas,
> pero Su orden es imposible de describir.
> La orden divina ha creado la totalidad de la vida,
> y por ella se le ha otorgado toda su grandeza.

Nanak usa la palabra *hukum*, que significa el mandato divino, o la ley cósmica, que gobierna toda la existencia. Toda vida nace del mandato divino, y es *hukum* lo que te otorga tu grandeza.

Cuando triunfes, no te consideres victorioso, y no te considerarás derrotado si sufres una derrota. El victorioso es Él, y Él es el derrotado. Todo es Su obra; de hecho, los hindúes lo contemplan todo como un juego Suyo. Eso significa que es Él quien gana y Él quien pierde; gana con una mano, y pierde con la otra. Sin embargo, los aparentes ganadores y perdedores, que no son más que un instrumento, un medio, equivocadamente se consideran a sí mismos hacedores.

Krishna le dice a Arjuna en la *Gita*: «No concedas importancia a tu intervención. Es Él quien obra, y Él quien lleva las cosas a término. Es Él quien ha provocado esta batalla. Matará a quienes quiera matar, y salvará a quienes quiera salvar. No imagines que eres tú el homicida ni el salvador». Lo que Krishna expresó en toda la *Gita*, Nanak lo dijo en este *sutra*: *Es Él quien ha creado lo grande y lo pequeño.*

Reflexionemos sobre esto: si es Él quien ha creado todas las cosas, grandes y pequeñas, nadie es grande ni nadie es pequeño, puesto que todas son creaciones Suyas. Tanto si haces un ídolo grande o un ídolo pequeño, tú eres el escultor. Y si el hacedor es uno, ¿qué importancia puede tener que algo sea grande o pequeño? Sin embargo, uno de los problemas que arrastramos a lo largo de nuestra vida es que lo consideramos todo en función del tamaño o la magnitud, cuando, por mucho que lo intentemos, nada será nunca lo bastante grande como para satisfacer nuestro ego.

En cuanto empiezas a ver dentro de ti la mano de lo que no tiene forma, inmediatamente eres grande. El hacedor es uno. El que ha creado la flor más humilde ¡ha creado también el majestuoso ciprés que parece tocar los cielos! Y si la mano que hay detrás de ambos es la misma, ¿qué es grande y qué es pequeño? La victoria es Suya, y Suya es la derrota. Somos simples peones en Su partida de ajedrez.

Habrás oído a más de un devoto decir: «Todo lo bueno que hay en mí es Tuyo; todo lo malo es mío», atribuyendo, superficialmente, sus virtudes a Dios y responsabilizándose de sus defectos. Pero esta humildad aparente no es genuina, ya que, si toda la bondad es Suya, ¿cómo puede ser tuya toda la maldad? Una auténtica ausencia de ego lo cedería todo a los pies del Señor; no se guardaría *nada* para sí, ni siquiera lo malo. Es el ego el que, disfrazado de humildad, retiene una pequeña parcela de la que sustentarse. Por mucho que insistas, ¿cómo puede ser Suyo el éxito y tuyo el fracaso, ser Suya la bondad y tuya la vileza? Son palabras huecas, insustanciales. O ambas cosas son Suyas o ambas son tuyas.

La diferencia entre la humildad verdadera y la falsa humildad es que esta última dice: «No soy más que polvo a tus pies». Cuando una persona te diga eso, mírala a los ojos, y verás que espera que tú respondas: «¡No, qué va! ¿Cómo puedes decir eso? Soy yo quien es solo polvo a tus pies». Pero si, por el contrario, aceptas sus palabras y le dices: «Tienes razón. Eso es exactamente lo que pienso», te habrás ganado un enemigo para toda la vida. Nunca te perdonará.

Toda alabanza es Suya, y toda culpa es Suya; nosotros nada tenemos que ver con ello. Somos como la flauta de bambú; deja que toque con ella lo que Le plazca. Sigue siendo arrogancia decir: «Si hay algún culpable, soy yo», pues eso mantendrá vivo el ego. El yo es una enfermedad tan terrible que, si conservas una sola pizca de él, todo él se salvará. O te desprendes de él por completo o permanece completo, escondido y a salvo dentro de ti.

Nanak dice: todas las formas han nacido del mandato divino. No se puede expresar con palabras. Nada de lo que es verdaderamente significativo en la vida se puede poner en palabras, y el mandato divino es lo más significativo de todo; no hay nada más allá de él. Las palabras sirven solamente para lo que normalmente se usan, que es para crear cierto entendimiento en la vida cotidiana, pero no hay forma de expresar con palabras lo extraordinario, y son muchas las razones de que sea así.

El conocimiento de lo sobrenatural se produce únicamente en el silencio; y lo que se experimenta en silencio ¿cómo puede expresarse verbalmente si el silencio es la antítesis de la palabra? Cuando experimentamos a Dios en nuestro interior no hay palabra alguna, solo hay silencio absoluto; ¿cómo es posible encontrar luego en las palabras lo que se ha conocido en el vacío? El medio ha cambiado. La vacuidad, la realidad informe, es un medio totalmente distinto de la palabra, que tiene forma. ¿Cómo se puede dar forma a lo informe? Esto ha supuesto un problema para todos aquellos que Lo han conocido: ¿cómo expresarlo? Imagínese que oye una canción de gran belleza e intenta explicársela a una persona sorda.

Hay un viejo cuento sufí que habla de un pastor sordo que apacentaba sus ovejas cerca de una montaña. Se hacía tarde, había pasado la hora en que su esposa normalmente le llevaba la comida, y tenía mucha hambre. Como hasta aquel día su esposa nunca se había retrasado, se empezó a preocupar por que estuviera enferma o hubiera tenido un accidente. El pastor miró a su alrededor y, al ver a un leñador encaramado a lo alto un árbol, se acercó y le dijo:

–Hermano, ¿te importaría estar al tanto de las ovejas mientras voy a casa por mi comida?

Pero el caso es que el leñador también era sordo, y le contestó:

–¡Vete de aquí! No tengo tiempo para conversaciones vanas.

Por los gestos que hizo, el pastor dedujo que accedía a su petición, así que se fue corriendo a casa todo lo rápido que pudo y regresó con la comida. Al llegar contó las ovejas, y vio que todo estaba en orden. Pensó entonces que sería un detalle ofrecerle un regalo al leñador en señal de gratitud por su buena voluntad, y, como había una oveja coja que tendría que sacrificar cualquier día, la llevó adonde estaba el leñador.

Cuando el leñador lo vio llegar con la oveja que cojeaba, le gritó furioso:

–¡Qué! ¿Piensas que yo la he dejado coja?

Y cuanto más empeño ponía el pastor en ofrecérsela, más alto gritaba el leñador. Dio la casualidad de que apareció entonces un hombre montado a caballo que se había perdido y quería preguntarles el camino. En cuanto lo vieron, los dos se le echaron encima. Quiso la providencia que el jinete, que estaba también sordo como una tapia, acabara de robar el caballo y se hubiera dado a la fuga, y, cuando los dos hombres se le echaron encima, pensó que debían de ser los dueños del caballo. Mientras él pensaba esto, el pastor le rogaba que le explicara al leñador que quería regalarle la oveja en señal de gratitud, y el leñador le decía:

–Por favor, dile a este hombre que ni siquiera he mirado a sus ovejas, ¡y que de ningún modo he dejado a esta coja!

–Podéis quedaros con el caballo –les contestó el jinete–. Admito mi culpa; perdonadme, por favor.

Mientras se producía toda esta confusión, pasó por allí un faquir sufí. Los tres corrieron hacia él, se agarraron a sus ropas y le rogaron que aclarara la situación. Pero el faquir había hecho voto de silencio de por vida, y, aunque entendía el problema de cada uno de los tres, ¿qué podía hacer él? Miró fija y largamente a los ojos al jinete, que empezó a sentir un gran desasosiego y pensó que aquel hombre lo estaba hipnotizando. Se asustó tanto que, de un salto, se montó en el caballo y escapó de allí.

A continuación, el faquir fijó su mirada penetrante en los ojos del pastor, que también sintió que empezaba a perder la consciencia. Rápidamente reunió a sus ovejas y se marchó camino adelante. Cuando el faquir se volvió hacia el tercer hombre, este también se asustó.

Los ojos del faquir tenían un gran poder. Quienes observan un silencio prolongado tienen un brillo único en la mirada, pues toda la energía se acumula en los ojos, que son entonces el canal de expresión. Cuando el faquir miró profundamente a los ojos al leñador, este reunió y ató rápidamente la leña que había cortado y se fue. El faquir se rió y siguió su camino. Les había resuelto el problema sin decir una palabra.

Esta es la dificultad que encuentran las personas santas, y no son solo tres los que están sordos... ¡Hay más de tres mil millones de sordos en este mundo!, y cada uno de ellos explica sus razones, pero nadie escucha; nadie escucha a nadie. No hay diálogo en la vida, solo debates y disputas. ¿Qué debe hacer el santo entonces? Él ha desarrollado el arte del silencio, luego no tiene manera de hablar. Además, como en el caso del faquir sufí, por mucho que hablase los sordos no podrían entenderlo; no habría conseguido sino aumentar la confusión. Así que se limitó a mirarlos a los ojos con su profunda mirada.

El santo siempre ha intentado resolver tus problemas mirándote a lo más profundo de los ojos, intentando verter en tus ojos lo que está contenido en él. De ahí que Nanak hable tanto de la compañía de los santos. Dice: «Asóciate con hombres santos si quieres conocer lo que ellos han conocido. Estate en compañía de los santos, porque dedicarte solo a oír y a escuchar no te llevará muy lejos». Se te dirá una cosa, e interpretarás algo distinto, porque la gente está sorda. Se te mostrará algo, y verás algo distinto, porque la gente está ciega. Sacarás tus propias conclusiones, y darás un significado distinto a las palabras del sabio.

Nanak dice que el mandato divino no se puede expresar, pero que, no obstante, se pueden dar pistas, pistas que no son meras palabras, porque el mandato divino no puede estar contenido en las palabras. Esas palabras son como mojones que nos indican que vamos en la dirección correcta para llegar a nuestro destino, aunque muchos se queden aferrados a los mojones y dejen de avanzar.

También puede ser tu caso. Si te levantas cada mañana temprano y te limitas a repetir el *Japuji*, lo aprenderás de memoria, y nada más; ¡te habrás quedado aferrado al mojón! En vez de hacer eso, viaja en la dirección que el *Japuji* señala. Compréndelo, no te aferres a él. Debes viajar, porque la religión es un viaje, y quedarse enganchado al *Japuji*, el Corán, la Biblia o la *Gita* es aferrarse a los mojones. Entiéndelos, sigue adelante, y el misterio se te revelará.

> Por orden divina se crearon todas las formas,
> pero Su orden es imposible de describir.
> La orden divina ha creado la totalidad de la vida,
> y por ella se le ha otorgado toda su grandeza.
> Por orden divina son nobles unos e innobles otros,
> y se conceden el placer y el dolor.

Piensa un poco: cuando te sientes desdichado, haces responsable al otro de tu sufrimiento. Si quieres responsabilizar a alguien, haz responsable al orden divino. Cuando el marido es infeliz, culpa a su esposa, y cuando la esposa es infeliz culpa a su marido. El padre culpa al hijo, y el hijo increpa al padre. Si quieres culpar a alguien, culpa al orden divino; es lo menos que puedes hacer.

Es una gran ironía que cuando tienes problemas culpes a otro, pero cuando eres feliz te atribuyas el mérito enteramente a ti mismo. ¿Qué lógica hay en esto?...: ¡la felicidad es obra tuya, pero la causa de la infelicidad se la adjudicas a otro! Por eso no puedes ni superar tus sufrimientos ni desentrañar el secreto de la felicidad, porque estás equivocado en ambos casos: ni el otro es responsable de tu dolor, ni tú eres responsable de tu felicidad; es Dios el responsable de ambos. Y si la dicha y el sufrimiento llegan a ti de la misma mano, ¿por qué establecer una diferencia entre ellos?

Había un rey musulmán que tenía predilección por cierto esclavo, y el esclavo adoraba a su amo. Un día que cruzaban una selva, el rey vio una fruta solitaria que colgaba de un árbol. La tomó y, como acostumbraba a hacer, dio parte de ella al esclavo. Cuando este la probó, dijo:

–Amo, dame un poco más.

Luego le pidió otro bocado, y otro, hasta que apenas quedaba nada para el rey. Pero seguía insistiendo e incluso intentó arrebatar de las manos del rey lo que quedaba. El rey se llevó rápidamente a la boca el último trozo, pero lo escupió de inmediato.

–¿Te has vuelto loco? –le gritó al esclavo–. Esta fruta es venenosa, y te quedas ahí sonriéndome. ¿Por qué no me lo has dicho?

El esclavo se arrojó a los pies de su amo mientras decía:

–Si estas manos me han dado los más dulces de entre los frutos, ¿debería quejarme por que me hayan dado un fruto amargo?

Date cuenta de que no le interesan los frutos en sí; lo que le importa son las manos.

El día que alcances esa sabiduría, el día que entiendas que es de Sus manos de donde te llega la aflicción, ¿seguirás considerándola dolorosa? El sufrimiento te *parece* meramente sufrimiento porque no ves la mano que hay detrás de él. El día que comprendas que es Él quien te da tanto la alegría como el sufrimiento, ambos perderán su impacto. Entonces la felicidad ya no te exaltará, ni el sufrimiento te causará dolor. Cuando la alegría y la aflicción sean iguales para ti, la dicha ocupará su lugar. Cuando la dualidad de la alegría y aflicción cesa, ¡desciende lo indivisible, y te llenas de beatitud!

No culpes a ninguna de las personas que te rodean: ni al marido ni a la esposa, ni al hijo ni a la hija, ni al amigo ni al enemigo. Cuando te lleguen la alegría o el éxito, no llenes el ego con ellos, pues Él es el amo de todos los éxitos, de todas las recompensas y todos los dulces frutos. Si se lo dejas todo a Él, la alegría y la tristeza desaparecerán, y solo quedará dicha suprema.

Por orden divina son nobles unos e innobles otros,
y se conceden el placer y el dolor.
Por orden Suya alcanzan algunos la salvación,
o vagan sin fin, atrapados en los ciclos de muerte
y nacimiento.
Todos están bajo Su mandato; nadie escapa
a Su voluntad.
Dice Nanak: «Quien comprende Su orden se libera
de sí mismo».

Una vez que comprendes lo esencial, que todo es Suyo, ¿qué queda del yo? No queda nadie que pueda decir «yo». Entiende que deseas librarte del ego cuando te causa dolor; sin embargo, el problema es que se trata del mismo ego que te permite experimentar la felicidad. Que el ego te produce dolor lo sabes de sobra: cuando una persona abusa de ti, tu ego se siente herido y quieres deshacerte de él.

La gente viene a preguntarme cómo liberarse del sufrimiento. Dicen que ya saben que la causa de todo sufrimiento es el ego, y por eso me preguntan cómo librarse de él. Les digo: «La cuestión no es *cómo*. Si realmente estuvieras convencido de que el ego es la causa de todos tus males, lo habrías abandonado hace ya mucho tiempo. ¡No te haría falta preguntar!».

Pero no es tan sencillo. Quieres librarte del ego la mitad del tiempo; quieres un arreglo del cincuenta por ciento. Porque resulta que el mismo "tú" que se ofende cuando se le acusa y, como consecuencia, quiere deshacerse del ego, está encantado cuando se le alaba y ve cómo el ego se crece con el elogio. Si cometes un error sufres, pero si se admira tu actuación, te sientes satisfecho; cuando alguien te insulta sientes dolor, y cuando se cantan tus alabanzas te deshaces en sonrisas. Ambas alternativas se producen en el plano del ego.

El problema es que si te desprendes del ego, tus alegrías terminarán a la par que tus tristezas. Lo que tú quieres es conservar la felicidad y deshacerte de la infelicidad; pero eso no ha ocurrido ni podrá ocurrir jamás. Si se quedan, se quedan juntas; si se van, se van también juntas, porque son las dos caras de una misma moneda. Tú quieres tirar una cara y conservar la otra, pero, como eso es imposible, vas alternando: en un momento arrojas la moneda lejos de ti, y al momento siguiente la recoges de nuevo. No puedes conservar –ni abandonar– un lado sin el otro.

Debes entender el aprieto en el que te coloca el ego: si cedes a Dios, que es la auténtica fuente de todo, tanto del sufrimiento como de la alegría, el ego no tiene donde ponerse en pie. ¿Cómo dirás entonces «Yo soy»? "Yo" no es nada más que una recopilación de tus acciones. No es un objeto, ni tiene una existencia independiente. Si renuncias a tu sentimiento de autoría y dices: «Tú eres el hacedor, y yo no soy más que Tu instrumento», ¿dónde está el ego entonces? A partir de ese instante, lo que quiera que Él dicte, tú lo haces; lo que quiera que Él no dicte, tú no lo haces. Si te hace pecador, eres pecador; si te hace santo, eres santo.

Trata de comprender la singularidad de las palabras de Nanak: dice que solo por orden divina alcanza una persona el conocimiento de Dios, y que solo por orden divina vaga una persona por los incontables ciclos de vida y muerte. Lo que Nanak quiere transmitirte es que, si eres un pecador, no te llames a ti mismo pecador; en lugar de eso, di: «Es Su voluntad».

Tal vez pienses que esto crea el peligro de que una persona cometa crímenes alegremente culpando de ellos a la voluntad de Dios. El quid de la cuestión es que, una vez que una persona *sabe* que todo es voluntad Suya, lo que quiera que haga será una acción digna. Mientras no lo sabes, hay un continuo conflicto entre tú y Él, que, por definición, hace que surja el pecado. El pecado es la lucha entre tú y Dios, y ese conflicto provoca un estado en el que te infliges sufrimiento a ti mismo y también a los demás. El día que lo dejas todo en Sus manos, los pecados huyen.

Nanak dice que eso también ocurre por mediación Suya. Si eres un pecador, es Él; si eres un santo, es Él también. No creas que eres tú el que ha hecho la buena acción, ni que eres tú el que ha cometido el pecado. El concepto mismo de "Yo he hecho" es un error, una equivocación.

Solo existe una ignorancia, y reside en la convicción de que "Yo he hecho..."; y solo existe un conocimiento, que consiste en reconocer al creador supremo. El creador lo hace todo, y yo soy solo el medio, el instrumento. No existe nada ni nadie fuera del orden divino. Todo reside en él.

Quienes conocen el poder cantan Su fuerza inefable.
Al conocer la caridad, algunos cantan Su generosidad como señal.

Algunos cantan Sus virtudes y Su grandeza,

y cantan Su sabiduría quienes se inclinan por la erudición.

Hay quienes cantan que Él es el creador del cuerpo,

al que luego convierte en cenizas,

y quienes cantan que la vida que Él se lleva volverá

a nacer.

Hay quienes cantan que está muy muy lejos.

Algunos cantan que Él lo ve todo y está en todas partes.

No tienen fin Sus atributos,

aunque un millón de personas Lo describan de un millón

de maneras.

El dador da eternamente, por más que el receptor

se canse de recibir;

así, desde el principio del tiempo hemos sobrevivido

gracias a Su generosidad infinita.

Él es el ordenante, y Su orden hace girar el universo.

Dice Nanak: «Él carece de preocupación,

es infinitamente dichoso».

Las definiciones que se han hecho de Él son incontables, y aun así incompletas. ¿Cómo puede un ser humano, que está en sí mismo incompleto, definir lo completo? Cualquier cosa que diga estará incompleta. ¿Cómo puede una parte ser testigo del todo? Cualquier cosa que esa parte pronuncie se referirá solo a sí misma. ¿Puede el átomo conocer lo absoluto? Lo que el átomo comprenda no podrá ir más allá de sí mismo.

Por tanto, quienes pueden cantar, cantan sus atributos, pero lo desconocido sigue siendo desconocido. Las *Upanishads* cantaron Sus alabanzas hasta que se cansaron de hacerlo, y lo mismo hicieron la *Gita*, el Corán y la Biblia. Pero Él es indescriptible, indefinible... Es así. Ha sido imposible definirlo completamente, pues todas las escrituras son obras incompletas; y por fuerza ha de ser así, ya que son un limitado esfuerzo humano por manifestar lo infinito.

El sol sale, y el artista pinta un cuadro del sol, pero por muy bien que lo pinte, su cuadro no dará luz. No se puede colgar el cuadro en una habitación oscura y esperar que la ilumine. Si un poeta presencia la puesta de sol y escribe una hermosa canción sobre ella, por muy sincero y profundo que sea el sentimiento que transmite, la canción no podrá iluminar la habitación tenebrosa.

Todas las canciones que se han cantado en alabanza de Dios y todos los cuadros que representan sus atributos están incompletos. Ninguna canción puede definirlo completamente, porque no podemos encerrar Su ser en ellas. Las palabras son huecas y deben seguir siéndolo. Si tienes sed, la palabra "agua" no la saciará. Si tienes hambre, la palabra "fuego" no te cocinará una comida. Y si el deseo de Dios ha surgido en ti, la palabra "dios" no basta; les basta únicamente a aquellos que no han sentido ese deseo.

Entiéndelo bien: si no tienes sed, la palabra "agua" o H_2O es cuanto necesitas para nombrarla. Pero si tienes sed, ya es otra cosa; entonces ni la palabra "agua" ni el símbolo H_2O te servirán de nada. Aunque reúnas todas las palabras para referirse al agua que utilizan las más de tres mil lenguas del mundo y te las amarres alrededor del cuello, no te darán ni una sola gota de agua. Solo si no tienes sed puedes dedicarte a jugar con las palabras.

La filosofía es un juego para quienes no tienen sed. La religión es el viaje de quienes están sedientos. La filosofía, por tanto, juega con las palabras; la religión, no. La religión tiene en cuenta las pistas que las palabras nos dan, y las sigue. Cuando se va en busca del lago, ¿qué puede hacer la palabra "lago"? Cuando se va en busca de la vida, la palabra "vida" por sí sola suena a hueco.

Intentemos entender un poco una cuestión muy profunda a la que se enfrenta el filósofo. Llega a la India un turista y se le da un mapa de la India. ¿Qué relación hay entre la India y el mapa? Si el mapa es exactamente lo mismo que la India, tendrá que ser gigantesco, y entonces no servirá de nada, porque no lo podrás llevar en el coche, y mucho menos en el bolsillo. Y si no es igual que la India, ¿cómo puede, aun así, sernos útil?

El mapa es un símbolo. No es lo mismo que la India, pero las líneas que hay trazadas en él nos transmiten una información útil *sobre* el país. Allá a donde vayas, encontrarás la India, no verás el mapa por ningún lado, pero si lo llevas contigo y lo entiendes y lo usas, te hará el viaje más fácil. Ahora bien, tanto si no sacas el mapa del bolsillo como si lo miras en tu habitación y nunca sales de ella, no vas a aprender mucho. El mapa y el viaje deben ir juntos para que puedas comprender plenamente la experiencia.

Las personas religiosas de este mundo llevan los mapas pegados al pecho como si fueran la realidad, la totalidad. No cabe duda de que las escrituras, los libros sagrados, las imágenes y los templos contienen todos ellos indicadores ocultos que hacen de los mapas algo más que una simple carga. Pero el hindú lleva a cuestas su cargamento de mapas, el musulmán el suyo, y también el cristiano lleva el suyo propio; van cargados con tantos y tan diversos mapas que el viaje se hace casi imposible. Los mapas deberían ser escuetos, abreviados, y no es a ellos a los que se debe rendir culto; son una mera herramienta para ser utilizada en el viaje.

La esencia de las enseñanzas de Nanak está basada en la religión hindú y en la musulmana. No se le puede, por tanto, considerar ni hindú ni musulmán; o es ambas cosas, o no es ninguna de las dos. A la gente le resultaba muy difícil entender a Nanak. Había un dicho: «Baba Nanak es el rey de los faquires; es el gurú de los hindúes y el santo de los musulmanes».

Es lo uno y es lo otro. De sus dos discípulos más fieles, Mardana y Bala, uno era hindú y el otro, musulmán. Sin embargo, Nanak no tiene cabida ni en el templo hindú ni en la mezquita musulmana. Tanto el uno como la otra desconfían de su postura y no saben dónde colocarlo. Nanak es la confluencia de los dos ríos, el hinduismo y el islam. Recogió la esencia de ambos. Por eso los sikhs no son ni hindúes ni musulmanes; han de ser ambas cosas o ninguna, puesto que su religión nace de la unión de los dos.

Ciertamente es difícil de entender esa confluencia. Cuando en el mapa vemos un río, está marcado con claridad; pero en este caso, los dos ríos se han hecho uno. Algunas palabras que Nanak utiliza hacen referencia al islam mientras que otras reflejan el hinduismo, y juntas forman una especie de nebulosa; pero la niebla se disipa poco a poco cuando nos adentramos en la experiencia. Ahora bien, si llevas las palabras de Nanak apretadas contra el pecho, como haces con las demás escrituras, son como las de cualquier otro libro sagrado –y, de hecho, vemos a los sikhs adorar sus palabras como si fueran el gurú–. ¿No es asombroso que repitamos tantas veces seguidas nuestros errores?

Nanak fue a La Meca, y allí los sacerdotes le dijeron que tuviera cuidado de que sus pies no apuntaran a la Kaaba mientras dormía. Según cuenta la leyenda, la respuesta de Nanak fue que los pies debían apuntar hacia un lugar en el que no estuviera Dios; y se dice que, entonces, la piedra sagrada de La Meca se fue desplazando allí adonde apuntaran los pies. Simbólicamente significa que allí hacia donde dirijas los pies está Dios. ¿Dónde colocarás las pies si Dios es omnipresente?

Fui en calidad de invitado al Templo Dorado de Amritsar. Cuando llegué, me detuvieron a la entrada y me indicaron que me cubriera la cabeza antes de entrar en la morada de Dios. Les recordé el incidente que había tenido Nanak en La Meca y les pregunté: «¿Queréis decir que aquí donde estoy en este instante, con la cabeza descubierta, no está Dios, no es un templo?». Repetimos una y otra vez nuestros errores. Les dije a continuación: «Por favor, mostradme entonces un lugar donde pueda estar sin cubrirme la cabeza. Y vosotros, ¿no os quitáis el turbante mientras os bañáis y mientras dormís? ¿No os parece que también eso es una afrenta al Señor?».

La estupidez humana es igual en todas partes. Aquello que dice el Buddha, sus seguidores lo pintan con su propio pincel para acomodarlo a su conveniencia. Y otro tanto ocurre con Nanak. La misma red se teje alrededor de las palabras de un maestro en cuanto las ha pronunciado, porque la necedad del ser humano no ha cambiado, ni ha mejorado su sordera. Oye, pero saca sus propias conclusiones, y luego actúa de acuerdo con ellas, sin poner en práctica jamás lo que de verdad ha oído.

Nanak dice que, por muchas canciones que se canten sobre el Señor, nadie ha podido abarcarlo por completo. Las distintas personas cantan canciones distintas, pues son muchos los senderos para llegar a Él, y, por más antitéticas que puedan parecer, no existe entre ellas contradicción alguna, ya que todas contienen el mismo mensaje. Los *Vedas* dicen exactamente lo mismo que el Corán; la única diferencia es que el método por el cual Mahoma alcanzó la meta es diferente del de Patañjali. Y el Buddha también dice lo mismo, pero su método es enteramente distinto.

Son infinitas las puertas por las que acceder a Su morada, pero cualquier camino que elijas te conducirá a ella. Una vez que llegues, puedes definir la puerta por la que has entrado, y describir el camino que has recorrido, y, de la misma manera, otra persona describirá su propia puerta y su sendero. Por otra parte, no son solo los caminos los que difieren, sino que tu comprensión, tu percepción y tu actitud emocional desempeñan también un papel decisivo.

Cuando un poeta entra en un jardín, canta extasiado; un artista pintaría un cuadro; si llegara un mercader, lo contemplaría desde la perspectiva de la venta y los beneficios; un científico analizaría las flores o averiguaría la composición química de la tierra para saber por qué crecen; un borracho se sentiría ajeno a la belleza que lo rodea, y ni siquiera sabría que había cruzado un jardín. Cada cosa que ves pasa por las ventanas de tus ojos, que imponen su propio color a todo.

Dice Nanak: Algunos cantan alabando Su poder, pues Él es todopoderoso, omnipotente; algunos cantan Su caridad y munificencia, pues Él es el dador supremo; algunos cantan la gloria de Sus atributos, Su belleza, pues Él es el más bello; algunos Lo llaman la verdad, otros Lo llaman Shiva, y hay quienes Lo llaman «el hermoso».

Rabindranath Tagore escribió: «Lo he encontrado en la belleza», lo cual no dice nada sobre Dios, sino sobre Rabindranath. Gandhi dijo: «Para mí, Él es la verdad [...]. La verdad es Dios», y esto, más que de Dios, habla de Gandhi. Rabindranath fue un poeta, y para un poeta Dios reside en la belleza, en la belleza suprema. Gandhi en cambio no era un poeta, sino un hombre práctico, y es natural que una mente así considere que Dios es la verdad. Desde el punto de vista del amante, Él es el amado.

La manera en que Lo vemos refleja nuestra percepción. Él lo es todo simultáneamente y, a la vez..., no es nada de ello.

En este contexto, es magnífica la reflexión de Mahavira. Dice: «Mientras tu sentido de la vista no se quite de en medio, no puedes conocerlo», pues cualquier cosa que sepas, la sabrás por medio de tu propia manera de ver; será tu propia idea de saber. De ahí que Mahavira llame a este el método "sin vista", ya que el auténtico ver ocurre cuando el sentido de la vista queda en suspenso.

Pero entonces te sumirás en el silencio; porque ¿cómo hablarás sin un punto de vista? Cuando se te libere de tu visión, serás como Él, pues serás tan extenso, tan completo, que te harás uno con los cielos. ¿Cómo hablarás entonces? Ya no estarás separado, aislado en ti mismo, sino que serás uno con lo absoluto, y tener un punto de vista significa estar apartado de lo que ves, significa estar separado de Él.

Por eso dice Nanak que todos los puntos de vista son correctos, pero que ninguno está completo; y cuando lo parcial se considera a sí mismo completo y perfecto, comienza la ilusión. Cada movimiento religioso u organización sostiene que su visión particular, incompleta, es una visión total y perfecta; de ahí que un movimiento se oponga a otro, cuando todos ellos son distintos aspectos de la religión, y ninguno de ellos es la religión. Si pudiéramos amalgamar todos los movimientos religiosos que ha habido, que hay y que habrá, nacería la religión, pero no se puede llamar religión a ninguno de ellos por separado.

La palabra que designa en hindi una tendencia religiosa es *sampradaya*, que significa también "el camino", la vía que con-

duce a la meta; mientras que religión, *dharma*, es el destino.
El destino es uno, los caminos son muchos.

> Quienes conocen el poder cantan Su fuerza inefable.
> Al conocer la caridad, algunos cantan Su generosidad
> como señal.
> Algunos cantan Sus virtudes y Su grandeza,
> y cantan Su sabiduría quienes se inclinan por la erudición.
> Hay quienes cantan que Él es el creador del cuerpo,
> al que luego convierte en cenizas,
> y quienes cantan que la vida que Él se lleva volverá a nacer.
> Hay quienes cantan que está muy muy lejos.

> Algunos cantan que Él lo ve todo y está en todas partes.
> No tienen fin Sus atributos,
> aunque un millón de personas Le describan de un millón
> de maneras.
> El dador da eternamente, por más que el receptor
> se canse de recibir.

A pesar de todo lo que se ha dicho de Él, y de los millones de
veces que se ha dicho, es mucho más lo que queda por decir.
El benefactor da y da sin límite, mientras que el receptor se
desploma exhausto.

Estas son palabras de gran relevancia. Es Él quien da la vida;
es Él quien respira tu aliento; es Él quien palpita en cada latido.
Da y da. Su dar no tiene fin, y no pide nada a cambio.

Como consecuencia, piensas erróneamente que la vida es un bien sin valor, y hay, en cambio, otras cosas que te parecen valiosas. En cualquier momento estás dispuesto a abandonar la vida y la vitalidad, pero no así las riquezas; porque las riquezas son muy difíciles de adquirir, y la vida se te da sin esfuerzo alguno por tu parte..., ¡es gratuita! Todo lo que te ha dado, te lo ha dado gratuitamente, y tú no Le has dado nada a cambio.

Cuando esto te empieza a ocurrir, empiezas a preguntarte si eres digno de todo lo que has recibido: «¿Habría importado lo más mínimo que no lo fuera?». Si el potencial de vida que se te ha dado y la conciencia que ha florecido en ti no existieran..., ¿a quién te quejarías? ¿Qué valor tienes que te hace digno de estar vivo? ¿Te lo has ganado?

Para todo lo que haces en la vida se te pide una prueba de tu valía. Para ser empleado de una oficina o maestro de escuela necesitas estar cualificado para el puesto; tienes que ganarte tu lugar en la vida. Pero ¿te has ganado la vida en sí? No, es un regalo que se te ha dado, gratuitamente, y no por ninguna condición especial que poseas. El día que empieces a comprender esto, la oración brotará dentro de ti. Dirás: «¿Qué puedo hacer para expresar mi gratitud? ¿Cómo podré pagarte por esto?».

La oración no es una súplica, sino una expresión de gratitud por lo que ya has recibido. Cualquier otro tipo de oración, la que rezas en el templo para pedir algo, es una oración falsa.

Nanak también iba al templo, pero solo a expresar agradecimiento: «¡No puedo creer todo lo que me has dado! No entiendo por qué me cubres de regalos; no soy digno de ellos. Si no me los dieras, no me quejaría, pero Tú eres tan generoso que das y das y das...».

¿Y nosotros? Sería difícil encontrar personas más desagradecidas que nosotros. No damos las gracias, no mostramos ninguna gratitud. Sus regalos no tienen fin, ¡y nuestra ingratitud no tiene límites! Ni siquiera somos capaces de darle las gracias; nos resulta tan difícil que se nos atragantan las palabras.

Te falta tiempo para dar las gracias si se te cae el pañuelo al suelo y alguien lo recoge, pero no tienes una palabra de agradecimiento para el que te ha dado la vida. Si alguna vez vas a orar, es siempre para quejarte. Le hablas de todo el mal que está haciendo: «Mi hijo está enfermo, mi esposa no me trata bien, el negocio se hunde...». Y por si fuera poco, ¡exageras tus quejas! Lo único que consigues transmitirle es: «No existes. Y si existes, ¿por qué no satisfaces todos mis deseos?».

El ateísmo significa que tus quejas han alcanzado tal grado que ya no puedes creer que exista un Dios. Tus quejas matan a Dios.

¿Y qué significa el teísmo? Significa que estás tan lleno de gratitud y reconocimiento que Lo ves en todo lo que te rodea. En todo ves Su mano, en cada cosa que miras ves Su reflejo, adonde quiera que vas sientes Su presencia. El teísmo es la cima del agradecimiento; el teísmo es el nadir de la queja.

> El dador da eternamente, por más que el receptor
> se canse de recibir;

así, desde el principio del tiempo hemos sobrevivido
gracias a Su generosidad infinita.

Disfruta de Él tanto como quieras, ya que no puedes agotarlo; más posible sería vaciar el océano con una cucharilla, pues, aunque la capacidad de la cucharilla es limitada, también lo es el océano. Pero nunca podrás vaciar a Dios, porque es ilimitado. Durante millones de años has disfrutado de Su munificencia, pero jamás ha salido de tu corazón una palabra de gratitud que proclame lo agradecido que estás por que todo lo que te ha dado sea eterno. Siempre que has hablado ha sido para expresar tu insatisfacción, haciendo hincapié en tu valía y quitando importancia a lo que has recibido.

Un alto funcionario del gobierno vino a verme a Delhi. Cuanto más elevado es el cargo, mayor es el número de quejas. Sentía que se le trataba injustamente y que ya debería haber sido nombrado ministro, preferiblemente primer ministro. Me dijo: «Enséñeme a soportar la injusticia de la que he sido objeto».

Todo ser humano vive con el dolor de que no se le haya concedido lo que merecía. El que se creía digno de llegar a vicecanciller acaba siendo un simple maestro de escuela; el que creía que merecía ser maestro acaba trabajando de peón, y así sucesivamente. Incluso el primer ministro quiere ser una figura de relevancia internacional, una vez que ha ocupado el puesto más alto de su país. No se puede satisfacer a Alejandro Magno –y todo el mundo es un Alejandro Magno en lo suyo–, ni grande ni pequeño.

Los deseos siempre van por delante de ti, y por eso sientes que mereces más y más. Estas son las características de una persona irreligiosa. La persona religiosa siente: «Lo que quiera que sea es más de lo que merezco».

Averigua qué sientes tú. Lo que quiera que la vida te haya dado, ¿es más o es menos de lo que mereces? Siempre es más..., mucho más, puesto que ninguno de nosotros ha hecho nada para obtener esta vasta existencia que hemos conseguido sin que nadie nos preguntara y sin merecerla; y aun así, ¡no hay en nosotros ni la menor señal de reconocimiento!

Nanak dice que no Lo podemos agotar ni aunque participáramos de Su ser durante eras infinitas. La orden divina nos muestra el camino por medio de Su mandato.

He aquí una indicación de gran profundidad, una parte crítica de los pensamientos de Nanak: Él gobierna el mundo con Sus mandatos y te ordena eternamente. Si tuvieras la menor capacidad de escuchar, ¡podrías entender Su mandato y actuar en consecuencia! ¡Pero nunca escuchas!

Te dispones a robar, y en tu fuero interno Él te dice: «¡No lo hagas! ¡No lo hagas!», dos veces, mil veces; pero tú haces lo que te place, y la voz interior se va haciendo cada vez más débil, hasta que te vuelves sordo a esa voz. Entonces ya no Lo oyes en absoluto, pese a que Él te sigue llamando.

No hay un solo pecador que haya perdido esa voz interior, la voz de la orden divina. Ni siquiera a la persona más vil la ha dejado de llamar. Nunca se cansa de ti; nunca se siente defraudado; nunca considera que no seas digno de redención. Por muy terrible que sea tu enfermedad, Él tiene la cura. Dios tiene esperanza y potencial infinitos. Nunca Lo decepcionas.

Había un faquir sufí llamado Bayazid. Su vecino era un auténtico sinvergüenza, un mentiroso, un criminal; había cometido todos los pecados imaginables y tenía aterrorizada a la aldea entera. Un día Bayazid rezó a Dios: «Señor, nunca te he pedido nada, pero este hombre ha traspasado con mucho los límites de lo que se puede aguantar. Por favor, llévatelo de nuestro lado».

De inmediato, la voz interior le habló a Bayazid: «Yo todavía no estoy cansado de él, ¿por qué lo estás tú? Y si todavía tengo fe en él, ¿por qué tú no la no tienes?».

No puedes hacer que se canse de ti, por mucho que peques durante innumerables vidas. No Lo puedes superar. Él sigue llamando; nunca te da por imposible.

Y si por un momento te quedas en silencio y escuchas, seguro que oirás Su voz dentro de ti. Cada vez que te dispones a hacer algo, la voz interior te dicta cómo deberías hacerlo.

Él es el ordenante, y Su orden hace girar el universo.

Por eso Nanak Lo llama «el ordenante», pues es Su orden la que nos llega. La conciencia que hay en tu corazón es el instrumento que te trae Su voz; te habla por medio de tu conciencia. Antes de hacer cualquier cosa, cierra los ojos y escúchalo. Si obedeces Su mandato, la dicha colmará tu existencia, mientras que actuar en contra de él significa crear un infierno con tus propias manos. Si le vuelves la espalda a Su voz, estás dando un paso muy peligroso. Antes de tomar cualquier decisión, antes de dar ningún paso, cierra los ojos y pregúntale. Este habría de ser el principio de cualquier meditación: preguntar primero, buscar esa voz, y luego seguir. No deberíamos dar un solo paso sin Su permiso. Deberíamos cerrar los ojos y oír Su voz, y obedecer a Su voz, no a la nuestra.

Una vez que obtengas esta llave, te abrirá infinitas puertas. Es una llave que está dentro de ti; todo ser humano nace con ella, pero nos ocupamos de desarrollar el intelecto del niño y no hacemos nada para desarrollar su conciencia, de modo que no se desarrolla, permanece incompleta. Apilamos tantas capas de pensamiento sobre esa voz que finalmente queda oculta y ya no podemos oírla, a pesar de que sigue llamando.

El arte de oír la voz interior se llama meditación. Es imperativo conocer Su mandato. Debemos saber lo que desea, cuál es Su voluntad.

> Él es el ordenante, y Su orden hace girar el universo.
> Dice Nanak: «Él carece de preocupación,
>   es infinitamente dichoso».

Él sigue dando sin cesar, pero no espera nada a cambio..., ni siquiera una respuesta. Sigue llamándote, tanto si oyes como si no; le da igual, no se inquieta por que no Lo escuches. Nunca siente que debería parar, viendo que haces oídos sordos de lo que te dice, y mucho menos dejarte de lado como un caso perdido.

No puedes impacientar a Dios, y, por esa misma razón, quien ha empezado a ver el reflejo de Dios dentro de sí no se impacienta. Estará a la vez preocupado y despreocupado; se interesará por ti y, a la vez, estará libre de toda carga. No podrás provocar en él ansiedad ni preocupación.

¡Aquí estoy yo! Dios sabe por cuánta gente me intereso, y sin embargo vivo sin preocupación alguna. Vienes a contarme tus desgracias y, aunque me importas, no me causas preocupación ni ansiedad. No me quedo triste por tu sufrimiento, pues, si así fuera, no podría ayudarte. Aunque necesito comprender tus problemas y encontrar la manera de aliviar tu aflicción, no puedo interesarme tanto que la preocupación se apodere también de mí.

Y no debería disgustarme si llegas al día siguiente sin haber hecho caso de mi consejo, lo cual es casi seguro que ocurrirá. No me digo: «Me tomé tantas molestias contigo y has despreciado lo que te aconsejé». Me sigues importando, y en medio de todo ello sigo despreocupado.

A Dios le importa el mundo entero. Está siempre listo para levantarte, pero no tiene prisa. Y si quieres vagar un poco más por los placeres fugaces, eres libre de hacerlo, desde luego; Él no tiene ninguna preocupación.

Sus cuidados son ilimitados, y tu actitud no puede influir en ellos. Él es siempre pura beatitud... Si no, ¡imagínate en qué estado se encontraría ahora! Con toda seguridad, se habría vuelto loco, con toda la gente que hay como tú y los problemas que están causando por todas partes. Dios es uno..., ¡y tú eres tantos! Si Su estado dependiera de ti, hace tiempo que habría perdido la cordura; pero la existencia carece de preocupación, y eso Lo ha salvado de enloquecer.

Ahora bien, despreocupado no significa indiferente. Date cuenta de la sutil diferencia. Su afán, Su deseo por elevarte, por cambiarte, por transformarte se mantiene inalterable, pero es un deseo sin ninguna agresividad. Esperará lo que haga falta. Cada mañana, el sol y sus rayos llaman a tu puerta, y tu puerta está cerrada. El sol no va a imponerte que le abras. Esperará. Nunca ha ocurrido que se enfade y no vuelva más. En el momento en que la puerta se abra, entrará.

A Dios le importas; a la existencia le importas. Por fuerza ha de ser verdad, puesto que la existencia te ha creado, te ha desarrollado; espera mucho de ti. La existencia trata por todos los medios de hacerse consciente en tu interior, de alcanzar la budeidad de tu interior. Dios trata por todos los medios de que broten flores dentro de ti. Pero si te demoras, Él no se molesta, no se impacienta; no le afecta que no Lo escuches, o que te niegues a hacerle caso. Si eres capaz de entender estas dos cosas juntas, entenderás entonces por qué la existencia está llena de dicha: Dios es dicha.

Nanak dice: «Él da órdenes y muestra el camino, ¡y sin embargo no tiene ni la menor preocupación! Sigue evolucionando en la dicha suprema. Florece sin cesar..., siempre, siempre.

Nosotros tenemos solo dos posibilidades: o algo nos importa y eso nos hace preocuparnos, o nos trae sin cuidado y entonces no sentimos ningún desvelo. Por eso, la tradición ha separado al *sannyasin* del mundo cotidiano, porque si te quedas en casa, te importará tu familia, ¿y cómo podrás vivir entonces despreocupado, libre por completo de preocupación? Si tu esposa está enferma, te preocuparás por ella; si tu hijo tiene cualquier problema de salud, te preocuparás por si el tratamiento hace efecto, y te embargará el dolor si no mejora. Pero cuando no tenemos delante a la esposa y a los hijos, nos olvidamos de ellos... Ya conoces el refrán: «Ojos que no ven, corazón que no siente». De modo que escapamos a las montañas y damos la espalda al mundo, para, con el tiempo, olvidarnos de él.

Solo vemos dos alternativas: si nos quedamos en el mundo, no podemos evitar que todo nos importe, y, si las cosas nos importan, nos preocupamos por ellas, luego no hay manera de ser dichoso. La otra opción es escapar, y vivir sin implicarnos ni preocuparnos, ya que, al no tener preocupaciones, las posibilidades de dicha aumentan.

Pero esta no es la forma de hacer de Dios, y por eso Nanak siguió siendo un hombre de mundo además de un *sannyasin*. Las cosas le importaban, y a la vez no vivía preocupado por ellas. Y este es el arte, el curso espiritual: sentir interés por todo, y no preocuparse por nada. Exteriormente, hacer todo lo que debas hacer, pero sin apegarte a nada interiormente. Si educas a tu hijo, cuidas de su educación con esmero, pero si resulta ser un inútil, o no estudia, o fracasa en la vida, no te preocupa.

Mientras no seas capaz de combinar lo uno y lo otro, de ser

un *sannyasin* en el seno de tu familia, no podrás llegar a Dios, porque ese es el camino de Dios. Él está *en* el mundo y, sin embargo, no es *del* mundo. Y a menor escala, así debería ser también tu vida si quieres llegar a Él.

Si tu hijo está enfermo, cuida de él, préstale todos los cuidados médicos que necesite, pero ¿qué necesidad hay de que te preocupes? ¿De qué sirve que perturbes o destruyas tu despreocupación interior?

Exteriormente, estate en el mundo; interiormente, estate en Dios. Deja que tu periferia, tu capa física, esté en contacto con el mundo, pero deja también que el centro se mantenga intacto. Esta es la esencia.

Y era este doble aspecto de Nanak el que inquietaba a la gente: el que fuera padre y esposo, y llevara la túnica del *sannyasin*. La gente no podía encasillarlo en ningún lado. Los hindúes le preguntaban: «¿Qué eres, padre o *sannyasin*? Hablas como un *sannyasin*, te comportas como un *sannyasin*, pero... ¿qué hay de tu esposa y de tu hijo? Si labras los campos y te ocupas de tu familia, ¿qué clase de *sannyasin* puedes ser?».

Y los musulmanes le preguntaban lo mismo. Le decían: «Si vistes como un faquir, ¿cómo es que no has dejado atrás tu casa y a tu familia?». En muchos lugares distintos, muchos gurúes le alentaron a que lo abandonara todo y se hiciera discípulo suyo; pero Nanak no se salió de su camino. Practicaba constantemente el arte de permanecer fuera de todo, al tiempo que permanecía dentro de todo. Solo esa es la vía de Dios, y solo esa debería ser la vía del buscador de la verdad.

La gente me pregunta: «¿Qué hace usted, dando túnicas de *sannyasin* a padres y madres de familia?». Pero la vía de Dios es esa; Él está en el mundo, y a la vez no lo está. Y este debería ser también tu camino.

> Él es el ordenante, y Su orden hace girar el universo.
> Dice Nanak: «Él carece de preocupación,
>   es infinitamente dichoso».

¡Está siempre exultante, rebosante de dicha, espléndido como una flor, y no tiene preocupación alguna! Se interesa por ti, pero no se preocupa.

Haz la prueba, pon esto en práctica en tu vida: trabaja, ocúpate de tu negocio, pero deja que haya una distancia entre tu trabajo y tu ser. Deja que el trabajo sea un juego, un *leela*, y no seas el hacedor; eso es todo. Sé un actor, deja que el arte de actuar sea el hilo conductor de tu vida; porque esa es la vía de Dios, y debería ser la tuya, debería ser tu práctica continua.

3. La resolución del enigma

El Señor es la verdad. Verdad es Su nombre.
Cantamos de infinitas formas Sus alabanzas,
y, mientras Lo alabamos, pedimos más y más.
Y el Señor nos sigue dando.
¿Qué ofrenda podemos hacer entonces para lograr
    un vislumbre de Su corte,
y qué lengua hablaremos para granjearnos
    Su afecto?
Nanak dice: «Recuerda el nombre verdadero
    y medita en Su gloria en la hora
de la ambrosía.
Por tus acciones recibes este cuerpo,
y por Su gracia se abre la puerta a la salvación».
Nanak dice: «Conoce entonces Su verdad, porque
    solo Él lo es todo».

No se Le puede instalar en un templo, ni moldear
    mediante ninguna técnica.
Quien es impecable existe en Él,

y quienes Le sirven alcanzan la gloria.

Nanak dice: «Canta Sus alabanzas, al Señor de todos
los atributos.

Canta y óyelo solo a Él; grábalo en tu corazón.

Destierra, pues, la aflicción y el sufrimiento, y haz
de la dicha tu morada.

La palabra del gurú es el sonido entre los sonidos,
como lo son los Vedas».

El Señor mora en sus palabras.

El gurú es Shiva, el destructor; es Vishnu, el sustentador;

es Brahma, el creador; el gurú es el trío de diosas:
Parvati,

Laxmi y Saraswati.

Pese a conocerlo tan bien, no se Le puede describir;

no se puede expresar lo que es con palabras.

El gurú es el secreto que resuelve el enigma.

Él es el benefactor de todos. ¡Que nunca me olvide
de Él!

Sahib, el Señor, es el nombre que Nanak da a Dios. Podemos escribir sobre Dios de dos maneras. La manera de los filósofos es hablar sobre Dios, pero sus palabras están secas y faltas de amor; son palabras intelectuales totalmente faltas de emoción.

La otra manera es la del devoto. Sus palabras son jugosas, porque para él Dios no es una doctrina, sino una relación, y, a menos que haya una relación, el corazón se queda impasible. Podemos llamar a Dios "verdad", pero jamás transmitirá esta palabra lo que transmite la palabra "Señor". ¿Cómo podemos establecer una relación con la verdad? ¿Cuál sería el puente que conectaría la verdad con nuestro corazón?

El Señor implica una relación de amor. El Señor se convierte inmediatamente en el amado, y esa es la relación que entonces mantenemos; la vía de comunicación está abierta. El devoto anhela tener algo que pueda tocar, algo alrededor de lo cual pueda danzar y cantar. El devoto quiere tener un lugar en el que apoyar la cabeza. La palabra Señor es un nombre tan bello, tan amoroso... Significa: el dueño, el amo. La relación, por tanto, puede ser de muchas clases.

Los sufíes ven en Dios al amado, luego el buscador se convierte en un amante. Los hindúes, los judíos y los cristianos se han referido a Dios como "el Padre", luego el buscador se convierte en un hijo. Nanak ve en Dios al Señor y al Amo, y el buscador se convierte por tanto en un sirviente.

Es necesario entender que, para cada relación, el camino es diferente. Con respecto al amante, somos iguales, ninguno de los dos está a nivel más alto ni más bajo. La relación entre padre e hijo, por su parte, es una relación de circunstancias: como hemos nacido en una familia determinada, se da una relación. Pero la relación que Nanak estableció con Dios tiene una particularidad. Teniendo en cuenta que, si se nos diera la oportunidad, nos gustaría ser los amos y hacer de Dios el sirviente, el papel de sirvientes es el más apropiado para aniquilar el ego. El ego no desaparece ni en la relación padre-hijo ni en la que existe entre el amante y el amado; en la única que puede desintegrarse es en la relación amo-sirviente.

Y esta es la relación más difícil, porque exige un estado que es exactamente el opuesto al del ego. El ego cree que él es el dueño, que toda la existencia es esclava suya; y el devoto dice: toda la existencia es mi dueña, y yo soy el esclavo. Esta es la auténtica posición supina del yoga –y no estar literalmente parado sobre la cabeza–: has de dejar que el ego toque el suelo, porque el ego es en realidad la cabeza. Así que es el sirviente –el devoto– el que practica la verdadera posición supina. Se pone cabeza abajo. Hasta ahora has contemplado el mundo con los ojos del amo, y es un mundo muy diferente el que se ve cuando adoptas la actitud del sirviente.

Cuando un mendigo te pide una limosna, ¿resuena algo en tu interior que establece inmediatamente una relación entre vosotros? No, ocurre justamente lo contrario. En cuanto te pide, te encoges por dentro; luego, incluso si le das una moneda, lo haces sin ganas, y tomas nota mentalmente de no volver a pasar por allí. Cuando alguien te pide algo, te retraes y te contienes, mientras que, cuando no se te pide nada, estás más dispuesto a dar.

Intenta entenderte un poco a ti mismo, y comprenderás con claridad cuál es la vía para llegar a Dios. Cuando alguien pide, no quieres dar, porque recibes su petición como un acto de agresividad. Todas las peticiones son agresivas. Sin embargo, cuando nadie pide nada de ti, te sientes más liviano y das con más facilidad.

El Buddha dijo a sus monjes que, cuando fueran a la aldea a conseguir alguna limosna, no debían pedir. Lo único que podían hacer era apostarse junto a una puerta, y, si no había respuesta, debían pasar a otra.

Esta es la diferencia entre un monje mendicante y un mendigo. Hemos honrado a ciertos monjes mendicantes como jamás hemos honrado a nuestros reyes, mientras que los mendigos siguen sin ocupar lugar alguno en nuestras mentes; si acaso, los consideramos dignos de insulto, e intentamos evitarlos. Los monjes preguntaron:

–¿Cómo nos darán algo si no pedimos?

–En este mundo –contestó el Buddha– se obtienen las cosas fácilmente tan solo con no pedirlas.

En cuanto pides, obligas al otro, y te colocas en una situación difícil para ti mismo. Cuando no pides, haces que los demás estén deseosos de dar.

Encontrarás esta historia oculta en todas las relaciones de la vida. Tu esposa te pide algo, y te cuesta dárselo; si finalmente se lo das, lo haces con desgana, solo para evitar un discusión. Tu gesto no nace de un lazo de amor, sino que es una forma de mantener la paz en el hogar. En cambio, si tu esposa nunca te pide nada, te apetece regalarle algo. Nos es posible dar cuando no se nos pide.

Son tus exigencias lo que te separa de Dios. Todas tus oraciones consisten en : «¡Dame! ¡Dame!». Quieres que Dios te sirva; quieres hacerle tu sirviente. Dices: «Me duele el pie, quítame el dolor… Tengo una situación económica bastante mala, mejórala». Dices: «Mi esposa está enferma, haz que se cure», o «Me he quedado sin trabajo, dame otro». Eres siempre un mendigo sentado a su puerta. El mero hecho de que Le pidas demuestra que te consideras el amo al que Dios debe servir. ¿Son tan importantes tus necesidades que presionas incluso a Dios para que esté a tu servicio?

Pero si Dios es el amo y tú el esclavo, ¿qué queda entonces de tus demandas? Lo más asombroso del caso es que tú nunca has dejado de pedir, y Él nunca te ha dejado de dar. No es que se te rechace cuando pides…, se te sigue dando; pero cuanto más te comportas así, cuanto más pides, más te alejas de Él.

Una súplica nunca puede ser una oración, ni jamás pueden serlo un deseo ni un anhelo. La esencia de la oración es dar gracias, no pedir limosna. Ya te ha dado suficiente..., más de lo necesario, más de lo que mereces. La copa está ya tan llena que ha empezado a desbordarse.

El auténtico devoto da la gracias; su oración rebosa de gratitud. Dice: «Me has dado tanto que no soy capaz de recibirlo todo». Tú, mientras tanto, en el extremo opuesto exiges: «Mira qué injusticia. Yo merezco más, ¡*yo* quiero *más*!».

Nanak dice que la gente nunca se cansa de pedir, y Él nunca se cansa de dar; aun así, las súplicas de la gente no tienen fin. Él sigue dando, y los mendigos siguen pidiendo. Si pides constantemente, ¿cuándo vas a rezar?, ¿cuándo empezará tu alabanza? En cuanto se satisface uno de tus deseos, diez deseos más ocupan su lugar. ¿Cuántas vidas llevas pidiendo? ¡Y todavía no estás lleno!

Nunca estás satisfecho, porque, por su naturaleza, la mente no conoce la plenitud; su cualidad esencial es estar insatisfecha. Por eso, solo cuando nos libramos de la mente aparece la satisfacción. Nunca encontrarás a un ser humano que diga que su mente está satisfecha. Si alguna vez oyes a alguien decir que está satisfecho, mira bien a esa persona, pues te aseguro que no tiene mente.

¿Qué es la mente sino una colección de exigencias?: «Dame, dame, dame más...». No hay mayor mendigo que la mente, indiferente por completo a cuanto recibimos. Incluso Alejandro Magno era un mendigo, igual a cualquier mendigo que pide al borde de la carretera. Es necesario que comprendas cuál es la naturaleza de la mente.

¿Cómo puede la mente orar, cuando la oración es un estado de no mente? La perspectiva de todo cambia por completo en cuanto dejas la mente de lado. Entonces te das cuenta de que has venido a expresar tu gratitud, y no a mendigar. Pero en el instante en que vuelves a introducir la mente, sientes que no tienes bastante, que necesitas más. La mente mantiene los ojos abiertos a la ausencia de cosas; inhabilita la mente y empezarás a ver la existencia.

Te diré cómo ocurre. Imagina a un hombre que solo ve espinas en un rosal. Se dedica a contar las espinas y ni siquiera pone la mirada en la rosa; no la advertirá aunque hagas todo lo humanamente posible por mostrársela, pues ¿qué valor puede tener una simple flor cuando las espinas son tantas? Y te dirá que tengas cuidado, que no la toques, ¡es posible que no sean más que espinas disfrazadas de flor!

¿Quién puede refutar su argumento? Si su corazón ha recibido el pinchazo de un millar de espinas, naturalmente tendrá miedo de ellas, y no confiará en las flores tampoco; le parecerán una ilusión, un truco ideado para engañarle, un sueño. ¿Quién podría ver la flor en medio de tal plétora de espinas?

Si, por el contrario, solo te fijas en las rosas y te quedas absorto en ellas, embriagado por su tacto y su fragancia, es otro estado el que nace en ti. Entonces piensas: «Donde hay flores tan bellas, ¡cómo puede haber espinas! Las pocas que hay son solo para proteger las rosas y ayudarlas a florecer. Además, es la voluntad de Dios que existan también. Quién sabe, tal vez no habría flores si no fuera por las espinas, que son su protección y las defienden de todo mal».

Y a medida que aumente tu atención a las flores, te darás cuenta de que corre en ellas la misma savia que en las espinas, y, siendo así, ¿cómo podría haber conflicto entre unas y otras? La mente tiende a concentrarse en las espinas; enfoca la atención en lo que no es, en cuál es el defecto, en la queja, en los fallos. Es experta en la insatisfacción, en la imposibilidad de sentir plenitud. ¿Y qué le queda entonces sino hacer demandas? De modo que un hombre identificado por entero con su mente va al templo a pedir; es un mendigo.

Si dejas la mente de lado, empiezas a ver flores, y vas viendo cada vez más; sientes el poder y la alegría de la vida. Es tanto lo que has recibido desde el primer momento que ¿de qué podrías quejarte? Y si el que te ha dado tanto ha retenido algo, por algo debe ser. Quizá no estés preparado todavía para recibirlo, o todavía no seas digno de ello.

Todo aquello que llega antes de hora acarrea más sufrimiento que alegría. Todo madura a su debido tiempo, y, cuando hayas madurado, Dios te dará lo que haya de darte. ¡Infinitas son Sus maneras de dar, y son miles Sus manos, que se extienden en todas las direcciones, haciendo descender Su munificencia sobre todos los seres!

El concepto hindú de "dios" es el de un ser de mil brazos. Es un concepto lleno de amor. Dicen: «¡Él da con mil manos, no con dos solamente! Y tú no serás capaz de abarcar todos sus regalos porque solo tienes dos. Él da con mil manos –pero en el momento oportuno, así que espera sin queja a que llegue ese momento– y Su gracia desciende torrencialmente sobre nosotros».

Nanak dice que incluso cuando cantamos alabando al Señor encontramos la manera de pedir; y el Señor nos sigue dando. Pero los ciegos no ven, y continúan clamando en espera de más. Mientras Su gracia desciende sobre ellos, gimen sin fin aduciendo que tienen sed, ¡como si se hubieran enamorado de su sufrimiento!

¿Qué ofrenda podemos hacer entonces para obtener un vislumbre de Su corte...?

Esto es muy importante. Nanak dice que Dios nos ha dado tanto que no queda nada que pedir. Cuando las quejas se desvanecen y te sientes lleno de gratitud, te preguntas qué podrías poner a sus pies a modo de ofrenda.

¿Qué ofreceremos en Su corte? ¿Qué depositaremos a Sus pies cuando expresemos nuestro agradecimiento? ¿Cómo Lo honraremos, cómo Lo adoraremos? Le llevas flores; las cortas del arbusto –que es Su arbusto– y se las llevas. ¿No estarían mejor en la planta, todavía vivas? Las cortaste y las mataste. Matas Sus flores y las depositas a Sus pies..., ¿no te da vergüenza? ¿Qué puedes darle, si todo es Suyo?

Cuando te gastas el dinero en edificar una iglesia o una mezquita, ¿qué estás haciendo en realidad? Estás devolviéndole lo que ya era Suyo, y sin embargo te llenas de vanidad. Dices: «He construido un templo; he alimentado a tantos pobres; he repartido tantas ropas...». Es tan poco lo que das, y sin embargo te vuelves arrogante.

¿Qué demuestra esto, salvo que no has entendido? Devolver una pequeña parte de los infinitos regalos que recibes de lo alto no debería ser motivo de orgullo. Aun así, vas a hacer tu ofrenda, ¡y ni siquiera te da vergüenza!

«¿Qué Le ofrendarás?», pregunta Nanak. ¿Cómo nos dirigiremos a Él –con qué– para poder ver Su corte? ¿Cómo nos acercaremos a Él? ¿Qué depositaremos a Sus pies..., arroz cocinado con azafrán, flores del mercado, riquezas, tesoros..., qué?

¡No! Ningún regalo servirá a nuestro fin; con entender que todo es Suyo, basta. ¡Se ha aceptado el regalo! Mientras tengas la sensación de que algo te pertenece, pensarás en ofrecerle algo; mientras te consideres el dueño, podrás dar si así lo quieres, pero te equivocas. Ningún objeto que le ofrezcas –incluso si es tu reino entero– significa nada, pues todo es suyo, ¡incluso tú eres suyo! Lo que hayas ganado, lo que hayas acumulado en tu vida, forma parte de Su juego divino.

Nanak dice: «¿Qué hemos de hacer para presentarnos en Tu corte, para estar en Tu presencia? ¿Mirarnos uno a otro a los ojos? Cuando finalmente comprendes que todo es ya Suyo, no hay necesidad de que Le lleves nada. Las flores del árbol son ya una ofrenda a Él; todo lo que existe es una ofrenda a Sus pies de loto..., incluso el Sol, la Luna y las estrellas. ¿De qué servirán tus insignificantes velas y lamparillas cuando las deposites al lado del Sol? Abre los ojos y date cuenta de que la existencia entera se ofrece a Sus pies. Esto es lo que significa precisamente la palabra "señor". Él es el señor de todo; todo se ofrece a Él.

Por eso dice Nanak: «¿Con qué podemos obsequiarle?». Pregunta: «¿En qué idioma Le hablaremos, para que, al oírlo, extienda a nosotros Su amor? ¿Qué decirle? ¿Qué palabras emplear? ¿Cómo amenizarle y complacerle? ¿Qué podemos hacer para que Su amor descienda sobre nosotros?».

Nanak no da una respuesta; hace la pregunta y la deja sin contestar. Y ese es el arte, dice, ya que digamos lo que digamos, es Él quien habla a través de nosotros. ¿Qué tiene de excepcional ofrecerle sus propias palabras? Solo por ignorancia se hace tal cosa. La sabiduría es consciente de que «No queda nada que ofrecerle, puesto que yo mismo soy una ofrenda depositada a Sus pies». Ninguna palabra puede ser una oración, pues todas las palabras son Suyas. Es Él quien habla; es Él quien palpita dentro del corazón; Él es el aliento de todos los alientos. ¿Qué debería, por tanto, hacer la persona sabia, la persona sensata?

Nanak dice: «Recuerda *satnam*, el nombre verdadero, y toda Su gloria en la hora de la ambrosía». Eso es cuanto se puede hacer.

Recuerda el nombre verdadero y medita sobre Su gloria en la hora de la ambrosía.

Los hindúes la llaman *sandhya*, que literalmente significa "atardecer", y con ella designan la hora de la oración, durante el crepúsculo matutino y vespertino, mientras que Nanak la llama *amrit vela*, que significa "hora del néctar" o "ambrosía", y que es un nombre aún más apropiado. Los hindúes han recorrido este sendero desde hace miles de años y, en su búsqueda de la realidad de la existencia y su exploración de la conciencia, han encontrado caminos que avanzan desde casi todas las direcciones; no queda prácticamente nada por descubrir. Con el tiempo, han advertido que en las veinticuatro horas del día hay dos breves períodos de *sandhya*.

Por la noche, cuando te vas a la cama, hay un período muy breve en el que no estás ni dormido ni despierto. En ese determinado momento, tu consciencia cambia de marcha, por así decirlo. Cuando vas conduciendo y cambias de marcha, antes de que entre la segunda velocidad, tienes que pasar por el punto muerto, de modo que, por un instante, el coche no está en ninguna marcha.

Estar dormido y estar despierto son dos estados muy diferentes. Quizá estando despierto vivas en la miseria, ¡y dormido seas un emperador! Ni siquiera te sorprende que la misma persona que de día es un mendigo por la noche pueda ser rey, y es porque estás en una "marcha" totalmente distinta, en un plano de existencia enteramente diferente al de la conciencia ordinaria de cada día. Son dos niveles que nada tienen que ver uno con otro. Si no, mientras duermes, te habrías acordado por un instante de que eres un mendigo, y te habrías preguntado por qué de pronto eres rey. Pero cuando sueñas, está identificado por completo con el sueño; tienes la sensación de que las horas diurnas constituyen una existencia enteramente distinta del mundo de los sueños; entras en un mundo aparte.

De día eres un santo, y por la noche eres un pecador; ¿te preguntas siquiera por qué? ¿Alguna vez has dudado de tus sueños mientras soñabas? En cuanto lo haces, el sueño se desbarata, ya que dudar forma parte de la conciencia del estado despierto. En el sueño no eres consciente de estar soñando.

Hay diversas corrientes espirituales a cuyos adeptos se les enseña un tipo de ejercicio espiritual que consiste en que, al prepararse para pasar la noche, mantengan un solo pensamiento en mente: «Esto es un sueño. Esto es un sueño...». Se requieren tres años para que este recuerdo se haga lo bastante fuerte como para que el buscador reconozca que el sueño es un sueño, momento en el cual se desintegra. A partir de entonces, ya no sueña, porque ahora las marchas ya no están separadas; es decir, los dos planos de conciencia se unen en uno, y ahora está despierto incluso cuando duerme. A esto se refiere Krishna cuando dice que el yogui está despierto mientras los demás duermen. La pared que separaba los compartimentos se ha derrumbado, y ahora hay solo una gran habitación.

Ese momento en que, por la noche, estás a punto de quedarte dormido y el momento en que, por la mañana, el sueño te abandona y estás a punto de despertar son los dos momentos en que la conciencia, en su proceso de cambiar de marcha, se queda un instante en punto muerto según pasas de la conciencia nocturna a la diurna, y viceversa. Ese es el momento al que los hindúes llaman *sandhya* y Nanak, *amrit vela*. *Sandhya kal* es un término científico. *Kal* significa "hora", y *sandhya* se refiere al punto medio, ni aquí ni allí –ni perteneces a este mundo ni al otro–. Es en el momento de *sandhya kal* cuando más cerca estás de Dios, y por eso los hindúes dedican esta hora a la oración. *Amrit vela*, la hora del néctar, suena más dulce..., es el momento en que más cerca estás de la ambrosía.

Todo ocurre dentro de este cuerpo temporal: con un mecanismo del cuerpo, te duermes, y con otro, te despiertas. Todos los sueños pertenecen al cuerpo; todo lo que sucede cuando estás dormido y cuando estás despierto pertenece al cuerpo. Y detrás de este cuerpo, hay oculto un *tú* que nunca duerme y que nunca despierta... ¿Cómo podría despertar quien no duerme nunca? Hay un tú que nunca sueña, porque para soñar hace falta estar dormido, y ese tú no duerme jamás. Detrás de los diversos estados de este cuerpo se esconde la ambrosía, el néctar que nunca ha nacido y que nunca muere. Si consigues localizar el *sandhya kal*, podrás conocer lo incorpóreo que hay dentro del cuerpo; conocerás al señor que se oculta tras el esclavo. Tú eres ambos. Si te fijas en el cuerpo solamente, eres el esclavo, y si te fijas en el amo que hay en su interior, eres el amo.

Así pues, dice Nanak, solo hay una cosa que valga la pena hacer, y es meditar sobre la gloria de *satnam*, el nombre verdadero, en *amrit vela*. No ganarás nada con ir a los templos y pronunciar tus ruegos, ni te servirán de nada las alabanzas y sacrificios ni las ofrendas de hojas y flores, pues ¿qué sentido puede tener ofrecer a Dios lo que ya es Suyo? Solamente hay una cosa que merezca la pena hacer, y es rezar en la hora de la ambrosía.

Sandhya kal dura apenas un momento, y como tu mente nunca está presente, siempre te lo pierdes. Llega cada día; una vez cada doce horas estás muy cerca de Dios, pero no te das cuenta, porque tus ojos no están lo bastante alerta al presente como para captar ese instante tan sutil.

Ahora, mientras estás ahí sentado, ¿estás aquí, o te has ido a la oficina y has empezado ya tu trabajo cotidiano? ¿Estás inmerso en lo que digo, o tu pensamiento está ocupado en *pensar sobre* lo que digo? Si es así, el presente se te pasa de largo.

Si quieres captar el momento de la ambrosía, ¡debes ser consciente del presente a cada instante! Que, cuando comes, solo exista el comer, y no te ocupe la mente ningún otro pensamiento; que, cuando te bañas, solo exista el bañarte, sin que ningún otro pensamiento te distraiga de ello; que, cuando estás en la oficina, tus pensamientos se refieran solo al trabajo, y no a los asuntos domésticos; que, cuando estás en casa, te olvides de la oficina. Estate completa, totalmente en cada momento, y no disperso, aquí, allá y en todas partes. Así, se desarrollará poco a poco en ti una vista sutil y serás capaz de ver el momento presente.

Solo una vez que hayas conseguido esto podrás meditar en la hora del néctar, porque se trata de un momento muy sutil, como un destello, y, si estás pensando en otra cosa, el momento habrá llegado y se habrá ido sin que te hayas dado cuenta.

Antes de dormir, quédate tendido en la cama totalmente relajado. Aquieta la mente por completo; no dejes que ningún pensamiento te arrastre aquí y allá, o se te escapará el momento. Deja que la mente sea como un cielo despejado, sin una sola nube; así de vacía debería estar la mente. Y estate atento, alerta, porque, cuando la mente se queda vacía, corres el riesgo de quedarte dormido. Estate atento a tu interior. Si consigues permanecer despierto, pronto oirás un sonido –el cambio de velocidad–, pero es un sonido muy muy sutil, y, si los pensamientos parlotean en tu cabeza, no lo oirás. Pero si lo oyes, podrás ser testigo de cómo el día se convierte en noche, el estado despierto, en sueño profundo, y el sueño, en despertar. Y tú estás separado de ello, presenciando los distintos procesos.

El testigo, "el que ve", es el néctar. Entonces observarás con facilidad cómo la conciencia diurna se desvanece y entra el sueño; y, por la mañana, verás como el sueño se va y amanece la conciencia. Cuando seas capaz de ver la llegada del sueño y la llegada del despertar, te separarás de ambos; serás "el que ve". Ese es el momento del néctar, y Nanak dice que, en ese momento –*amrit vela*–, dejes que tu experiencia sea de Su gloria.

El sentimiento debería ser: Él es la verdad, Su nombre es verdad. No pronuncies las palabras, solamente conserva el sentimiento en tu interior. Si empiezas a recitar el *Japuji*, te perderás el momento; no puede haber palabras ni pensamientos, solo sentimientos. Si en ese momento empiezas a recitar sus atributos –«Eres grande, eres ilimitado, eres tan...»–, se te escapará, porque es un momento tan sumamente sutil.

Recuerda la experiencia de enamorarte. ¿Necesitabas expresar tus sentimientos una y otra vez? ¿Necesitas alabar la belleza de tu amada cada vez que os encontráis? Las palabras lo hacen todo hueco y superficial. La verdad es que, en cuanto empiezas a expresarla, ¡la gloria del amor desaparece! No se puede expresar el amor con palabras.

Cuando te sientas con tu amada o con tu amado en silencio, sientes que la gloria del amor resuena en tu corazón. Estás emocionado, dichoso, feliz, exultante sin ninguna razón; te sientes rebosante sin razón alguna. El vacío ha desaparecido totalmente y estás repleto de amor. El amante siente la corriente desbordante del amor, como un río tan caudaloso que sus aguas inundan las orillas. Verás que los amantes siempre están en silencio, mientras que el esposo y la esposa hablan sin parar. Tienen miedo de estar en silencio, porque en el silencio no habría ninguna conexión entre ellos; su única relación es la de la conversación y las palabras. Si el esposo está callado, la esposa se preocupa; si la esposa está callada, el esposo tiene la sensación de que le pasa algo. Solo están en silencio cuando han discutido... Pero el silencio que utilizas contra el otro cuando te enfadas debería usarse para expresar el amor más sublime.

Cuando dos personas están intensamente enamoradas, es tan desbordante dentro de ellas el sentimiento que no tienen sitio para las palabras. En ese estado pueden agarrarse la mano o abrazarse, pero el lenguaje desaparece por completo. Los amantes se vuelven mudos. Hablar parece trivial, parece una obstrucción, pues el lenguaje destruiría el silencio profundo; el lenguaje rompería las cuerdas del corazón; el lenguaje perturbaría la superficie del océano y empezarían a formarse olas. Por eso los amantes guardan silencio.

En ese momento del néctar no debes permitir que interfiera ni un solo pensamiento, ni formar ninguna palabra. Tienes que preservar el tono, el sentimiento de Su gloria suprema, de amorosa gratitud por todo lo que te ha dado. Estás lleno, rebosante; no quieres nada. Deja que el reconocimiento, la gratitud fluya de ti.

¿En qué idioma Le hablaremos para ganarnos Su amor?

No hay nada que decir, ¿qué podemos decirle? Todas las palabras son inútiles. Medita en *satnam*; llénate del nombre verdadero y sentirás que has establecido un ritmo con el *amrit vela*. ¡Estate alerta y te quedarás maravillado! Sentirás que te has convertido en una llama de luz sin principio ni fin, que arde siempre, verdadera y eterna. Es en esa llama donde las puertas de la existencia se abren y la verdad oculta se revela.

Nanak dice: «Por tus acciones recibes este cuerpo...». En ese momento de intensidad sabrás que el cuerpo es resultado de las acciones, resultado del karma; y son Sus benevolentes ojos eternamente compasivos los que abren la puerta de la salvación. El cuerpo es el fruto de tus acciones.

Conviene aclarar algunos detalles. Primero, que por medio de las acciones solo pueden conseguirse ciertas cosas, solo aquellas que son insignificantes, triviales. Lo absoluto ilimitado no se puede alcanzar mediante ninguna acción. Kabir dijo: «Todo sucede mediante el no hacer». Tienes que encontrarte en estado de no hacer para alcanzar lo absoluto.

Nada de lo que hagas puede ser mayor de lo que tú eres. ¿Cómo podría ser de otra manera? La acción nunca puede ser más sublime que su hacedor. La escultura nunca es más de lo que es el escultor, ni el poema trasciende jamás al poeta. No es posible. Todo lo que salga de ti es inevitablemente menos que tú, o, como mucho, igual que tú, pero nunca mayor. ¿Cómo llegarás tú a Dios? Tus acciones no conseguirán nada; cuanto más intentes llegar a Él con acciones, más serás un vagabundo.

En un intento vano de ocultar ese deambular has tallado imágenes en los templos. Pero no hay manera de modelar a Dios, puesto que es Dios el que nos moldea a nosotros. Has esculpido ídolos, has construido templos..., y en ellos está la huella de tus manos, por lo cual son insignificantes. ¿Cómo podría lo absoluto, con su vastedad infinita, salir de *tus* manos? Pero también es posible que tu creación lleve el sello de Dios..., cuando te abandonas completamente a Él; entonces es Él quien actúa, y tú eres solo el medio.

Un rico industrial indio ha edificado muchos templos que llevan su nombre. Jamás podrá encontrarse en ellos ni el menor rastro de Dios. ¿Qué tiene nada de ello que ver con Dios? No Lo encontrarás en el templo ni en la iglesia ni en la mezquita, ni siquiera en el *gurudwara*, porque cada uno de ellos lleva el sello hindú, cristiano, musulmán y sikh.

No se puede poner nombre al templo de Dios. Él no tiene nombre, y, por tanto, Su templo tampoco puede tenerlo. Lo que quiera que construyas, por más hermoso que sea, por más piedras preciosas que lleve engastadas, llevará el sello del ser humano. Tal vez tu templo sea mayor que otros templos, pero no puede ser mayor que tú. Él solo puede manifestarse en tu templo cuando tú seas completamente no manifiesto; no debería quedar ni en el menor rastro de ti por ninguna parte.

Hasta ahora hemos sido incapaces de edificar un templo en el que no esté el sello del hombre. Todos los templos pertenecen a alguien; su constructor está presente en la atmósfera del templo. Ningún templo es verdaderamente Suyo. La verdad es que no hay necesidad de construirle un templo, dado que la existencia entera es su templo. Está en el trino de los pájaros, en el florecer de las flores, en el soplo de la brisa, en el gorgoteo de los ríos y arroyos. El ancho cielo es Su dominio, y tú eres una onda que ha surgido en Él. Su templo es tan inmenso que ¿cómo puedes pretender contenerlo en tus pequeños lugares de culto?

Es mucho lo que el ser humano puede lograr con su actuación, y Occidente es ejemplo de ello. Los occidentales han conseguido cosas formidables con sus acciones: han construido con éxito buenas casas, buenas carreteras; han hecho descubrimientos científicos, han fabricado la bomba de hidrógeno; se han preparado de manera increíble para la guerra y la destrucción. Pero están completamente desprovistos de Dios.

Cuanto más han logrado en el plano físico, más han perdido de todo aquello que nace del estado de no hacer. Y lo primero que perdieron fue a Dios. Nietzsche dijo hace cien años: «Dios ha muerto», y es que, para Occidente, realmente era así. Cuando los seres humanos están totalmente absortos en sus acciones y en sus obras, toda conexión con Él se rompe... Entonces, para ellos es como si estuviera muerto. Y como Dios estaba prácticamente muerto para ellos, todas las oraciones se volvieron huecas y superficiales. Se perdió por completo la meditación; ya no tenía sentido meditar, pues, si todo se conseguía mediante la acción, ¿qué le quedaba a la *in*acción? Y la meditación es inacción.

Por eso, la mente occidental considera a los orientales letárgicos e indolentes. El padre de Nanak pensaba lo mismo de él, que era perezoso, que era un vago: ¿qué hacía todo el día sentado? El padre tenía una mentalidad comercial, y su hijo representaba para él un problema al no hacer nada ni mostrar ninguna inclinación por ningún oficio. Cada vez que empezaba un trabajo, lo echaban. No estudió, porque siempre acababa discutiendo con el profesor. Decía: «La última palabra está ya dicha. ¿Qué más hace falta saber? ¿Ha descubierto usted a Dios, con todos sus conocimientos?». Y cuando el profesor contestaba que no, Nanak añadía: «Entonces tendré que buscar yo mismo la manera de conocerlo», y, con todo su pesar, el profesor lo acompañaba a casa, reconociendo su incapacidad para enseñarle.

Kabir dice: «El mundo entero ha aprendido libros y libros, y no ha resultado de ello ni un solo hombre culto. Aquel que aprende las cuatro letras de la palabra "a-m-o-r" es un sabio».

Nanak se dispuso a aprender esas cuatro letras de la palabra amor a fin de adquirir conocimiento verdadero. ¿Por qué soportar el aprendizaje de todo ese conocimiento que tiene una meta completamente distinta?

Mulla Nasruddin era un maestro de escuela. Cada día, durante mucho años, fue a trabajar montado en su burro. Al final, el asno se contagió también de las ganas de aprender, y un día se giró hacia el hombre que lo montaba y le preguntó:

–Mulla, ¿por qué vas a la escuela cada día?

El maestro se quedó muy sorprendido. ¿Había oído bien? ¿De verdad le había hablado el burro? Había oído a muchos burros hablar, ¡pero nunca a uno de cuatro patas! No obstante, si los otros hablaban, ¿por qué no iba a hablar este? El Mulla pensó: «Debe de ser que tanto ir a la escuela ha tenido un efecto en él, y acaba de empezar a hablar. Ha sido culpa mía por haberlo traído hasta aquí a diario.

–¿Por qué quieres saberlo? –preguntó.

–Tengo curiosidad, eso es todo. ¿Por qué vienes a la escuela todos los días? –repitió el burro.

–Vengo a enseñar a los alumnos.

–¿Por qué?

–Para que aprendan.

–¿Y qué pasa cuando se aprende?

–Pues que la persona adquiere inteligencia y sabiduría.

–¿Y de qué sirve la inteligencia? –siguió preguntando el asno.

–¿De qué sirve, dices? Gracias a la inteligencia voy montado encima de ti –contestó el maestro.

–Enséñame también, Mulla, dame inteligencia –dijo el burro.

–¡De ninguna manera! –dijo el Mulla–. No soy tan tonto. ¡Entonces serías tú el que me montaría a mí!

Todo lo que aprendemos en este mundo sirve para obtener lo mejor unos de otros. Es un plan para resolver los conflictos que tienes en la vida; si tienes más títulos, podrás luchar mejor y ganar. Las universidades son reflejo de tu agresividad, y, equipado con sus armas, puedes competir y explotar a los demás con más eficacia, puedes acosarlos de forma sistemática y cometer crímenes legalmente. Con las normas y los métodos adecuados puedes hacer con eficiencia todo lo que de otro modo no podrías hacer, y que no deberías hacer. La educación enseña la deshonestidad y el engaño, y, como resultado, puedes ganar a otros, pero nunca serás sabio. Al contrario, la gente es cada vez más insensata, más ignorante. Nuestras universidades no son centros de aprendizaje, puesto que no hay en ellas sabiduría alguna.

Por eso el propio maestro de Nanak lo acompañó a casa y admitió ante su padre que era incapaz de enseñarle.

Cuando Nanak cumplió los doce años, iba a ser iniciado en la religión hindú y a recibir el cordón sagrado. Era una ceremonia importante. Había muchos invitados y se había contratado a una banda de músicos. Cuando el sacerdote hubo terminado los ensalmos y estaba a punto de colocar sobre él el cordón sagrado, Nanak dijo:

–¡Espere! ¿Qué pasará cuando use este cordón?

El sacerdote contestó:

–Serás un *dwij* –es decir, un miembro de la fe hindú; literalmente, nacido dos veces.

–¿Morirá de verdad lo viejo y nacerá lo nuevo? –preguntó Nanak–. Si es así, estoy preparado.

El erudito se inquietó, pues sabía que, muy al contrario, no pasaría nada, que se trataba simplemente de una ceremonia sin ningún contenido.

–¿Y qué pasa si el cordón se rompe? –volvió a preguntar Nanak.

–Siempre puedes comprar uno nuevo en el mercado y tirar el viejo.

–Entonces no lo necesito –dijo–. ¿Cómo puede ayudarme a encontrar a Dios algo que puede romperse y que se vende en el mercado por un precio ridículo? ¿Cómo puede ayudarme a encontrar a Dios algo que ha creado el hombre, teniendo en cuenta que sus creaciones son siempre insignificantes e inferiores?

Su padre, Kalu Mehta, estaba convencido de que el muchacho no valía para nada. Había hecho cuanto estaba en su mano para animarle a que hiciera algo, pero había fracasado. Y cuando no había otra manera, en las aldeas se utilizaba un último recurso, que era enviar al muchacho a apacentar el ganado. Nanak lo hizo de buena gana, pero enseguida se quedaba absorto, en meditación, mientras el ganado destrozaba los campos colindantes. Al día siguiente hubo que retirarle también de esta ocupación, y su padre estaba ya doblemente convencido de que su hijo era un caso perdido y nunca llegaría a nada.

Es interesante que aquellas personas que más han hecho por el mundo hayan sido totalmente negadas para las cosas mundanas; aquellos que legítimamente reclaman el otro mundo son casi incapaces de hacer nada en este. No es que no sean capaces, sino que la cualidad de su ser y de su hacer es diferente. Son solo un instrumento, un medio a través del cual es mucho lo que puede suceder.

¿Qué habría conseguido Nanak de haber seguido apacentando el ganado? Ya hay muchos que lo hacen. ¿Qué habría conseguido regentando debidamente una tienda? También hay muchos que lo hacen, y el mundo se queda igual que estaba. Este hombre se excluyó del mundo de la acción y se sumergió en el mundo de la gloria.

Gloria significa decir: «Tú eres el hacedor. ¿Qué puedo hacer yo?». En cuanto empiezas a sentir tu insignificancia, expresada en el «¿Qué puedo hacer yo?», el ego empieza a deshacerse gota a gota. El día que sientas esto en su totalidad –que no estás cualificado, que eres incapaz, que no eres el creador de nada, que eres un ser indefenso– se te abrirán las puertas de la liberación.

> Por tus acciones recibes este cuerpo,
> y por Su gracia se abre la puerta a la salvación.

Nanak dice: «Conoce entonces Su verdad, porque solo Él
lo es todo».

No se Le puede instalar en un templo, ni moldear
mediante ninguna técnica.
Quien es impecable existe en Él,
y quienes Le sirven alcanzan la gloria.
Nanak dice: «Canta Sus alabanzas, al Señor de todos
los atributos».

No se puede instalar a Dios en ningún lugar, luego ¿cómo Le
construirás templos?, ¿cómo consagrarás Sus ídolos? Está completo en sí mismo, así que no tienes ninguna necesidad de crear-
le. Existía cuando tú no existías, y seguirá existiendo cuando
tú te hayas ido. No te molestes en realizar la inútil tarea de crear
imágenes Suyas. Ni los rituales ni los templos ni los ídolos te
conducirán a ninguna parte.

¿Qué te conducirá, entonces, a la meta? Quienes Lo han
servido, quienes Lo han venerado y alabado, han conocido
Su presencia. Si Él lo es todo, el servicio es oración; si lo es
todo, el servicio es alabanza. Cuanto más te absorba el servicio,
más te acercarás a Él. Si el árbol tiene sed, riégalo; si la vaca
tiene hambre, dale de comer. De ese modo, saciarás Su sed y
Su hambre.

Pero para servir a Dios necesitas sensibilidad. Los templos,
ni grandes ni pequeños, no sirven para nada; son meros instrumentos para escapar de la oración. Su templo es inconmensu-

rable, e igual de vasta debería ser tu actitud de servicio..., porque solo eso es Él: ¡el ancho universo y todo lo que contiene!

Cuando Jesús estaba a punto de ser crucificado, sus discípulos le preguntaron:

—¿Qué vamos a hacer ahora?

—No os preocupéis —les contestó Jesús—. Si saciáis la sed del sediento, el agua calmará mi garganta; si servís a los pobres y a los necesitados, me encontraréis oculto en ellos. Si os habéis dejado llevar por la ira o habéis abusado de alguien, no tiene sentido que acudáis al templo. Si mientras rezáis arrodillados os dais cuenta de vuestra falta, levantaos de inmediato e id a pedir perdón a la persona, pues, hasta entonces, ¿cómo podéis orar? Es Él quien está en todas partes. Por eso Nanak dice: «Quienes Le han servido han alcanzado la gloria».

¿Qué clase de culto se le ha de rendir? ¡El servicio! Esta palabra encierra un significado muy profundo, así que deja que cale hasta lo más hondo de ti. Recuerda tener presente en todo momento que, sirvas a quien sirvas, sirves a Dios.

Hay otra manera de servir a la gente, que es una manera muy distinta. Cuando sirves a alguien siendo consciente de que es pobre, de que es un infeliz o está necesitado, lo haces por lástima, y entonces te colocas por encima de él y a él, por debajo de ti. Cuando eres condescendiente y te apiadas de alguien, no estás sirviendo. Esta es una clase de servicio social común, y ese servicio no es culto a Dios. Entonces eres un mero trabajador social, un miembro del Club de Leones, o del Club Rotario, haciendo alarde del lema: «Nosotros servimos». Entonces estás lleno de arrogancia. Construyes un pequeño hospital, pero te das una publicidad enorme. El servicio social no es adoración; echas unas migajas a los hambrientos, realizas actos de generosidad para quedar bien. Tú estás en la cima, sirviendo a quienes están a tus pies, y que deberían estarte agradecidos. Eso no es veneración.

El servicio es veneración cuando aquel al que sirves es Dios. Él es el amo y tú, el esclavo. No es él quien debe estar agradecido, sino tú, puesto que te ha dado la oportunidad de servirle. Le has dado a un pobre un pedazo de pan, y además le has dado las gracias.

Hay una vieja costumbre hindú de dar limosna al brahmán además de ofrecerle afecto, que es un regalo en señal de gratitud por haber aceptado la limosna, por haber aceptado el servicio. No se trata de un servicio social, sino de un acto religioso.

Entiende bien la diferencia: estar orgulloso de lo que haces como trabajador humanitario no es la idea de servicio que tiene Nanak. El servicio te hace humilde. El servicio ve a Dios en el necesitado. El servicio te convierte en sirviente. «Los últimos serán los primeros»; y tú serás el último de todos. Servir implica también que estás en deuda con aquel que te ha dado la oportunidad de servirle.

> Quien es impecable existe en Él,
> y quienes Le sirven alcanzan la gloria.

No se refiere a la gloria de tu ego, puesto que esta gloria solo se alcanza cuando el ego muere. Entonces es cuando los sirvientes del Señor se hicieron famosos y la budeidad se traslucía en ellos. Entonces quedó desterrada de su casa la oscuridad, y la lámpara interior brilló a plena luz.

> Nanak dice: «Canta Sus alabanzas, al Señor de todos los atributos.
> Canta y óyelo solo a Él; grábalo en tu corazón.
> Destierra, pues, la aflicción y el sufrimiento, y haz de la dicha tu morada.

Y esto puede suceder solo si le dedicas a Él todas tus acciones. Cuando te sientas en tu tienda y entra un cliente, ve en él, no al cliente, sino a Dios; trátalo como si fuera Dios mismo quien ha entrado en tu tienda. Si quieres estar absorto en Él el día entero, no hay otra manera de hacerlo. Mientras comes, siente que es Él quien entra en tu cuerpo en forma de alimento. Por eso dicen los hindúes que Dios es Brahma, lo Absoluto. No comas irreflexivamente; recuerda que es Él quien florece en las plantas, que es Él quien se convierte en cereal. Acéptalo con suma gratitud; pues solo cuando aceptas que los alimentos son lo Absoluto, cuando al beber agua sientes que es Él en forma de agua quien sacia tu sed, solo entonces puedes asimilarte en Él las veinticuatro horas del día. ¿Tienes alguna otra manera de hacerlo?

Vas al *gurudwara* o a la iglesia y rezas, o salmodias, o cantas himnos durante aproximadamente una hora mientras tu mente corre de un lado para otro. Incluso durante este tiempo tan breve, miras el reloj temiendo que se te haga tarde, que sea ya la hora de ir al trabajo. ¿Cómo puedes rendirle culto de esa manera fragmentada? Intentas rezar un poco por la mañana y un poco por la noche, y el resto del día sigues siendo el mismo tú de siempre.

Ser religioso es una tarea que ha de ocuparte las veinticuatro horas del día; el espíritu religioso debería impregnar el día entero. La religión no existe en momentos puntuales; no hay tal cosa como días u horas religiosos. La vida en su totalidad es Suya, todos los momentos son Suyos. La religión es una forma de vivir diferente de cualquier otra, en la que todo lo que haces está de un modo u otro conectado con Dios.

Nanak dice: «Canta alabando al Señor de todos los atributos. Canta solo sobre Él; escúchalo solo a Él; que solo Él resida en tu corazón». Mientras estás sentado escuchándome, puedes oírme de dos maneras: como si estuviera hablando una persona, o como si fuera la voz de Dios la que te llega. En este último caso, sentirás que algo cambia en ti. Tenlo presente en todo momento, y, así, te librarás del sufrimiento y llegarás a casa cargado, no de aflicción, sino de dicha.

Ahora, cuando vuelves a casa lo único que llevas contigo es el malestar porque un cliente te ha engañado, porque alguien te ha robado la cartera, o porque has comido algo que no te ha sentado bien; siempre hay una causa para la queja; tu día es un cúmulo de sinsabores. Pero si empiezas a ver a Dios en todo lo que te rodea y en todo lo que haces, recogerás una abundante cosecha de júbilo, dice Nanak.

No solo vivirás feliz en tu hogar cotidiano, sino que en la hora de la muerte, cuando te prepares para partir hacia tu hogar verdadero, te irás rebosante, lleno hasta el borde, saturado de dicha. Te irás danzando, y no llorando. Si la muerte no es una danza, ten por seguro que la vida habrá sido en balde. Si la muerte no es una ocasión para la celebración y la alegría, créeme que habrás malgastado tu vida; porque te dispones a volver a casa, y, si la vuelta al hogar no es motivo de celebración, tu vida entera no habrá sido más que sufrimiento.

> Destierra, pues, la aflicción y el sufrimiento, y haz
> de la dicha tu morada.

Si existe sufrimiento en ti, es solo porque intentas conducir tu vida sin Dios. Tras dejarlo de lado has confiado demasiado en ti mismo y te has considerado demasiado ingenioso; tu infelicidad no tiene otra razón de ser.

Y tu felicidad se debe a una razón igual de sencilla: a que hayas dejado de lado tu ingenio y tu intelecto, y atribuyas el mérito de tus logros, no a tus capacidades, sino al hecho de percibirlo a Él en todo; a que hayas empezado a vivir más en Él y menos en ti mismo. Hasta que, finalmente, mores en Él por entero.

¿Por qué habrías de ver en tu esposa a tu esposa, en tu hijo a tu hijo, y no a Dios? En cuanto tu percepción cambia, la felicidad se une a ti. Si tu hijo muere y te sientes desgraciado, es porque tenías una percepción errónea de él; pensabas: «Es mi hijo». Si te hubieras dado cuenta antes de que era el hijo de Dios, habrías pensado: «Cuando quiso, me lo envió; cuando ha querido, lo ha llamado de nuevo a Su lado. Todo es por mandato Suyo», y habrías aceptado todas las condiciones, sabiendo que era Su hijo el que te enviaba, y sintiéndote agradecido por el tiempo que te permitió tenerlo contigo.

¿A quién quejarse, y de qué? Dios te lo dio cuando quiso, y se lo llevó cuando quiso; tú no tienes parte en ello. Todo es Suyo... ¡todo! Cuando así lo entiendes, ¿dónde están las lágrimas, dónde está la tristeza y la angustia? Si te da, te alegras; si no te da, te alegras también. Es singular Su manera de hacer. A veces te da, y con ello te crea; a veces te quita, y, al hacerlo, ¡evolucionas, das un paso más! A veces el sufrimiento es necesario, porque te despierta, porque te hace ser consciente. En la felicidad te pierdes y te duermes; en el sufrimiento despiertas.

Había un faquir sufí llamado Hassan. Un día, cuando estaban a punto de subir a una barca, su discípulo le dijo:

—Entiendo que haya dicha, porque Dios es nuestro Padre, y es natural que dé alegría a sus hijos; pero ¿por qué hay sufrimiento, por qué hay infelicidad?

Hassan no respondió; en lugar de ello, empezó a remar con un solo remo. La barca empezó girar.

—¿Qué haces? —gritó el discípulo—. Si usas un solo remo, nunca llegaremos a la otra orilla; nos quedaremos aquí dando vueltas y vueltas. ¿Le pasa algo al otro remo, te duele el brazo? ¡Deja que reme yo!

–Parece que eres mucho más inteligente de lo que pensaba –contestó Hassan.

Si solamente hay alegría, la barca dará vueltas sin fin y no llegará a ninguna parte. Para que llegue a su destino es necesario el opuesto. Una barca avanza con dos remos, un hombre anda con dos pies, y se necesitan dos manos para trabajar. En la vida son necesarios el día y la noche, la dicha y la aflicción, el nacimiento y la muerte; o, de lo contrario, la barca da vueltas y vueltas sin llegar nunca a su destino.

Cuando una persona empieza a percibir correctamente, sabiendo que Él está en todo, se llena de agradecimiento; incluso cuando aparece la tristeza, la acepta con alegría. Entonces aceptas Su júbilo y aceptas Su sufrimiento por igual, pues el júbilo ya no es júbilo ni el sufrimiento es sufrimiento; la línea que los divide desaparece, y empiezas a considerarlos con imparcialidad. El apego a lo placentero y el rechazo a lo doloroso se desbaratan, y te separas de ellos, te liberas de ambos, pues has logrado la actitud del *testigo*. Entonces te habrás librado del sufrimiento y llevarás la dicha a casa.

Canta y óyelo solo a Él; grábalo en tu corazón.
Destierra, pues, la aflicción y el sufrimiento y haz
    de la dicha tu morada.
La palabra del gurú es el sonido entre los sonidos,
    como lo son los Vedas.
El Señor mora en sus palabras.

El gurú es Shiva, el destructor; es Vishnu, el sustentador;
es Brahma, el creador; el gurú es el trío de diosas: Parvati,
Laxmi y Saraswati.

Pese a conocerlo tan bien, no se Le puede describir;
no se puede expresar lo que es con palabras.

El gurú es el secreto que resuelve el enigma.

Él es el benefactor de todos. ¡Que nunca me olvide de Él!

Entiende hasta qué punto ha glorificado Nanak al gurú. Todos los santos han cantado la gloria del gurú, situándolo por encima de las escrituras. Si él dice algo que no aparece en los *Vedas*, olvídate de los *Vedas*, porque el gurú es la escritura viva. Hay una razón por la que los santos han ensalzado y estimado tanto las palabras del gurú. En primer lugar, los *Vedas* son a su vez expresión de los gurúes, de gurúes que no están ya presentes hoy día; de ahí que sus palabras hayan perdido la pureza que tenían cuando ellos las pronunciaron, pues quienes las recogieron, como había de ser, no pudieron evitar mezclarlas con sus propios pensamientos. No lo hicieron a propósito, pero así fue.

Si te doy ciertas instrucciones para que se las repitas a tu vecino, seguro que olvidarás algo y añadirás también algo a lo que yo te he dicho. La manera de hablar cambia; e incluso si usaras las palabras exactas que yo usé, tus preferencias y tu énfasis serían distintos de los míos. Cuando hablas, tu experiencia, tus conocimientos y tu comprensión se introducen en las palabras.

Te entrego una flor y tú se la llevas de mi parte a cierta persona, pero la flor habrá captado parte de tu olor, ya que, del mismo modo que el aroma de la flor se queda en tus manos, la flor también recoge el tuyo. Por tanto, la flor ya no es la que yo te di. Si la flor ha pasado por miles de manos, llevará el aroma de todas ellas, y, si volviera a mí, yo no sería capaz de reconocerla como la misma flor. La esencia de la flor que conocí se habrá perdido por el contacto con miles de manos distintas. No tendrá el mismo aspecto que cuando te la di, sino que se habrá deshojado; los pétalos se habrán ido cayendo por todas partes, y la gente se verá obligada a pegarle pétalos de otra flor para completarla antes de volvérmela a traer.

Los *Vedas* son las palabras de los gurúes. Quienes han sabido han hablado, pero han pasado ya miles y miles de años desde que esas palabras se pronunciaron. Se ha eliminado mucho y se ha añadido mucho. Por consiguiente, es una gran fortuna encontrarse con un gurú vivo cuando el libro se ha quedado rancio.

Otro aspecto interesante es que, cuando lees un libro, interpretas las palabras a tu manera. Eres tú el que lee y tú el que interpreta, y tu interpretación no puede ser más de lo que eres tú; no puede trascender tu comprensión, de modo que asignarás significados propios a los palabras.

El libro no puede, por tanto, ser tu gurú; ¡eres tú el que se erige en gurú del libro! No has aprendido las escrituras, sino que eres tú el que les enseña a ellas; por eso existen hoy día miles de interpretaciones. ¡Mira la *Gita*, la cantidad de comentarios que hay! Y quienquiera que la lea dará a lo que lea un sentido distinto. Krishna no está ya aquí para censurar nada, para decirnos: «Hermano, ¡no es eso lo que quería decir!». Cuando Krishna habló, sabía con claridad lo que trataba de comunicar, pero ¿quién puede asegurar actualmente cuál era su intención? Ni siquiera Arjuna hubiera podido decirlo, pese a ser él quien oía personalmente sus palabras, ya que, al expresarlas, él mismo las habría cambiado.

La *Gita* fue escrita en su totalidad por Sanjay, que no era más que un reportero de su tiempo. Su trabajo era informar a Dhritrashtra, el rey ciego, sobre la batalla que se estaba librando a más de ciento cincuenta kilómetros de distancia. Debió de aprender de la televisión. ¡Los sordos escuchan e informan luego a los ciegos!, así que la verdad queda aún más lejos. Lo que Krishna dijo, ni siquiera Arjuna hubiera podido decirlo con absoluta fidelidad. Habría hablado desde su propio entendimiento, y solo habría podido repetir aquello que hubiera comprendido, no lo que Krishna en realidad había dicho. Y luego introducimos a Sanjay, que es quien recopila las noticias; el cronista... ¡el tercero!

Luego pasan miles de años, durante los cuales cada comentarista asegura haber dilucidado el sentido, dependiendo de su propia comprensión. Para entonces, cada palabra ha adquirido infinitos significados, y la *Gita* ya no significa nada. Cualquier cosa que se haya añadido ha dado lugar a una nueva edición.

Por eso Nanak, Kabir y otros hicieron hincapié en la importancia de encontrar a un gurú vivo; porque las escrituras se habían quedado viejas, eran palabras de segunda o de tercera mano incluso en tiempos de estos sabios.

> La palabra del gurú es el sonido entre los sonidos,
>   como lo son los Vedas.
> El Señor mora en sus palabras.
> El gurú es Shiva, el destructor; es Vishnu, el sustentador;
> es Brahma, el creador; el gurú es el trío de diosas: Parvati,
> Laxmi y Saraswati.
> Pese a conocerle tan bien, no se Le puede describir;
> no se Le puede expresar con palabras.

Quienes Le han visto con sus propios ojos no pueden describirle completamente; no se puede expresar lo que es con palabras, ¿y tú buscas a Dios en los libros?... ¡en la Gita, en el Corán o en el Gurú Granth! Ni siquiera un maestro vivo puede explicar a Dios totalmente! Dice Nanak sobre sí mismo: «Incluso si Le hubiera conocido por completo, no habría sido capaz de hacer una descripción completa de Él, puesto que no se Le puede expresar con palabras».

Y aquello que no se puede expresar con palabras, tú intentas entenderlo por medio de explicaciones y de la palabra escrita, cuando solo un maestro vivo podrá darte noticias de Él. Y no es que en este caso vayas a entender todo lo que el gurú diga; entenderás lo que *es* el gurú. Su presencia te hará comprender su propio ser. ¡Estar con él, respirar el aire que lo envuelve, significa estar en una atmósfera totalmente distinta! Al menos durante esos instantes, no existes para el mundo; resides en un mundo absolutamente nuevo, y tu conciencia ha adoptado una forma diferente. Estate preparado y dispuesto a mirar por la ventana del gurú..., porque no hay más vía que esta.

> El gurú es el secreto que resuelve el enigma.
> Él es el benefactor de todos. ¡Que nunca me olvide de Él!

Gur significa "técnica", "método", y aquel que ofrece el método es el *gurú*. Y el método secreto, la técnica, es según Nanak:

> Él es el benefactor de todos. ¡Que nunca me olvide de Él!

Él es el creador único de todo, el hacedor. ¡Que no se me olvide nunca esta verdad: que Él está oculto detrás de todo! Él es la mano de todas las manos, el ojo de todos los ojos. Él es quien palpita; Él es la vida.

> ¡Que nunca me olvide de Él!

Haz que este recuerdo te acompañe en cada momento, pues, si comprendes el secreto, poco a poco empezarás a ver más allá de las cuentas del rosario, del *mala*, y serás capaz de captar la presencia del hilo que pasa por todas ellas. Ese hilo es Dios, y tú eres las cuentas. El río de la vida que fluye a través de ti es Dios. Él es el hilo sobre el que gira la cuenta que es tu cuerpo, y ese hilo es el mismo en mí que en ti; es el mismo que corre

a través de los árboles, de las aves, de los animales, las montañas y los llanos. Ese hilo es siempre Él, que vive en diversas
formas, que se hincha en cada ola; por tanto, conserva constantemente el recuerdo de este hilo, no lo olvides nunca, y tendrás
el secreto al alcance de la mano. Todos los enigmas se resolve-
rán entonces por sí solos.

Y ¿cómo lo harás, cómo vas a conservar este recuerdo en
cada momento del día? Vas a necesitar muchísimo valor, pues
tendrás que afrontar numerosas dificultades; de no haber sido
por ellas, el mundo sería religioso desde hace mucho tiempo.
Hay dolores y aprietos, y los seguirá habiendo, pues un logro
que no se obtiene con dificultad es prácticamente inútil. Sin
viajar, nunca llegarás a tu destino; tienes que vagar. Solo apre-
ciarás y darás importancia a aquello que hayas conseguido con
dificultad. Además, si lo que quieres es alcanzar la verdad última, ¡tendrás que hacer algún sacrificio!

La religión consiste en perder por un lado y ganar por otro,
y esto hará que surjan problemas. Si empiezas a ver a Dios en
el cliente, ¿cómo le estafarás? Si eres carterista, al ver a Dios
en tu víctima la mano se te quedará paralizada. ¿Cómo dañarás?
¿Cómo te enfurecerás? ¿Cómo te crearás enemigos?

Si Lo ves en todo, la estructura de tu vida empezará a des-
moronarse por todos los lados. Esa casa que has construido se
opone a todo lo que Él significa, porque la levantaste cuando
te habías olvidado de Él; y si ahora empiezas a recordarlo, la
casa no puede seguir en pie.

Sin embargo, una cosa es cierta; aunque hoy no lo veas, se

te dará una casa mayor. De ahí que se necesiten jugadores y aventureros en este camino, que tengan el valor de dejar atrás lo que tuviesen a fin de descubrir algo de lo que no pueden estar absolutamente seguros. Por eso digo siempre que la religión no es para los empresarios, ¡sino para los jugadores! El jugador lo apuesta todo con la esperanza de ganar el doble. De si ganará o no, nunca puede estar seguro. Él no sabe de qué lado caerá el dado..., nadie lo sabe. Ese es el tipo de arrojo que necesitas si quieres caminar al lado de Nanak.

Todas las religiones se han debilitado porque no tenemos los arrestos del jugador, sino que nos atenemos estrictamente a las matemáticas del empresario. Y, claro, entonces es muy difícil recordar este *sutra*, cuyo propósito es cambiar tu vida de raíz. Después de leer este *sutra*, pese a lo breve que es, ya no serás el mismo; provocará un incendio tan violento en tu vida que esta vida desaparecerá.

Kabir dice: «Que solo quien esté dispuesto a quemar su casa se moleste en caminar conmigo». ¿A qué casa se refiere? Se refiere al edificio que has creado a tu alrededor: una casa hecha de mentiras, engaño, ira, hostilidad, perversión, envidia y odio; eso es tu casa.

Deja que cale en ti este *sutra*, nada más.

Él es el benefactor de todos. ¡Que nunca me olvide de Él!

Lo que reside en tu interior, el señor de todas las cosas, es uno. Para que tu vida cambie, no necesitas nada más. No necesitas hacer las *asanas* yóguicas de Patañjali, ni preocuparte de los Diez Mandamientos de los judíos, ni obsesionarte con la *Gita* o el Corán.

¡Un secreto tan pequeño, tan diminuto, para cambiar tu vida entera! Así lo logró Nanak, y puedes lograrlo tú también.

Pero recuerda las palabras de Kabir: «Que solo quien esté dispuesto a quemar su casa se moleste en caminar conmigo».

4. El otro Ganges

Si he logrado complacerle, me habré bañado
    en todos los ríos sagrados;
y si no soy capaz de agradarle, ¿para qué hacer
    abluciones y llenarme de adornos?
En ningún lugar de este universo que es creación
    Suya se consigue nada sin acciones,
pero la comprensión que nace en quien escucha
    una sola enseñanza del gurú
tiene la transparencia y el brillo de una piedra
    preciosa.

Él es el benefactor de todos.
¡Que nunca me olvide de Él!

Aunque vivieras cuatro eras, o incluso diez veces más,
aunque fueras conocido en los nueve continentes,
    y el mundo entero siguiera tras tus pasos,
aunque consiguieras fama universal y te alabara
    toda la humanidad,

si careces de Su gracia, nada te salvará.

Serás igual que un pobre gusano, y hasta el peor
    de los pecadores podrá señalarte con el dedo.

Dice Nanak: «Él hace digno al indigno,

y colma de gracias a los ya agraciados.

Nadie salvo Dios puede otorgar tal excelencia».

De repente, una noche Nanak salió de su casa y desapareció. Nadie sabía adónde había ido. Aunque lo buscaron en los templos y en los habitáculos de los *sadhus*, donde creyeron que podía estar, no aparecía por ninguna parte. Alguien dijo que lo había visto dirigirse al cementerio, pero nadie podía creerlo; nadie va al cementerio por voluntad propia. Si ni tan siquiera los muertos quieren estar en él, era imposible imaginar que una persona viva fuera allí voluntariamente. No obstante, como no aparecía, como última posibilidad fueron allí a buscarlo. Lo encontraron sentado delante de una fogata, absorto, en profunda meditación.

Sus familiares lo zarandearon, diciéndole:

–¿Has perdido el juicio? ¿Qué haces sentado aquí a estas horas? Has dejado solos a tu esposa y a tus hijos. ¿No sabes dónde estás? Es el cementerio.

–El que viene aquí ya ha muerto –respondió Nanak–; la muerte ya no le espera. Eso a lo que llamáis vuestra casa es donde moriréis a su debido tiempo. ¿A cuál de los dos se debería temer entonces: al lugar donde la gente muere, o a aquel donde nadie muere nunca? Además, si de todos modos algún día hemos de venir aquí, es de lo más impropio llegar a hombros de cuatro personas; yo he preferido venir por mi propio pie.

El incidente es muy elocuente. Nanak no se pelea con lo que ha de ser. Acepta todo tal como es, y, puesto que la muerte ha de suceder, le da la bienvenida. ¿Por qué molestar a otros? Es mejor venir solo. Lo que pasa es que siempre nos oponemos a lo que ocurrirá, queremos que sea diferente; pero Nanak no tiene tal deseo. ¡Todo es deseo de Dios!, y si Su deseo es que Nanak muera, él lo acepta.

No obstante, aquella noche la gente le convenció de que volviera a casa. Pero después de aquella noche, Nanak no volvió a ser el mismo; algo había muerto dentro de él, y algo nuevo había nacido. Solo el morir interiormente por completo da lugar a un nuevo nacimiento. En el proceso de nacer, hay que pasar por el cementerio, y el que pasa por los *ghats* de la cremación consciente y voluntariamente, nace de nuevo. No es el nacimiento de un nuevo cuerpo, sino el desarrollo de una nueva conciencia.

Estás lleno de miedo, y, donde hay miedo, no puede haber conexión con Dios. Todas tus oraciones y alabanzas se deben a tus temores, no a tu amor a Él. Acudes a los lugares sagrados, haces abluciones en los ríos sagrados, ejecutas rituales y cultos sagrados... todo por miedo. Tu religión es una medicina para el miedo, no una celebración de la dicha. Todo ello lo haces para protegerte; son precauciones que tomas para tener cierto bienestar. Igual que amasas riquezas, construyes una casa, llevas control del saldo bancario y contratas una póliza de seguros, haces de Dios una póliza de seguros también.

¿Y alguna vez ha conocido alguien a Dios por el camino del miedo? El miedo es una vía de separación, mientras que el amor es una vía de integración. El miedo crea distancia; el amor trae consigo proximidad. El amor y el miedo nunca se encuentran. Solo cuando el miedo ha desaparecido por completo puede surgir el amor. Mientras prevalezca el miedo, solo habrá odio; aunque encubras y decores tu odio, no podrás amar.

¿Cómo puedes amar a quien temes? Lo atacarás, pero nunca podrás entregarte a él. E incluso si lo haces, no será más que una nueva estratagema para la batalla; es inútil que intentes librarte del miedo de esta manera.

> Si he logrado complacerle, me habré bañado en todos
> los ríos sagrados;
> y si no soy capaz de agradarle, ¿para qué hacer
> abluciones y llenarme de adornos?

Las personas acuden a los lugares sagrados y se bañan en las aguas sagradas, no como expresión de dicha, sino por el deseo de librarse de sus pecados. Existe la creencia de que, si uno se sumerge en las aguas del Ganges, todos sus pecados se irán con las aguas del río. Dime, ¿por qué habrían de lavarte de tus pecados las aguas del Ganges? ¿Qué tiene que ver el río con tus malas acciones? Además, los pecados no proceden del cuerpo sino de la mente; y ¿cómo puede el Ganges lavarte la mente?

Como mucho, puede lavarte el cuerpo y llevarse el polvo y la suciedad, pero no puede limpiarte la suciedad de la mente.

El Ganges te sirve para lavarte el cuerpo, pero no para lavarte el alma; para eso tendrás que buscar otra clase de Ganges. Dice una antigua leyenda que un Ganges fluye en la Tierra, y uno fluye en el cielo. Tendrás que encontrar el Ganges del cielo, pues el Ganges terrestre solo puede tocar el cuerpo, que pertenece también a la Tierra. El Ganges del cielo tocará tu alma y la lavará. Y ¿cómo podemos encontrar el Ganges celestial? ¿Dónde debemos buscarlo?

Estos *sutras* te dirigen al Ganges del cielo:

> Si he logrado complacerle, me habré sumergido en todos los ríos sagrados.

Que Él esté contento contigo equivale a haberte bañado en el Ganges celestial. *He logrado complacerle* es una frase muy profunda. Intenta entenderla. Le complacerás solo cuando no te enfrentes a Él; Le complacerás solo cuando te hayas disuelto en Él completamente, cuando tu sensación de que eres tú el que hace haya quedado completamente aniquilada. Él es el hacedor, y tú eres solo un instrumento. ¡Con eso basta para complacerle!

Por el momento, sin embargo, hay una tensión constante dentro de ti: «Yo soy el que hace... Yo soy el que hace...». Cuando rezas, eres *tú* el que reza; cuando te bañas en las aguas sagradas, eres *tú* el que se baña; cuando haces obras de caridad, eres nuevamente *tú* el que las hace. Y entonces, todo lo que haces es inútil: tu ablución, tu caridad, tu alabanza... Todo es en vano por ese sentimiento tuyo de autoría. Hasta ahora lo has enfocado todo en función de ti y de lo que consideras tuyo.

Solo hay una diferencia entre una persona religiosa y una persona irreligiosa: para la persona religiosa, *Él* es el hacedor; para la no religiosa, el hacedor es siempre "yo". Todo sucede por mediación Suya; esta es la postura que te granjea su afecto, porque esta postura es religión. Pero tú eliges darle la espalda; es esa sensación de que eres el autor de tu vida lo que te aparta de Dios. En cuanto abandonas esa actitud, te encuentras con Él cara a cara, y toda oposición cesa.

¿Cuáles son esas obras de las que estás tan orgulloso? Ni el nacimiento ni la muerte ni la propia vida son resultado de tus acciones. Es Él quien lo hace todo, pero, misteriosamente, asumes la actitud del hacedor, y, debido a ella, cuando cometes un pecado, es un pecado, y cuando haces buenas obras, estas también se convierten en pecado. ¡Recuérdalo! Estás equivocado, ¡es la sensación de ser el hacedor la que es pecaminosa, mientras que carecer de ese sentimiento es virtud! Todas las buenas acciones se transforman en pecado cuando persiste el sentimiento de autoría. Entonces, da igual que construyas templos, que Le rindas culto, que observes los votos y ayunos y vayas a lugares santos –La Meca o Kashi–; no sirve de nada.

Cuanto más digas «yo he hecho», más añades a tus pecados. Por tanto, el pecado hace referencia, no al acto, sino a la actitud. Ningún acto realizado con la actitud de no hacer puede ser pecaminoso; pero si tu actitud es la del que hace, todos los actos son pecado.

En la *Gita*, esto es exactamente lo que Krishna alienta a que haga Arjuna. Le dice que abandone el sentimiento de ser el hacedor y que haga solo aquello que Dios hace por medio de él. Deja que se haga Su voluntad; no te interpongas, no tomes decisiones por tu cuenta; no te preguntes qué está bien y qué está mal..., ¿cómo puedes saber tú lo que está bien y lo que está mal? ¿Qué alcance tiene tu visión? ¿Qué fuerza tiene tu entendimiento? ¿Con qué experiencia cuentas? ¿Cuánta conciencia tienes? No intentes ver a la luz de la pequeña lámpara de tu conciencia, que no es capaz de iluminar ni el metro de suelo que está delante de tus pies, cuando la vida se extiende hacia el espacio infinito. Haz lo que Él te haga hacer; sé solo un instrumento. Así como la flauta permite al flautista tocar su melodía, dale permiso a Él para que actúe por medio de ti.

Quien se convierte en Su instrumento se convierte en Su amado, y quien sigue considerándose hacedor se convierte en Su enemigo; aun así, Su amor sigue fluyendo hacia ti, porque es un amor incondicional. Da igual quién seas; Su amor desciende sobre todos todo el tiempo. Lo que cambia es que tú seas incapaz de aceptar Su amor. Es como un recipiente colocado bajo la lluvia; si está de pie, se llenará, pero si está caído de lado, no. La lluvia seguirá cayendo, porque es incondicional. No dice: solo si haces esto o eres de esta manera lloveré sobre ti.

Es importante entender esto, pues muchos, al oír las palabras de Nanak han pensado: «Si cambio, y actúo de este modo, me amará». ¡No, no es eso! Él derrama Su amor y Su bendición eternamente; si no fuera así, ¿qué diferencia habría entre el amor temporal y el amor divino? Precisamente la ruina del amor humano es el «Si haces esto, te amaré. Si cambias, te amaré. Te amaré solo si cumples las condiciones que te pongo». Esto es lo que el padre le dice al hijo, la esposa al esposo, el amigo al amigo.

Nanak se refiere a una experiencia que trasciende el amor mundano. Su amor se derrama eternamente. Si cumples las condiciones, te llenarás como el recipiente que está en pie; te llenarás hasta el borde, rebosarás de Su amor, y todos los que te rodeen recibirán lo que ya no quepa en ti.

El gurú es aquel cuya vasija está tan llena del amor de Dios que ya no puede contener más, y, al empezar a desbordarse, otras vasijas se llenan gracias a él. El gurú es aquel cuyas necesidades están todas satisfechas, puesto que todos sus deseos han muerto, y el anhelo se ha silenciado. Su vasija está tan llena que ahora es capaz de dar. ¿Y qué otra cosa puede hacer sino dar? Cuando la nube está saturada, ha de dejar que caiga la lluvia, pues solo así puede recuperar la ligereza. Y la flor saturada de fragancia debe ofrecérsela a los vientos.

De la misma manera, cuando tu vasija esté llena de Su amor, se derramará sobre todo cuanto te rodea. Su gracia no tiene fin. Una vez que sepas que te llenarás con solo mantener la vasija en pie, la gracia jamás dejará de descender sobre ella. Entonces no importará cuánto repartas de lo que tienes, pues tu vasija estará siempre llena hasta el borde. Así que recuerda, Nanak se refiere a ti cuando habla de quien cree haber conseguido Su amor por haberse bañado en todos los ríos sagrados.

¡Date cuenta de que Dios está vivo!, si no, ¿cómo podrías existir? Si por un solo instante hubiera querido que no estuvieras aquí, habrías desaparecido hace ya tiempo. Él reside en cada inspiración y espiración tuya; es Él quien late dentro de tu corazón. La existencia te ha amado, te ha deseado, te ha hecho. Seas como seas, la existencia sigue dándote vida. Ya eres un ser amado. Pero tú Le das la espalda, temeroso de Su amor. Te escapas y te escondes justo cuando Él quiere llenar tu ser. Cuando Nanak habla de conseguir Su amor, se refiere a que te pongas en pie y Lo mires de frente, a que deseches totalmente el miedo.

Solo por miedo volcaste tu vasija, por miedo a que pudiera llenarse de algo indeseable o perjudicial. Es por miedo por lo que has cerrado todas las puertas: por miedo a los ladrones, por miedo a los enemigos. Por miedo has cerrado el corazón por los cuatro costados. Y es cierto que, cuando cierras la puerta, los ladrones no pueden entrar, ¡pero tampoco puede entrar el amado!, ya que solo hay una puerta, para quienquiera que llegue. Recuerda que al evitar al ladrón, ¡le has cerrado la puerta al amado también! Y ¿qué es esta vida sin el amado?

Tanto miedo tienes de que entre algo que has cubierto la entrada, y luego gritas que estás vacío. Te quejas de que nadie viene nunca a visitarte, de que nadie llama a tu puerta, pero es el miedo el que te ha apartado de tu Dios.

Es interesante que tus religiones no sean más que una expansión de tus miedos. Tus dioses, como los llamas, con conceptos nacidos de tus propios miedos, y por miedo los has aceptado. Tienes miedo de dudar, y por eso no cuestionas nada, pero no hay fe verdadera dentro de ti. Si eres creyente solo por miedo, la fe es superficial, y dentro de ti la duda está siempre al acecho. ¿Cómo puedes encontrarte entonces con lo más misterioso, lo más profundo?

Mulla Nasruddhin se presentó a las elecciones. Obtuvo solo tres votos: el primero era el suyo propio; el segundo, el de su esposa, y el tercero, el de una persona desconocida. Cuando su esposa lo supo, lo acorraló: «Dime, ¿quién es ella?».

Lo que yace oculto, sale a la superficie con el menor pretexto; la fe y el amor superficiales nunca tardan mucho en venirse abajo. A la menor vicisitud, la duda asoma la cabeza; te pinchas con una rama, y empiezas a dudar de Él; te duele la cabeza, y tu fe se desvanece; pierdes el empleo, y tu amor por Dios se esfuma.

Cuando la duda oculta explota, es como una ampolla ulcerada; basta un ligero golpe, y el pus empieza a salir. Puedes intentar cubrirla con el ungüento y el parche de la fe, pero no servirá de nada. ¿A quién quieres engañar? No puedes ni mirarte a la cara en el espejo, porque sabes muy bien que tu fe es producto del miedo, y que por dentro estás lleno de dudas.

Por mucho que te bañes en los lugares sagrados o reces en el templo, en la iglesia o en el *gurudwara*, da exactamente igual; a menos que suenen dentro de ti las notas de la fe y la confianza, no Le has llamado realmente. Por otra parte, si rezas desde el miedo, siempre pedirás algo, porque el miedo siempre mendiga. Si consigues lo que has pedido, estarás satisfecho, y, si no, la duda se intensificará. Te pasas la vida pidiendo. La fe es simplemente una forma de agradecimiento: «Ya me has dado más de lo que merezco. Tu gracia, tu compasión, es tan inmensa». La fe está siempre llena de gratitud, y la gratitud disipa toda duda. Por el contrario, allá donde hay ruegos, la duda acecha. Con tus ruegos, pones a prueba a Dios.

Hay un episodio muy elocuente en la vida de Jesús. Tras someterse a la durísima prueba de los cuarenta días, Satanás se le apareció y le dijo:

–Puesto que dicen las escrituras que, cuando un profeta nace, Dios siempre lo protege, si eres realmente el hijo de Dios, salta desde esta montaña, y Él te salvará.

–Es cierto –contestó Jesús–, pero también dicen las escrituras que solo quienes dudan de Él lo ponen a prueba. Y yo no tengo dudas. Estoy seguro de que los ángeles acudirían para protegerme; estoy totalmente convencido. Si hubiera tenido la menor duda de que quizá no aparecerían, o de que quizá no sea el hijo de Dios, lo habría puesto a prueba.

En cuanto surge la duda, se plantea la necesidad de indagar y probar Su existencia, y, a la vez que haces tus demandas, sientas las condiciones: «Si existes, haz que se cumpla mi deseo. Si se cumple, es que existes, y, si no se cumple, es que no».

Quien tiene fe no exige nada ni necesita poner a Dios a prueba. Como está lleno de gratitud, nunca pide favores. El día que dejes de pedir, dejarás de tener miedo. A medida que te llenes de agradecimiento, tus súplicas disminuirán y sentirás que tu rostro se vuelve hacia Dios, que se va enderezando la vasija. Y en cuanto la vasija esté en pie, empezarán a caer en ella gotas de gracia, y el miedo se desvanecerá. Entonces descubrirás que Él derrama Su gracia constantemente, y que tus temores eran infundados. Entonces abrirás las puertas de par en par, porque sabrás que, incluso en forma de ladrón, en forma de engaño, es siempre Él quien llega. Y hasta que no empieces a verlo en todo, no serás capaz de verle en absoluto.

Y si no soy capaz de agradarle, ¿para qué hacer abluciones y llenarme de adornos?

Si no soy de Su agrado, mis abluciones y adornos únicamente fortalecerán mi ego. ¿Has visto alguna vez a alguien que regresa de su peregrinación a La Meca? Es la imagen misma de la arrogancia. Si de verdad hubiera ido de peregrinación, habría vuelto más humilde, estaría cambiado, sería alguien que ha dejado atrás el ego; pero sucede lo contrario: espera una sonora bienvenida con grandes aplausos, y quiere que la gente se agache a sus pies y alabe su acción.

Incluso cuando haces buenas obras, solo quieres engrandecer el ego. Ayunas para que se te festeje; secretamente deseas que los músicos toquen en tu honor y que se extienda por todas partes la noticia de que has ayunado. Y a medida que el ego se fortalece, te apartas más y más de Él.

Cuanto más eres, más Le das la espalda. Entiende la ecuación: cuanto menos eres, más te vuelves hacia Él; y cuando no eres absolutamente nada, Él se presenta ante ti. Entonces el ladrón que entra es también Él, y todos los miedos se desvanecen porque Él está en todas partes.

> Si he logrado complacerle, me habré bañado en todos
>   los ríos sagrados;
> y si no soy capaz de agradarle, ¿para qué hacer
>   abluciones y llenarme de adornos?
> En ningún lugar de este universo que es creación Suya
>   se consigue nada sin acciones...

En este mundo, en todo lo que Él ha creado y es visible, nada se consigue sin acciones, y esto crea la ilusión de que, para llegar a Dios, también tenemos que trabajar y esforzarnos. Debes entender que, aunque en *este* mundo todo se obtenga con esfuerzo, no es así como se logra el amor..., ni la oración, ni la alabanza, ni la fe, ni la proximidad a Dios.

¿Por qué? Porque las acciones engrandecen el ego. Si quieres conseguir riquezas, tendrás que trabajar con ahínco. Si quieres hacerte famoso en el mundo entero, no puedes permitirte el lujo de sentarte sin hacer nada; tendrás que ir de un lado a otro, conspirar y hacer planes a favor o en contra de ciertas personas; tendrás que aprender a vivir lleno de tensiones. Y como el esfuerzo y el trabajo son la única manera de conseguir cualquier cosa en este mundo temporal, ¡es lógico que pensemos que hará falta un esfuerzo aún mayor para resolver el misterio de esta vasta y omnímoda existencia! Y aquí es donde nos equivocamos. Las reglas que rigen en ese ámbito son totalmente opuestas a las de este mundo. Para conseguir cualquier cosa en este mundo tenemos que dar la espalda a Dios.

Quisiera que entendieras que, cuanto más ignoramos Su ayuda, más tenemos que esforzarnos, porque entonces hemos de hacer también lo que normalmente Él hubiera hecho por nosotros; hemos de sustituir Su trabajo por el nuestro. Adentrarse en este mundo significa darle a Él la espalda. Su ayuda entonces es menor, ya no percibimos el fluir del néctar; aunque sigue fluyendo, no lo recibimos, porque el deseo de ser autosuficientes y estar al mando nos ha hecho cerrar las puertas.

Por eso Nanak dice una y otra vez: «Él es el amo, yo soy el esclavo». El propio empeño en ser autosuficiente es debido al ego. Cuanto más intensamente sentimos «*Yo* lo haré», más rechazamos el apoyo de Su poder. Es como un hombre que intenta remar en contra del viento. Nanak nos ha desvelado el secreto. ¿Qué necesidad hay siquiera de usar los remos? Ve adonde el viento te lleve.

Y Ramakrishna dice lo mismo: ¿Por qué remar? ¿Por qué no te dejas flotar a donde te lleve la corriente? ¡Extiende las velas y relájate!, los vientos se encargarán de empujarte hasta tu destino; tú simplemente estate atento al momento propicio y a poner el timón en la dirección adecuada..., eso es todo. No navegues contra el viento. Si el viento sopla hacia la otra orilla, extiende las velas, y si sopla hacia esta orilla, extiende las velas también. No trabajes innecesariamente.

Si navegas contra el viento o contra la corriente del río, tendrás que forcejear, ¿y cuál será el resultado? No llegarás nunca, solo te cansarás. Observa la cara de un hombre de mundo después de toda una vida de trabajo; no hay nada en ella salvo señales de fatiga. La gente está muerta mucho antes de morir, así que, al final de la vida, solo ansían descanso, ¡a cualquier precio! ¿Por qué te cansas así?

Cuando el ser humano envejece se vuelve feo. Los animales de la selva, no; siguen siendo igual de hermosos que cuando eran jóvenes. Tampoco los árboles. Aunque algunos tengan mil años y estén a punto de morir, su belleza no disminuye ni siquiera un ápice. Cada año crecen un poco, y cada vez puede sentarse a descansar más gente a su sombra. Su belleza aumenta de año en año, y el placer de sentarse bajo su extensa copa es mucho mayor que la de sentarse bajo un árbol joven que aún no tiene apenas experiencia.

Dios sabe cuántas estaciones habrá visto pasar el árbol milenario, cuántos monzones, cuántas primaveras, veranos e inviernos; cuánta gente se habrá sentado a su sombra; cuánta vida habrá transcurrido debajo de él, y cuántos vientos y nubes le habrán pasado por encima; cuántas puestas de sol habrá presenciado, cuántas veces habrá visto salir la luna, y de cuántas oscuras noches sin luna habrá sido testigo. Todo está contenido en él. Sentarse al lado de un viejo árbol es sentarse al lado de la historia. Ha fluido a través de él una profunda tradición.

Los budistas siguen intentando salvar el árbol bajo el que el Buddha alcanzó la iluminación. El singular acontecimiento que se produjo bajo sus ramas todavía está contenido en la experiencia del árbol. Todavía palpita con sus vibraciones; los rayos de luz del conocimiento supremo que alcanzó el Buddha todavía están contenidos en su memoria. Sentarse debajo de él es sentir una paz que uno nunca ha sentido antes. Tras haber conocido la paz infinita, el árbol le permite a uno compartir su experiencia.

Los árboles viejos son aún más bellos. Los leones viejos son aún más majestuosos, porque en los leones jóvenes hay todavía una especie de excitación, de impaciencia y de anhelo que se ha aquietado en los de mayor edad. El ser humano se vuelve feo porque está cansado. Los árboles no luchan contra la existencia, mantienen las velas plenamente extendidas, y están contentos de que el viento los empuje hacia donde los empuje. Tú luchas contra la existencia, y por eso te quiebras. Te haces viejo y decrépito porque tu vida es una larga lucha.

Todo lo que se consigue en el mundo de los objetos es con arduo trabajo y penalidades, pero para llegar a Dios no necesitas realizar acción alguna. No necesitas rendirle culto, ni orar, ni hacer yoga, ni practicar austeridades, ni repetir ningún mantra. No se puede alcanzar a Dios por medio de ningún acto, ¡sino solo con amor! La dirección del amor y la dirección de la acción son muy diferentes una de otra.

El amor es una emoción; el amor es lo único en la vida que nunca se cansa, porque el amor no es trabajo, no es hacer nada. Cuanto más amas, más excelencia logras para amar. A medida que tu experiencia de amor se hace más profunda, descubres que tu capacidad de amar también aumenta. El amor se expande sin límites. En el océano del amor, la marea siempre está alta. El amor asciende, cada vez más alto; no conoce el descenso.

Pero el amor es un don divino, no es el fruto de tu labor. Vivido desde la perspectiva correcta, el amor es tu lugar de reposo; por eso te sientes siempre tonificado, nuevo, cuando vives en el amor. Estás en calma, sereno y relajado. Y esto es aplicable también a lo que comúnmente llamamos amor. Cuando estás enamorado de alguien, al estar a su lado te abandona la fatiga; te sientes liviano y flamante, lleno de alegría; todo el peso de las penalidades se esfuma.

¡Pues imagina ahora el estado del amor divino! El día en que Su amor nace en ti, ¿qué esfuerzo, qué fatiga puede quedarte? No se alcanza a Dios con trabajo, sino por Su gracia. Nanak habla del regalo que es el gurú. Porque no puedes tener una relación directa con Dios, tus ojos todavía no están preparados. Para mirar el sol tienes que empezar por una lamparilla, concentrarte en su llama, y luego ir aumentando gradualmente su tamaño. Solo yendo paso a paso podrás concentrarte en el propio sol; de lo contrario, si lo miras con tu vista ordinaria, el sol te cegará.

La vasija ha de mantenerse erecta. Primero, debería girarse hacia el gurú, que es la preparación, y cuando estés listo para que el gurú te llene, cuando estés exultante, feliz, y todos tus miedos te hayan abandonado, solo entonces podrás abrirte a Dios. Antes de eso, abrirte directamente a Él puede ser peligroso, pues tal vez no seas capaz de contenerlo. Para hacer que la diosa Ganga descienda del cielo hace falta un Bhagiratha, el rey que lo consiguió con sus sacrificios. Tú no serás capaz de acoger sus aguas, pues una pequeña poza es suficiente para ahogarte, tal como eres en este momento.

Nanak concede enorme importancia al gurú, y solo se debe a que el gurú te prepara. Luego, a medida que vayas siendo más y más capaz de aprender directamente lo que fluye de él, te convertirás en un Bhagiratha, y entonces tú también podrás sostener el Ganges celestial.

Y si no se puede alcanzar a Dios con acciones, ¿cómo se Le alcanza? Nanak responde:

> Pero la comprensión que nace en quien escucha
>   una sola enseñanza del gurú
>   tiene la transparencia y el brillo de una piedra preciosa.

Es muy difícil escuchar incluso una sola enseñanza del gurú, puesto que no podrás oír nada con tu ser actual. Ha de producirse una completa transformación de tu vida. Para escuchar las enseñanzas del gurú tienes que anhelarlas y elevar a él tu mirada; tienes que aprender el arte de estar en silencio y sereno en su presencia. Debes aprender a dejar tu intelecto en casa, pues, si lo traes contigo, no podrás oír, e incluso si el gurú te enseña algo, tu cabeza le dará un significado diferente; se te dirá una cosa y oirás otra. Habrás llegado con las manos vacías, y con las manos vacías te irás.

Las enseñanzas del gurú no se pueden aprender con el intelecto, sino que se han oír con el corazón. Se le ha de escuchar con fe absoluta. Si cuando el gurú enseña tú te planteas si tiene sentido o no lo que dice, estarás todavía sentado en una clase, no formarás parte aún de una congregación de buscadores de la verdad.

Acudir al gurú significa decir: «Estoy cansado de juzgar lo que está bien y lo que está mal; no puedo seguir juzgando». Significa: «Estoy cansado de pensar; ya no puedo pensar más». Significa: «Estoy cansado de mí mismo y quiero entregarme». En definitiva, a esto se le llama fe.

Acudes al gurú solo cuando estás completamente cansado de ti mismo. Si todavía te consideras un individuo muy inteligente, no tiene sentido que acudas al gurú, pues tú mismo sigues siendo tu propio gurú. Necesitas vagar un poco más, soportar más adversidades, infligirte más dolor con tus dudas e indecisiones. No sirve de nada que vengas cuando todavía estás verde. Hará falta más dolor y sufrimiento para que madures. Y el día que estés completamente harto de ti mismo, ese día acude al gurú.

Muchos se acercan al gurú cuando todavía no están preparados, cuando todavía creen en sí mismos; entonces, lo que quiera que diga el gurú, ellos lo sopesan y lo juzgan, se preguntan si será cierto o falso; creen en lo que les conviene, y en lo que no les conviene, no. En ese caso, estás obedeciéndote a ti mismo, no al gurú.

A esto no se le puede llamar fe, ni entrega, puesto que no has cambiado nada. Solo hay un secreto para presentarse ante el gurú: deja tu sí mismo atrás, y ve ante él. Entonces, lo que diga el gurú será verdad, y no habrá nada que tengas que decidir. Solo entonces podrás oír sus enseñanzas, con todo tu corazón; solo entonces podrás aprender. Y quien ha oído las enseñanzas del gurú se convierte en un *sikh*.

La palabra "sikh" es una palabra muy hermosa, derivada del término sánscrito que significa "alumno". Quien está preparado para aprender es un sikh; quien está preparado para escuchar las enseñanzas es un sikh; pero no es un sikh quien sigue rebosante de ego y no está dispuesto a escuchar. Ponerse el turbante y adoptar todos los signos externos de un sikh no te hace sikh, porque hacerse sikh es un suceso emocional.

Nanak dice:

> pero la comprensión que nace en quien escucha
> una sola enseñanza del gurú
> tiene la transparencia y el brillo de una piedra preciosa.

Por escuchar un millar de cosas, no sucede nada; en cambio, por escuchar una sola, todo sucede. Si eres *tú* el que oye, da igual cuánto oigas, porque nada sucederá. Si eres *tú* el que lee, por mucho que leas no cambiará nada dentro de ti..., y la razón está clara: no has oído desde donde deberías haber oído.

Hay dos maneras de escuchar: con el intelecto, o con el corazón. Cuando el intelecto escucha, siempre hay dicotomía: lo considera todo en función de si está bien o mal, si es correcto o incorrecto, creíble o no creíble. El intelecto jamás trasciende el ego; piensa que el corazón está loco y no confía en él. Por eso casi hemos asfixiado al corazón, porque pensamos que no es de fiar; nunca se sabe en qué momento puede impulsarte a hacer cosas por las que tendrás que pagar después.

Vas por la calle, ves a un hombre que tiene hambre, y el corazón te dice: «Dale algo». La mente dice: «Espera. Averigua primero si tiene hambre de verdad. Quizá pretenda engañarte. Parece estar fuerte; podría trabajar, así que ¿por qué no trabaja?». El intelecto te dará un montón de razones, pero, en cuanto surge del corazón una sola emoción, el intelecto la reprime.

Si en el corazón surge el amor, la mente dice: «Es un camino peligroso. El amor es ciego y ha arruinado a muchos. Abre los ojos y estate atento. El camino del amor es un sendero que serpentea por los bosques y los valles; el camino del intelecto es como el camino señorial, ancho y despejado. ¿Adónde vas? No te salgas de la carretera. Quédate con la multitud, porque siempre es más seguro ir adonde van los demás; es peligroso aventurarse solo».

Pero el amor es un camino que ha de recorrerse en solitario; necesita de privacidad, recogimiento y soledad. El amor dice: «¡Da!», el intelecto dice: «¡Espera, indaga antes de dar!». Pero entonces no darás nunca. El amor dice: «¡Entrégate! Reposa la cabeza sobre los pies de alguien y olvídate de ti mismo». La mente pregunta: «¿Cómo voy a hacer eso? El mundo está lleno de engaño. ¡Sabe Dios cuántos se han aprovechado de la ingenuidad de la gente!».

Pero ¿qué tienes que cualquiera pueda arrebatarte? ¿Qué es lo que perderás si das? No hay más que desdicha y miseria dentro de ti, y, aun así, las proteges y conservas con todas tus fuerzas.

Si vives de acuerdo con los dictados de la mente, el corazón se irá contrayendo y finalmente se romperá. Se ha creado tal distancia entre tú y tu corazón que hace mucho que las noticias del corazón ya no te llegan. Cuando la mente se interpone, entonces, incluso si amas, amas con la mente.

¿Te has dado cuenta de que el amor que dices sentir proviene también de la cabeza? Incluso si dices que amas con todo tu corazón, estas palabras son invenciones de la mente; si buscas el corazón, verás que no vibra lo más mínimo; no hay emoción, no hay danza, no hay canto dentro de ti.

Las enseñanzas del gurú solo se pueden oír con el corazón. Cuando Kabir decía: «Si puedes cortarte la cabeza y depositarla en el suelo, ven conmigo», ¿a qué cabeza se refería?

El maestro budista Bodhidharma fue a China. Se sentó de cara a la pared y dijo: «Solo volveré el rostro cuando aparezca el discípulo verdadero. ¿Por qué habría de hablarle a nadie más? ¡Es igual de inútil que hablar con la pared!».

Un día llegó un hombre llamado Hui Neng. En silencio, se puso detrás de Bodhidharma y permaneció allí de pie durante veinticuatro horas. Al final dijo:

–Bodhidharma, por favor, date la vuelta.

Pero el maestro no se movió. Hui Neng se cortó entonces el brazo derecho y lo depositó ante Bodhidharma.

–Si insistes en no volverte –añadió–, me cortaré la cabeza y la depositaré ante ti.

–¿De qué serviría eso? –preguntó Bodhidharma–. ¿De verdad estás dispuesto a cortarte la cabeza?

–Sí, estoy dispuesto a hacer cualquier cosa que desees.

Aquella fue la primera vez que Bodhidharma volvió su rostro hacia alguien; Hui Neng recibió tal honor. Cuando el maestro le preguntó si estaba dispuesto a depositar en el suelo su cabeza, no se refería a la cabeza que descansa sobre los hombros; hablaba del ego. Mientras exista un *Yo soy* o un *Yo soy el juez*, no puedes ser el discípulo, no puedes oír las palabras del gurú.

> Pero la comprensión que nace en quien escucha
> una sola enseñanza del gurú
> tiene la transparencia y el brillo de una piedra preciosa.

Su mente adquiere tal limpieza, tal transparencia que empieza a ver a través de las cosas. Los pensamientos se desvanecen, porque no pertenecen al corazón. Cuando se desecha el intelecto y su niebla se despeja, lo que queda es frescura y pureza cristalina. A esta purificación se refiere la expresión «bañarse en el Ganges».

Cuando Nanak habla de bañarse en los ríos sagrados, se refiere a un baño interior que despeja el entendimiento, que hace que no pienses más, que dejes la cabeza de lado. La cabeza es un instrumento prestado, que te ha dado el mundo. Cuando naciste, el corazón ya estaba dentro de ti, pero no había pensamientos, solo inocencia. Luego, se te fueron dando palabras de una en una, y la sociedad empezó a condicionar tu pensamiento a fin de darte la preparación necesaria para vivir en el mundo. Te dio tu mente, y tuvo que aniquilar todo aquello que pusiera a la sociedad en peligro. Entonces se creó una dicotomía en tu interior; el corazón y la mente quedaron nítidamente separados.

El corazón era tuyo, pero, desgraciadamente, aquello que era auténticamente tuyo te fue arrebatado y dejó de serlo, y, en cambio, se te obligó a hacer tuyo aquello que era obra de la sociedad. Se te implantó desde arriba y empezó a ser tu centro, y te olvidaste por completo del corazón, tu centro verdadero.

Solo si te deshaces de la cabeza puedes oír la enseñanza del gurú. Y una enseñanza basta; no es necesario que oigas un millar. Una lección, un secreto, es más que suficiente. ¿Y cuál es ese secreto?

> Él es el benefactor de todos.
> ¡Que nunca me olvide de Él!

Hay dos estados que debemos entender: *smarana*, que significa "recuerdo", y *vismarana*, que significa "olvido". El recuerdo, *smarana*, fluye siempre dentro de ti mientras haces lo que quiera que estés haciendo: caminar, hablar, trabajar, dormir...

Una mujer embarazada hace todas las tareas cotidianas –cocina, barre, hace las camas–, pero en todo momento es extremadamente consciente de la criatura que lleva en su seno. Una nueva vida ha echado raíces dentro de ella, un corazón diminuto ha empezado a latir en su interior, y tiene consciencia en todo momento de esa vida que lleva dentro y que ha de proteger; se trasluce en una determinada forma de andar, tanto que, por su caminar, se sabe que está embarazada.

El recuerdo no requiere un esfuerzo particular; si no, te olvidarías continuamente. Mil veces al día se perdería –mientras cocinas, vas al mercado o estás en la oficina–. Tampoco es el recuerdo que evoca la repetición de un mantra. Aunque digas: «Ram, Ram, Ram» a lo largo de todo el día, eso no es *smarana*; si lo hicieras, podrías incluso tener un accidente, al no oír la bocina del coche que se te acerca por detrás. Nada que hayas de recordar con esfuerzo, que se repita sin cesar en tu mente, es *smarana*.

Aquello que te impregna cada pelo del cuerpo es a lo que Nanak llama «recuerdo no recordado». No es un recuerdo que tengas que repetir exteriormente, pues sería entonces un recuerdo superficial, sino que satura cada poro de tu cuerpo, cada milímetro de ti; todo lo que hagas en recuerdo Suyo debería reverberar en tu interior como una suave melodía. Kabir lo llamó *surati*; por eso nos dejó su Surati Yoga. También *surati* significa "recuerdo".

Después hay otro estado, *vismarana*, en el que lo recuerdas todo, salvo una cosa: te has olvidado por completo de quién eres; y quien se ha olvidado de su sí mismo verdadero, ¿qué puede saber de la existencia?

En el siglo XX, Gurdjieff ha dado gran importancia al recuerdo de sí. Su método consistía fundamentalmente en recordar las veinticuatro horas del día que *Yo soy*. A base de practicarlo, este recuerdo se hace cada vez más fuerte; se produce una cristalización..., se forma dentro un elemento fluido.

Pero este método tiene un gran peligro, como lo tienen el método de Mahavira y el yoga de Patañjali, y el peligro es que conectes este nuevo elemento con tu ego; porque están muy cerca uno de otro. Gurdjieff llamaba a este elemento el sí mismo cristalizado, y hay muchas posibilidades de que superpongas el ego a ese sí mismo, de que te llenes de arrogancia. Podrías empezar a decir: «Solo yo soy». Corres de verdad el riesgo de negar a Dios, y, entonces, cuando estuvieses a punto de llegar, no llegarías; sería como haber alcanzado prácticamente la otra orilla y volver atrás.

Existe el mismo peligro en el método de Mahavira, porque también en él tienes que intensificar el sentimiento de «Yo soy», y eso no deja sitio para Dios. Mahavira dice que, solo cuando el sentimiento de «Yo soy» es total, el propio Dios se revela a través de él. Sin embargo, los seguidores de Mahavira no lograron experimentarlo, y por tanto se detuvo el método. También existe en este método el peligro de que el ego empiece a proclamar que es el *atman*.

Esto explica por qué no encontramos a ningún monje tan egotista como los jainas, conocidos como *jain muni*. Un monje jaina no puede ni siquiera juntar las manos en señal de *na-maskar*, de saludo; en realidad, nunca junta las manos. También en este caso, el método es correcto, pero peligroso. Así que, mientras todos los métodos tienen sus riesgos, no ocurre lo mismo con el método de Nanak, porque Nanak no nos dice que nos recordemos *a nosotros mismos*; dice: «Hay un benefactor de todas las criaturas. ¡Que nunca me olvide de Él! Es uno el que reside en todo; es uno el que está oculto en los muchos –*Ek Omkar Satnam*–. Es él quien tiembla en cada hoja; es Él quien sopla en cada ráfaga de viento; es Él quien reside en las nubes, la Luna, las estrellas y cada grano de arena. ¡Es Él! ¡Es Él! ¡Es Él! ¡Que nunca Lo olvide! Que este recuerdo cristalice y se solidifique dentro de mí».

Es difícil encontrar un sabio más humilde que Nanak, porque si Él reside en cada persona, es fácil juntar las manos e inclinarse ante otro; es fácil tocar los pies de otro, puesto que Él está en todo.

Ahora bien, aunque no hay peligro de egotismo en el método de Nanak, sí existe otro riesgo: que el recuerdo constante de que Él está en todo te haga olvidarte de ti mismo. Es posible que te olvides de que *tú también eres* y caigas en un profundo sopor y empieces a vivir en una especie de trance. Entonces, Lo verás en todo lo que te rodea, pero no en ti. Las cuatro direcciones estarán llenas de Él; cantarás Sus alabanzas y hablarás de Su gloria, pero tú seguirás intacto, Su gloria no te tocará.

Es un peligro menor que el del egotismo, porque quien está henchido de ego vive en un sueño muy profundo, en un coma del que es difícil salir, mientras que quien está simplemente adormilado puede despertar. Los yoguis han dado a este estado el nombre de *yoga tandra*, que no es en realidad estar dormido. Si estás en *tandra* y alguien da unas palmadas, el *tandra* se rompe.

El sendero de Nanak es más fácil que el de Mahavira, pero en todos los métodos cabe la posibilidad de que te desvíes, de que te salgas del camino. El sendero de Mahavira se extravió en la renunciación; el de Nanak, en los placeres mundanos.

Mahavira alentó a renunciar al mundo completamente, a no permitir ni un ápice de disfrute y a ser el supremo *sannyasin*; a consecuencia de ello, los *sannyasin* de Mahavira se convirtieron en enemigos del mundo. Pero desarrollar enemistad hacia alguien significa estar atado al propio enemigo, y, así, los renunciantes de Mahavira luchan constantemente contra lo mundano, pero la lucha en sí mantiene siempre vivo dentro de ellos el recuerdo del mundo de los objetos, y queda entonces arrinconado el recuerdo del alma. A este *sannyasin* le preocupa dónde dormir, qué comer, qué ropas ponerse; está tan involucrado en las cosas mundanas que se ha salido del camino.

Nanak dice justo lo contrario: Todo es Él, y, puesto que está presente en todas las cosas, no hay necesidad de abandonar el mundo; por tanto, sus seguidores se perdieron *dentro* del mundo. Los punjabis, los sikhs, los hindis –todos ellos seguidores de Nanak– centran sus vidas en el comer, el beber y el vestir; consideran que el mundo lo es todo. No fue esta la intención de Nanak. Cuando dijo que no era necesario abandonar el mundo, no se refería a que el mundo fuera por sí solo suficiente, sino a que tenemos que buscar a Dios en el mundo. Ni necesitamos renunciar al mundo ni el mundo lo es todo.

Y puesto que existe un riesgo en todos los métodos, si no eres conciente de él, el noventa y nueve por ciento de las veces acabas por caer en la trampa. Porque tu intelecto es como un burro, que nunca camina en línea recta, sino que se va de un extremo al otro. Aunque se le suela llamar burro a alguien de pocas luces, la verdadera "burreidad" es la del intelecto. No sabe caminar derecho; o está en un extremo o en el otro. La persona sabia, en cambio, está siempre en el medio.

La mayoría de los secretos del sendero de Nanak se perdieron. Los sikhs todavía existen, pero no son realmente los sikhs de Nanak, aquellos que habían oído las enseñanzas, que habían puesto a un lado la cabeza, aquellos cuyos corazones rebosaban de fe y que tenían un solo recuerdo, un método secreto que lo resolvía todo: que Él es el benefactor de todos los seres. *¡Que nunca me olvide de Él!*

Esta noción debería palpitar en tu interior constantemente. Si cada acto llena todo tu ser de recuerdo, entonces, estando en el mundo, trasciendes el mundo; viviendo en medio del mundo, puedes llegar a Él. No tienes necesidad de ir al templo, puesto que tu casa es entonces el templo. Si la tarea más ordinaria está imbuida de Su singular dignidad, ningún trabajo que hagas será ordinario sino extraordinario; donde quiera que te bañes, será el Ganges.

Cualquier circunstancia será la apropiada y cualquier cosa que hagas será válida; la cuestión es realmente tu sí mismo.

Cuando *tú* eres diferente, el arroyo más ordinario se transforma en el Ganges; pero si *tú* no eres diferente de lo ordinario, entonces incluso las aguas del Ganges serán ordinarias. Así que es cuestión de que tú seas ordinario o no. ¿Y qué es lo ordinario sino vivir sin Su recuerdo? Una vida extraordinaria no tiene precio; significa vivir recordándolo. Acepta perderlo todo menos Su recuerdo.

> Pero la comprensión que nace en quien escucha
>   una sola enseñanza del gurú
> tiene la transparencia y el brillo de una piedra preciosa.

¿Por qué hablar de piedras preciosas? Porque lo dejarás todo si es necesario, pero no una piedra preciosa. Si llevas en el bolsillo cierta cantidad de dinero y un rubí, de ser necesario te desprenderás del dinero, pero no del rubí, pues es mucho más valioso. El recuerdo es la piedra preciosa; deja que cualquier otra cosa de la vida quede atrás, porque sabes que no vale nada.

> Aunque vivieras cuatro eras, o incluso diez veces más,
> aunque fueras conocido en los nueve continentes,
>   y el mundo entero siguiera tras tus pasos,
> aunque consiguieras fama universal y te alabara
>   toda la humanidad,
> si careces de Su gracia, nada te salvará.

Nanak dice que, aunque tu vida durara cuatro *yugas*, y se extendiera desde el *Sat Yuga* hasta el *Kali Yuga*, aunque tu vida fuera una vida creativa..., y diez veces más; aunque todas las personas del mundo y de la creación te conocieran y te siguieran, y fueran grandes tu nombre y tu fama, si Él no está contento contigo, todo será inútil, no servirá de nada.

¿Por qué? ¿Has conocido alguna vez a una persona que esté satisfecha? Incluso después de haber amasado una fortuna, ¿está contento el millonario? Tras conseguir la fama, ¿estaban satisfechos Hitler o Alejandro Magno? En este mundo, a las personas de éxito, como se las llama, en vez de rodearlas una atmósfera de bienestar y plenitud, ocurre precisamente lo contrario. Cuanto más te acercas a ellas, más percibes su infelicidad. Su cuenco de mendicantes se ha hecho más grande, ¡y piden más, todavía más! Los nueve continentes del mundo no son suficientes; la vida –de cuatro *yugas* de duración– no es suficiente. Sus exigencias son infinitas; son imposibles de saciar, pues cuanto más reciben, más desean.

El deseo siempre va por delante de ti. Dondequiera que vayas y tengas lo que tengas, no conocerás la satisfacción, y el ego no te dejará volver sobre tus pasos.

Dos mendigos descansaban bajo un árbol cuando uno de ellos empezó a quejarse. Si incluso los reyes están insatisfechos, ¡imagina las quejas de un pobre mendigo!

–¡Vaya vida! ¿Esto es vivir? Hoy estamos en esta aldea, mañana será en otra. Cuando se dan cuenta de que viajamos sin billete, nos echan del tren. Todo el mundo nos sermonea; si pedimos pan, nos dan un sermón. Constantemente nos dicen que somos lo bastante fuertes como para trabajar. ¡No recibimos más que insultos e injurias! Nos echan de todas partes; todos los policías andan detrás de nosotros. Dondequiera que durmamos, nos despiertan. Es imposible dormir bien ni una sola noche.

–Entonces –dijo el otro mendigo– ¿por qué no dejas este trabajo?

–¿Qué? –contestó el primer mendigo–. ¿Y admitir que he fracasado?

Si un mendigo se niega a admitir la derrota, ¿cómo esperar que lo haga un millonario? ¿Cómo puede un político, que continuamente intenta demostrar sus logros, admitir su fracaso? Nadie ha podido demostrar todavía que haya conseguido algo verdadero en los asuntos mundanos; si alguien lo hubiera hecho, Mahavira, el Buddha y Nanak serían unos necios.

Pero el ego se niega a retroceder; no se cansa de espolear a la persona para que siga adelante. Puede que la meta esté ya cerca, ¡quién sabe!; quizá, con unos pasos más, llegaremos. El ego extiende su red de esperanzas ante ti, haciéndote ir cada vez más lejos, impidiéndote volver atrás. Has recorrido toda esta distancia sin darte cuenta de que no ibas por el camino correcto; ahora ya es demasiado tarde. De modo que encubres tu debilidad, ocultas tus faltas y sigues adelante, imaginando que algún día triunfarás.

Todas esas a las que llamas personas de éxito esconden las lágrimas en su interior y no se permiten mostrarlas. Sus caras públicas son diferentes de sus caras privadas. Exteriormente sonríen y ríen, pero cuando están solas en su habitación, lloran.

Nanak dice: Tras haberlo conseguido todo, no hay satisfacción. Puedes estar satisfecho solo si Él está contento contigo. Incluso un faquir desnudo logra a veces estar satisfecho, mientras que un hombre que lo tiene todo sigue siendo infeliz. Esto significa que la satisfacción no guarda relación alguna con lo que tienes, y está absolutamente relacionada con cuáles sean tus conexiones con la ley suprema; no depende de tus logros mundanos, sino de tu relación con Dios. Si has establecido una relación con Él, si has conseguido volver hacia Él tu rostro y recibir Su gracia: eso es lo que decide si estás satisfecho o no.

Esto es lo que significa ganarse el favor de Dios. Si no está contento contigo, ¿por qué te permitió nacer? Él te ama, pero ¡cuidado!, tú le das la espalda. Ganarse el favor de Dios significa mirarlo de frente, para poder recibir Su gracia. Cuando ves Su rostro en todos los rostros y percibes Su presencia en todas partes, entonces sientes que late incluso en una piedra; y cuando empiezas a verlo allá donde mires, te has ganado Su favor.

Nanak dice: «Si he logrado complacerle, me habré bañado en todos los ríos sagrados». Ahora es cuando el Ganges celestial ha descendido verdaderamente sobre ti, y no cuando te bañas en el Ganges que desciende del Himalaya y pasa por Prayag y Kashi. Su Ganges desciende de las alturas cuando te ganas Su favor.

Cualquier logro mundano vale menos que nada; en un sentido más profundo, se trata de una pérdida. Tus fortunas no son más que infortunios, pues la única fortuna que vale la pena obtener es ganarse Su favor. Cuando esta es tu única meta, empiezas a ser un *sannyasin* en el mundo. Entonces, hagas lo que hagas, tu mirada está puesta en Él. Te ocupas de los quehaceres grandes y pequeños, pero no hay ni siquiera un momento en que Él no esté en tu mente; está siempre presente en ti. Esto es *smarana*, esto es *surati*; este recuerdo, que es repetición no repetida, va labrándote poco a poco un lugar en Su corazón. Cuando te ganas Su favor y recibes Su gracia, tu vida se llena de danza, y la celebración está por todas partes. Entonces no tienes nada, y lo tienes todo.

> Serás igual que un pobre gusano, y hasta el peor
> de los pecadores podrá señalarte con el dedo.

Nanak dice que, a aquel que carece de Dios, incluso si amasa todas las fortunas imaginables, se le considera el más rastrero de los gusanos, y hasta los peores de entre los pecadores le llenan de improperios.

> Dice Nanak: «Él hace digno al indigno,
> y colma de gracias a los ya agraciados.
> Nadie salvo Dios puede otorgar tal excelencia».

Nadie salvo Dios puede otorgarte buenas cualidades. Pasarlo por alto es pasarlo por alto todo. Recuerda, Él es el blanco, la diana, el único logro. Si la flecha de tu vida no va directa a Él, caiga donde caiga habrás fracasado.

Piensa en cómo te sientes cuando te enamoras. El ser al que amas te acepta, te demuestra su afecto, y tu vida vibra con la magia del amor. Parece que tus pies apenas rocen el suelo, que estés volando, como si te hubieran crecido alas. Empiezan a repicar en tu vida campanas desconocidas; nunca antes habías oído una melodía tan dulce. Se te ilumina el rostro con un extraño encanto, tus ojos transmiten algo que no es de este mundo.

Por todo esto es difícil ocultar el amor. Todo lo demás puedes ocultarlo, pero si estás enamorado se reflejará en tu semblante, en tu forma de andar, en tu forma de hablar; tus ojos y todo en ti darán noticia de ello. Cada poro de tu cuerpo estará saturado de amor, porque el amor es un recuerdo. Y si el amor y la aceptación de una persona común llena tu vida de tal emoción, ¿qué pasa cuando la existencia entera te acepta, cuando la existencia entera te ama, te abraza, cuando estás unido a la existencia por el lazo del amor?

A esto se refiere Meera cuando dice: «Krishna, ¿cuándo vendrás al lecho nupcial? Lo he adornado con flores. ¿Cuándo vendrás? ¿Cuándo me aceptarás?».

El devoto está siempre sediento del Señor, como el amado lo está del amante. Cuando la perdiz está sedienta del rocío de la mañana, silba. Incluso una sola gota la satisface; una gota adquiere el valor de una perla. Cuando una persona tiene tanta sed, cuando es tan grande su anhelo, el agua común se convierte en perlas. Cuando tu anhelo es tan grande, una sola enseñanza del gurú es una piedra preciosa. Una gota basta; una enseñanza del gurú puede ser el océano. ¿Y cuál es la enseñanza? Es un *sutra* tan breve... O, mejor dicho, es breve si lo comprendes, si lo captas; si no, ¡puedes tardar muchas vidas más en comprenderlo!

Por eso Nanak dice que una pequeña fórmula secreta sacia toda tu sed, eso es todo: *Él es el benefactor de todos. ¡Que nunca me olvide de Él!* Una máxima tan escueta, ¡y sacia toda la sed, destruye todos los deseos! Y añade Nanak: *Él hace dignos a los indignos* y te colma de cualidades. Cuando Lo miras de frente, te haces digno de todos los atributos. Siempre habías sido digno; pero estabas vacío y, en cuanto te volviste hacia Él, ¡te llenaste de pronto! Su gloria te ha despertado. El laúd siempre estuvo preparado dentro de ti; y en cuanto se lo confiaste a Sus manos, en cuanto sus dedos rozaron las cuerdas... ¡de pronto salió música de él!, música que había permanecido latente todo este tiempo, esperando Su tacto. Y esto solo puede suceder si pones tu laúd en sus manos.

El confiarte así a Él es *shraddha*, la cualidad de discípulo..., entregarte, ser un sikh. Confiar el laúd es el significado de *sannyas*. Entonces dices: «Hágase tu voluntad. Tu deseo es ahora mi vida. Mío solo es el recordarte; todo lo demás es Tuyo». Lo único que necesitas en la vida es que Él llene tu vasija para que no sigas siendo un vagabundo solitario en este vida; que Él sea tu amigo y compañero, o, de lo contrario, podrás buscarlo en muchos lugares pero no Lo encontrarás en ninguno.

Algunos esperan encontrar en las riquezas un camarada; hay quienes lo buscan en una esposa, en un marido, pero todos estos son invitados imperfectos. Hasta que no Lo busques directamente, no llegarás a Él. Y en cuanto llegas a Él, todos los impedimentos y defectos se desvanecen.

Nanak no sugiere que te libres de tus defectos uno por uno, puesto que son infinitos –que evites robar, matar, la ira, el sexo, la codicia, los apegos, la envidia... ¿y cuántas cosas más?–. No es esto lo que Nanak aconseja. Lo único que él dice es: Vuelve tu rostro hacia Dios. ¡Recuérdalo! Pues en cuanto pose en ti Su mirada, todo cambiará. Cuando te haya aceptado y te hayas ganado Su favor, la ira se esfumará y la codicia se desprenderá por sí sola.

Una vez que Lo has alcanzado, ¿qué puedes codiciar?, ¿qué podría provocar tu ira?, ¿dónde queda el sexo?, ¿dónde está el deseo, cuando se ha producido ya la cópula suprema, la unión con la existencia? Después de las nupcias supremas termina la búsqueda del amado. Kabir dice: «Soy la novia de Rama». Cuando estás enamorado de Rama, cuando eres Su novia, ¿qué deseo sexual puede quedar?

Era a Él a quien buscábamos en realidad en nuestra lujuria. Lo buscábamos en la suciedad de las cloacas y nunca estábamos satisfechos, porque la inmundicia del sexo no podía saciarnos. Es como obligar a un cisne a beber de un cenagal cuando está habituado a las aguas cristalinas del lago Mansarovar. También el cisne interior pide las aguas limpias de lago. Nada inferior a Dios puede saciar tu sed.

Vaga cuanto quieras y por donde quieras, pero nadie aparte de Él puede satisfacerte. Sin Él, llevas innumerables vidas vagando, y ni siquiera así has entrado en razón. Todavía esperas llegar a la meta sin Él, pues tu ego hace guardia a tu espalda, diciéndote que no permitas que el penoso trabajo de toda una vida haya sido en balde.

Es exactamente lo mismo que si un hombre construyera su casa en la arena, por ejemplo, sobre unos cimientos que no ofrecen ninguna garantía. Cuando está a punto de terminarla, otro hombre se le acerca y le dice que no entre en ella, porque con seguridad la casa se le caerá encima y podría matarlo. Entonces la mente dice: «Has gastado tanto dinero, te ha costado tanto trabajo, has pasado por tantas penurias... ¿Vas a permitir que todos estos años de esfuerzo ímprobo hayan sido en vano? Y ¡quién sabe!, tal vez no se caiga. Podría ser que el experto estuviera equivocado. Además, en este preciso momento la casa está en pie. ¿Quién puede asegurar que se caerá?».

Tu caso es también el del hombre que se ha perdido, y al que le dicen que dejó la carretera atrás hace ya mucho.

Mientras leía hace poco las memorias de un poeta, un incidente al que hace referencia me gustó especialmente. Cuenta que se perdió en los valles del Himalaya. Detuvo el coche delante de una choza, y, cuando una mujer se asomó a la puerta, le preguntó:

—¿Voy bien para llegar a Manali?.

La mujer lo miró fijamente y le dijo:

–Pero no sé en qué dirección va usted.

El poeta pensó que era una montañesa ruda, y quizá no muy inteligente, así que le contestó:

–Dígame, ¿apuntan los faros de mi coche en dirección a la carretera que va a Manali?

–Dos de ellos sí –dijo la mujer–, los de color rojo.

Cuando has recorrido una serie de kilómetros por terreno montañoso y alguien te dice que las luces de tu coche apuntan en la dirección contraria, es un golpe terrible. Significa que tienes que retroceder y deshacer todo el camino recorrido. El ego protesta, dice: «Sigue un poco más; no te des por vencido. ¡Quién sabe!, puede que esta mujer esté equivocada. ¡Tal vez sea una idiota, o una loca, o esté mintiendo, o quiera confundirte!».

Dar la vuelta es un duro golpe para el ego. Te preguntas: «¿Es posible que haya estado equivocado todo este tiempo?». Por eso es más fácil enseñar a los niños que a las personas mayores. Si ya han recorrido sesenta o setenta kilómetros, ¿son capaces de admitir que todo ese tiempo han estado en un error? El niño no se resiste, porque todavía no ha empezado a caminar. Irá adonde lo lleves. El anciano, no; insistirá en que el camino que ha seguido es el correcto, ya que su ego depende de ello.

¡Sois todos viejos! Dios sabe cuántas vidas lleváis caminando; y ese es el problema. No tenéis el valor de abandonar el camino equivocado porque ha supuesto tanto esfuerzo durante tantas vidas..., en vez de admitir que todo ha sido en vano, quc durante vidas sin fin habéis sido unos ignorantes. Por eso, cuando vas a ver a un sabio preparas un millar de estrategias para salvar al viejo yo, ¡no vaya a ser que Su gracia descienda sobre ti y te quedes de golpe sin tu capa de conocimientos y experiencia!

¡Recuerda!, tendrás que volver atrás, porque te saliste de la carretera hace ya mucho mucho tiempo. A esto se refería Jesús cuando dijo: «Volved a ser como niños». Lo que nos está diciendo es que retrocedamos, que recuperemos la inocencia de la infancia. En cuanto quites de en medio al intelecto, se te otorgarán todos los atributos. ¡Como ha sido siempre!

Nanak no era una persona muy culta ni provenía de una familia rica. Nació en una familia común. El primer día que fue a la escuela quedó claro que la escuela no estaba hecha para él, y, sin embargo, le fueron otorgados dones divinos.

Si le sucedió a Nanak, si le sucedió a Kabir, ¿por qué no habría de sucederte a ti? El único obstáculo es que tú le das la espalda a Dios.

He aquí la fórmula secreta que lo resuelve todo: *Él es el benefactor de todas* las criaturas vivas. *¡Que nunca me olvide de Él!*

5. El arte de escuchar

Mediante el escuchar se obtienen poderes ocultos
   y santidad,
el cielo y la Tierra se estabilizan,
y giran el mundo y los inframundos.
Cuando se escucha, la muerte no puede acercarse.
Nanak dice: «Mediante el escuchar, los devotos
   alcanzan la dicha,
y el pecado y el sufrimiento se destruyen».

Mediante el escuchar fueron creados Vishnu, Brahma
   e Indra;
los mayores pecadores cantarán Sus alabanzas,
y los secretos del yoga y los misterios del cuerpo
   se revelan.
Mediante el escuchar se conocen todas las escrituras
   y enseñanzas.
Nanak dice: «Mediante el escuchar, los devotos
   alcanzan la dicha,
y el pecado y el sufrimiento se destruyen».

Mediante el escuchar se logran toda verdad
y contento,
y se obtiene la virtud de haberse bañado
en los sesenta y ocho lugares sagrados.
Al escuchar una y otra vez se adquiere honor.
Escuchar da lugar a una meditación espontánea.
Nanak dice: «Mediante el escuchar, los devotos
alcanzan la dicha,
y el pecado y el sufrimiento se destruyen».

Mediante el escuchar se adquieren las más altas
virtudes,
cobran vida el sabio, el santo y el rey,
y los ciegos encuentran el camino.
Mediante el escuchar se comprende lo incomprensible.
Nanak dice: «Mediante el escuchar, los devotos
alcanzan la dicha,
y el pecado y el sufrimiento se destruyen».

Mahavira ha descrito cuatro puntos de partida desde los cuales se puede llegar a la otra orilla. De ellos, dos se entienden fácilmente: el del *sadhu* y la *sadhvi*, el hombre y la mujer ascetas. Los otros dos parecen presentar una mayor dificultad: el del *shravaka* y la *shravika*. *Shravaka* es aquel que ha aprendido el arte de escuchar; sabe escuchar y comprende lo que escuchar significa, y *shravika* es el término femenino.

Mahavira dice que algunas personas han de realizar continuas prácticas espirituales, *shadanas*, para llegar a su destino. Este es el caso de quienes no son expertos en escuchar; porque, si eres capaz de escuchar –de escuchar totalmente–, no necesitas hacer nada más.

Los *sutras* de Nanak describen la gloria del *shravana*, del escuchar, aunque aparentemente parezca una exageración que con solo escuchar se pueda lograr todo. Llevamos infinitas vidas escuchando y no ha ocurrido nada; la experiencia nos dice que, por mucho que oigamos, nada cambia. El problema, claro, es que nuestra vasija está grasienta, y las palabras resbalan por sus paredes, dejándonos intactos.

Si lo que hemos experimentado es correcto, Nanak exagera. Pero no es así. Nuestra experiencia es incorrecta, puesto que nunca hemos escuchado; hemos aprendido muchos trucos y tácticas para no escuchar.

El primero es que solo oímos lo que queremos oír, y no lo que se dice. Con gran astucia oímos lo que nos permite seguir como estamos, y no dejamos que penetre en nosotros nada que pudiera hacernos cambiar. No solo los sabios de Oriente se dieron cuenta de esto; los científicos que han investigado la mente humana dicen que el noventa y ocho por ciento de lo que oímos no entra en nosotros. Solo oímos realmente el dos por ciento que encaja con nuestra manera de ver el mundo; lo que no oímos, no logra abrirse paso entre las innumerables obstrucciones.

Aquello que está en sintonía con nuestra mentalidad, con nuestra concepción de las cosas, no puede cambiarnos; únicamente contribuirá a consolidar esa mentalidad. En vez de transformarnos, nos da más piedras y hormigón para reforzar los cimientos.

El hindú oye solo aquello que refuerza su mentalidad hindú; el musulmán, solo aquello que refuerza su mentalidad musulmana; y lo mismo hacen el sikh, el cristiano y el budista. Si escuchas solo para fortalecer tu concepción a priori de las cosas, para reforzar tu casa, no serás capaz de oír completamente, pues la verdad no tiene conexión alguna ni con las creencias hindúes, ni con las musulmanas ni con las sikh; no tiene nada que ver con el condicionamiento de tu mente.

Solo cuando dejes de lado por completo tu forma de pensar, serás capaz de comprender de qué habla Nanak; no obstante, es algo muy difícil de hacer, ya que nuestros conceptos son invisibles, son microscópicos, o igual de transparentes que una pared de cristal. A menos que te des un golpe contra ellos, no eres consciente de su existencia. Crees que se extiende ante ti un ancho espacio abierto, y el Sol, la Luna y las estrellas. No te das cuenta de la pared transparente que se ha formado entre eso y tú.

Cuando oyes hablar a alguien, te cuentas a ti mismo que lo que dice es correcto si coincide con lo que tú piensas, y, si discrepa de tus pensamientos, te dices que está equivocado. De modo que no escuchas de verdad, sino que simplemente prestas oído a lo que está de acuerdo contigo y refuerza tu opinión. El resto te da igual; lo ignoras, lo olvidas. E incluso si llegas a oír algo que sea contrario a tu concepción de la vida, lo haces pedazos con tu razonamiento, porque de algo estás seguro: lo que concuerda con tus pensamientos es correcto, y lo que no concuerda con ellos es incorrecto, es falso.

Si has alcanzado la verdad, ya no necesitas escuchar más; pero tú no has alcanzado la verdad, así que es imperativo que escuches. ¿Cómo puedes seguir buscando la verdad si tienes la idea de que ya la has encontrado? Al contrario, has de presentarte ante la verdad absolutamente desnudo, despojado de todo, desembarazado, vacío. Si tus escrituras, tus creencias y tus doctrinas se interponen en el camino, jamás serás capaz de escuchar; no traspasará tus oídos sino el eco de tus propios conceptos, y oirás solo a tus propios pensamientos palpitar dentro de ti. Entonces las palabras de Nanak te parecerán una ridícula exageración.

Otra forma de evitar escuchar es quedarse dormido cuando se está diciendo algo importante. Este es un truco que la mente usa para salvarse; es un proceso que ocurre a gran profundidad, gracias al cual, cuando algo está a punto de afectarte, te quedas dormido.

Me había invitado a su casa un renombrado erudito, muy versado en los *shastras* y al que nadie podía igualar en la lectura del *Ramayana*. Acudían a oírlo miles de personas. Nos alojábamos en la misma habitación, y, al apagar las luces para dormir, oí entrar a su esposa. Hablaba en voz baja, pero aun así oí lo que decía.

–Por favor, dile algo a Munna. No consigue dormirse.

–¿Y de qué servirá que hable con él? –preguntó el erudito.

–He visto a mucha gente quedarse dormida cuando hablas en tus reuniones, así que ¿cómo podría resistirse a tus palabras un niño tan pequeño? –respondió la esposa.

La gente asiste a los servicios religiosos solo para dormirse. En las reuniones religiosas, incluso quienes padecen de insomnio se quedan dormidos. ¿Qué pasa? Es un truco de la mente. El sueño es como la armadura del soldado; te protege de todo lo que no quieres saber. Parece que estés escuchando, pero en realidad no estás despierto; y, sin estar despierto, ¿cómo puedes oír?

Mientras hablas estás despierto; mientras escuchas, no. Y esto no solo sucede en las reuniones religiosas. En cuanto otra persona te habla, dejas de estar alerta; te pierdes en tu propio diálogo interno. Mientras te habla, finges escuchar, pero en realidad estás hablando contigo mismo. ¿A quién prefieres escuchar, entonces? A ti mismo, definitivamente, puesto que la voz de la otra persona ni siquiera te llega; tu sola voz basta para ahogar todas las demás voces. Y después te quedas dormido de puro aburrimiento de ti mismo, porque lo que te estás diciendo interiormente ya lo has dicho y oído muchas veces antes. Así que el sueño es un escape de la charla repetitiva que se produce en tu interior.

Solo es capaz de escuchar quien ha puesto fin a su conversación interna, y este es el arte de *shravana*. Si el diálogo interior se interrumpe, aunque sea por un instante, descubres que un espacio inmenso se abre ante ti, y de pronto conoces todo lo que un momento atrás era desconocido. Descubres el límite de lo que hasta entonces te parecía ilimitado; te familiarizas con lo que no te era familiar. Alguien que era un extraño hacía un instante, a quien que no conocías de nada, ¡de repente es tu propio ser! Y todo ocurre tan súbitamente. ¡El universo es tu hogar!

Todos los gurúes y todas las religiones apuntan hacia un solo objetivo: cómo suspender el constante diálogo interno. Ya se trate del yoga, la meditación o la repetición de un mantra, su meta es interrumpir el continuo flujo interior de palabras a fin de crear un espacio vacío en nuestro interior. Si sucede incluso durante unos instantes, comprenderás de que habla Nanak.

> Mediante el escuchar se obtienen poderes ocultos
>   y santidad,
> el cielo y la Tierra se estabilizan,
> y giran el mundo y los inframundos.
> Cuando se escucha, la muerte no puede acercarse.
> Nanak dice: «Mediante el escuchar, los devotos alcanzan
>   la dicha,
> y el pecado y el sufrimiento se destruyen».

Cuesta creer que sea cierto lo que dice Nanak: que, solo con escuchar, una persona pueda obtener *siddhis*, poderes ocultos, o que pueda hacerse de pronto un *pir*, un santo, o un *devta*, un ser celestial; o incluso Indra, el rey de los *devtas*. Que con solo escuchar, el cielo y la Tierra giren; que los mundos e inframundos existan, y que la muerte no pueda alcanzarnos.

Parece todo ello una burda exageración; pero no lo es en absoluto, pues, en cuanto aprendes el arte de escuchar, aprendes el arte de encontrarte con la vida misma, y, según empiezas a adquirir conocimiento de la existencia, descubres que el mismo silencio que experimentas en el momento de *shravana* es el principio de la existencia entera. Es la base sobre la que se sostienen el cielo y la Tierra; es sobre el centro de este vacío sobre el que giran los cuerpos terrestres; es en el silencio donde la semilla se rompe y se hace árbol, donde el Sol sale y se pone, donde la Luna y las estrellas se forman y se desintegran. Cuando dentro de ti las palabras quedan en silencio, alcanzas el lugar donde la totalidad de la creación nace y se extingue.

En una ocasión, un faquir musulmán acudió a Nanak y le dijo:

–He oído que puedes convertirme en cenizas a voluntad, y que, a voluntad, puedes crearme. No lo puedo creer.

Era un buscador honesto, genuino, al que no le movía la mera curiosidad.

–Cierra los ojos –le dijo Nanak–. Estate relajado y tranquilo y haré lo que deseas.

El faquir cerró los ojos de inmediato y se quedó en calma. De no haber sido un buscador serio, habría tenido miedo, porque lo que había pedido era muy peligroso –que se le convirtiera en cenizas y se le creara de nuevo–, solo porque le habían dicho que Nanak tenía en sus manos el poder de crear algo y de extinguirlo.

Era por la mañana, un día como hoy. Nanak estaba sentado en las afueras de la aldea, bajo un árbol que había al lado de un pozo, acompañado de sus discípulos Bala y Mardana, que se inquietaron porque nunca antes le habían oído a Nanak decir algo así a nadie. ¿Qué iba a pasar ahora? Se quedaron alerta, una alerta que se extendió incluso a los árboles y las piedras, ¡pues Nanak iba a hacer un milagro!

El faquir se sentó, tranquilo y en silencio. Debía de ser un hombre de mucha fe. Se quedó interiormente vacío por completo, y entonces Nanak le puso la mano sobre la cabeza y pronunció el *Omkar*. Cuenta la leyenda que el faquir se convirtió en cenizas, y que, cuando Nanak volvió a pronunciar el *Omkar*, recuperó su cuerpo.

Si tomas el relato al pie de la letra, se te escapará su significado; pero esto es lo que realmente ocurrió en el interior del buscador. Cuando se quedó interiormente vacío por completo, cuando el diálogo interno quedó suspendido y Nanak entonó el *Omkar*, el *shadhaka* alcanzó el estado de *shravana*;* no había dentro de él más que la resonancia de la sílaba Om, y esa resonancia dio lugar por sí misma a la aniquilación. Todo lo que había dentro del hombre se desvaneció –el mundo entero y sus fronteras–, quedó convertido en nada, en cenizas; no había nada ni nadie en su interior. A continuación, Nanak volvió a cantar el *Omkar*, y el hombre volvió a ser quien era. Abrió los ojos, se arrojó a los pies de Nanak y dijo:

–Pensaba que esto no podía ocurrir, pero ¡tú me has demostrado que es posible!

Hay quienes no entienden el significado del relato y creen que realmente el hombre se convirtió en cenizas y que Nanak le devolvió la vida, pero esta es una interpretación ridícula. Interiormente, sin embargo, sí se produjeron la aniquilación y la creación. El faquir fue capaz de escuchar. Cuando hayas desarrollado el arte de escuchar, ya no será a mí a quien oigas. Yo no soy más que una excusa; el gurú es meramente una excusa. Entonces serás un experto en escuchar la brisa que pasa entre las ramas de los árboles; en el silencio de la soledad, oirás

---

* En el marco de la religión budista, hinduista y sikh, el término sánscrito *sadhana* significa "práctica espiritual"; y el *sadhaka* es el practicante de un *sadhana* particular. (*N. de la T.*)

el Omkar, el fundamento de la vida, y, en la resonancia de Omkar, descubrirás que todo depende del vacío. Los ríos fluyen en el vacío, y el océano se hace uno con él. Cuando cierres los ojos oirás el latido de tu corazón, y también el débil sonido de la sangre que fluye; y sabrás que no eres ninguno de los dos. Entonces eres el observador, el testigo, y la muerte no puede alcanzarte.

A quienes han perfeccionado el arte de *shravana* no les queda nada por saber. La existencia entera se hace realidad en *shravana*. La existencia entera se origina en el vacío; y cuando escuchas, el sello del vacío se estampa sobre ti. Entonces el vacío vibra en ti, y esa es la resonancia básica de la existencia..., esa es la unidad básica.

En *shravana*, la muerte no puede alcanzarte. Una vez que conoces el arte de escuchar, ¿cómo puede haber muerte si el que escucha ha adquirido conocimiento del testigo? En estos momentos piensas y piensas, y luego escuchas; y el pensador morirá, porque pertenece a la carne. Pero el día que escuches sin pensamiento serás el testigo. Entonces hablaré, tu cabeza oirá, y habrá en ti una tercera presencia que simplemente observará ese escuchar que se da. Cuando esto suceda empezará a desarrollarse en ti un nuevo elemento, el comienzo de la cristalización del testigo; y para ese testigo no existe la muerte.

Por eso dice Nanak que, al practicar *shravana*, la muerte no te puede alcanzar. Es mediante el escuchar como el devoto logra la felicidad permanente; es mediante *shravana* como el sufrimiento y el pecado se destruyen.

¿Cómo interrumpir el diálogo interno? ¿Cómo quedarte en silencio?... ¿Cómo se consigue que las nubes se dispersen a fin de poder ver el cielo límpido? En esto consiste el proceso. Cuando alguien te habla, no hay necesidad de que tú sigas hablando; puedes quedarte en silencio. Lo que pasa es que hablar es un hábito muy arraigado, y por eso sigues y sigues hablando sin parar.

Le pregunté a un niño:

—¿Ha empezado ya a hablar tu hermanita pequeña?

—¡Que si habla! —me dijo—. Hace tanto que empezó a hablar que ya no para. Ahora no sabemos cómo hacerla callar.

Llegaste a este mundo en silencio; ¿quieres vivir hablando hasta por los codos todo el tiempo hasta el día que te vayas? Entonces se te pasará de largo la vida, e incluso te negarás a ti mismo el regalo supremo, la dicha suprema de la muerte. Entraste en este mundo en silencio; prepárate para irte de él en silencio también. Hablar es una actividad que se puede intercalar, pero solo es útil en la vida mundana, cuando te relacionas con otra persona.

Cuando estás sentado a solas, es una locura hablar, puesto que el silencio es el proceso mediante el cual nos relacionamos con nuestro sí mismo. Si estás en silencio, te resultará difícil mantener relaciones en el exterior; si hablas, es relacionarte contigo mismo lo que te resultará difícil. Hablar es un puente que nos conecta con los demás; el silencio es un puente que nos conecta con nuestro sí mismo. En algún momento, por alguna razón, yerras en tu selección de los medios.

Si una persona se queda en silencio y no habla con nadie, no establecerá ninguna relación, y poco a poco la gente empezará a olvidarse de ella. La gente muda es la más desgraciada, incluso más que la gente ciega. Estate muy atento y te darás cuenta de que sientes más lástima por el mudo que por el ciego. Porque, aunque es verdad que el hombre ciego no ve, sí es capaz de establecer relaciones; puede tener una esposa, hablar con sus hijos; puede formar parte de la sociedad, y tener amigos. Pero la persona muda vive encerrada en sí misma sin manera alguna de salir, sin poder establecer contacto con los demás. Se percibe lo difícil que le resulta cuando se esfuerza por comunicarse con gestos; lo desvalida y frustrada que se siente cuando no entiendes lo que trata de decir. Nadie da más pena que una persona muda. No puede hablar, no puede abrirle su corazón a nadie, no puede expresar el amor que siente, o la alegría, o la tristeza; no puede desahogar su mente.

Y así como el mudo es incapaz de establecer contacto con los demás, tú te has vuelto incapaz de establecer contacto contigo mismo. Cuando deberías quedarte mudo –estar en silencio absoluto–, sigues hablando. No tienes un interlocutor, no hay nadie delante, así que ¿con quién hablas? Te haces preguntas a ti mismo y, luego, tú mismo las contestas, lo cual es un claro síntoma de locura. Lo único que te diferencia del loco es que el loco se habla a sí mismo en voz alta, y tú lo haces sin emitir sonidos. Algún día, tú también subirás el volumen y pasarás a engrosar las filas de los locos; por ahora, te las arreglas para reprimir la locura en tu interior, pero no olvides que puede entrar en erupción en cualquier momento, porque es una úlcera cancerosa.

¿Por qué existe ese diálogo interno? ¿Cuál es la razón? Ocurre por puro hábito. A lo largo de toda la vida se te ha enseñado a hablar. Desde que el niño nace, la principal preocupación de cuantos lo rodean es que empiece a hablar lo antes posible, pues se supone que esto es señal de inteligencia; cuanto más tarda el niño en hablar, menos espabilado se le considera.

Como hablar es un arte social, y el ser humano forma parte de la sociedad, ¡qué contentos se ponen el padre y la madre cuando el niño habla! Además, el hablar le permite al niño satisfacer muchas de sus necesidades: cuando tiene hambre, o sed, puede expresar lo que necesita. Hablar le concede una protección en la vida.

¿Y para qué diablos sirve el silencio? Se diría que es inútil; no tiene el menor valor en la vida cotidiana. ¿Cómo se puede hacer la compra estando en silencio? ¿Cómo satisfarás las diversas necesidades del cuerpo sin hacer uso de la comunicación? Estamos tan habituados a hablar que hablamos incluso en sueños, las veinticuatro horas del día. Hablar es un automatismo.

Hablamos y ensayamos sin cesar. Antes de hablar con alguien, ensayamos el diálogo en nuestro interior, y luego, cuando la conversación ha terminado, nos repetimos una y otra vez todo lo que ha sucedido –lo que yo dije y tú dijiste, y lo que yo dije después–, y poco a poco nos olvidamos de lo que perdemos mientras estamos absortos en esa charla inútil. Es posible que externamente ganemos algo con ella, pero no hay duda de que, interiormente, perdemos el contacto con nosotros mismos. Cuanto más te acercas a la gente, más te alejas de ti, y cuanto más experto te hagas en este juego, más difícil te resultará estar en silencio. ¡El hábito! Y un hábito no se puede romper así, tan fácilmente.

Cuando una persona camina, hace uso de las piernas, pero, cuando está sentada, no necesita moverlas. Cuando tienes hambre comes, pero si alguien sigue comiendo cuando no tiene hambre, es indicio de demencia. Y otro tanto sucede si intentas dormir cuando no tienes sueño: lo único que vas a conseguir es generarte una frustración innecesaria. Pero no pensamos de la misma manera cuando se trata de hablar; nunca nos decimos que lo lógico es no hablar salvo que sea necesario.

Parece que hubiéramos olvidado por completo que el proceso de hablar puede iniciarse y finalizarse a voluntad, lo cual indudablemente es cierto, o todas las religiones serían una imposibilidad absoluta. Porque la religión solo es posible desde el silencio. De ahí que Nanak alabe de tal manera *shravana*, que significa alabar el silencio, la gloria del silencio, a fin de que puedas empezar a oír. Pero tú sigues hablando alegremente, dejándote llevar por el impulso de la palabra, e, incluso si entiendes el problema, es muy difícil parar, ya que lleva tiempo abandonar un hábito, tanto que muchas veces es necesario desarrollar el hábito contrario para romper el primero. Así que tendrás que practicar el silencio. Pasar tiempo en compañía de los ascetas significa practicar el silencio. En presencia del gurú, no hay nada que decir, y todo que escuchar. Te sientas tranquilo, en silencio, y escuchas; no vas a ver al gurú para charlar con él.

Hace unos días un amigo se ofreció a venir para entablar un debate.

–En ese caso –le dije–, *tú* hablas; yo te escucharé pero no diré nada.

–Pero yo quiero intercambiar opiniones contigo.

–No tengo nada que ver con tus pensamientos –le contesté–. Si estás dispuesto a quedarte sin pensamientos, puedo darte algo; o, si tienes algo que darme, estoy dispuesto a aceptarlo.

No tenemos absolutamente nada que dar, pero estamos ansiosos por hacer transacciones de pensamientos. Decimos «intercambiar pensamientos», y a lo que nos referimos es a que yo te doy un poco de mi locura y tú me das un poco de la tuya. En realidad, puesto que los dos estamos bastante locos, no hay necesidad de hacer ningún intercambio.

No se va a ver al gurú para intercambiar opiniones, sino a sentarse en silencio a su lado; porque solo en silencio se puede oír, y eso requiere un poco de práctica. ¿Cómo empezar? En el curso de las veinticuatro horas del día necesitas estar en silencio durante una hora, más o menos, cuando más te convenga. El diálogo interno continuará, pero no participes en él. La clave para esto es oír la charla interior como oirías hablar a dos personas, manteniéndote al margen. No te involucres; limítate a escuchar lo que una parte de la mente le dice a otra. Deja que salga lo que salga. No intentes reprimirlo. Únicamente sé testigo de ello.

Saldrá cantidad de porquería que has acumulado con los años. Nunca se le ha dado a la mente la libertad de tirar toda esa basura, así que, al dársele la oportunidad, empezará a correr igual que un caballo desbocado. ¡Deja que corra! Siéntate y obsérvala. Observar, observar simplemente, es el arte de la paciencia. Te entrarán ganas de subirte al caballo y conducirlo en una u otra dirección, porque ese es el hábito que hasta ahora has practicado, pero tendrás que ejercitar la paciencia para romper ese hábito.

Deja que la mente vaya adonde quiera, y simplemente obsérvala; no trates de darle ninguna orden, ya que una palabra genera otra, y otra, y mil palabras más, puesto que todas las cosas están conectadas. No sé si Freud fue consciente de que, cuando basó su método psicoanalítico en la "libre asociación de ideas", como lo llamó, el método era una derivación del yoga. Llega un pensamiento, luego otro, y se van conectando sucesivamente en una cadena continua.

Una vez iba de viaje en un tren abarrotado. Cuando llegó el revisor a picar los billetes, miró debajo de mi asiento y vio allí escondido a un anciano.

—¡Salga de ahí! —le dijo—. ¿Dónde está su billete?

El pobre hombre se arrojó a sus pies.

—No tengo billete, ni dinero, pero necesito ir a la aldea porque se casa mi hija. Le agradecería mucho que me dejara seguir en el tren por esta vez.

El revisor se compadeció de él y le dejó seguir a bordo; pero cuando llegó a la fila siguiente, vio a otro hombre agazapado debajo del asiento. Esta vez era un joven.

–¿Qué, tú también vas a la boda de tu hija? –le preguntó el revisor en tono burlón.

–No, señor –contestó el joven–, pero pronto seré el yerno de este anciano, y también estoy sin blanca.

Así es como se enlazan unas cosas con otras: alguien es el yerno, y alguien es el suegro. Es necesario sacar a la luz esas conexiones ocultas. Forman una cadena interminable dentro de ti, y más de una vez te quedarás perplejo cuando sepas cómo, de qué estrambóticas maneras, se interrelacionan tus pensamientos. Habrá momentos en que también te entre el miedo y pienses que te estás volviendo loco.

A pesar de todo, este es un método magnífico. Deja que ocurra lo que quiera que esté ocurriendo; y, si nada lo impide, expresa tus pensamientos en voz alta para que puedas oírlos también, ya que dentro de la mente los pensamientos son muy sutiles, y cabe la posibilidad de que no llegues a ser del todo consciente de ellos. Exprésalos en voz alta, escúchalos, y estate muy atento a mantenerte totalmente separado de lo que oigas. Toma la determinación de poner en palabras lo que quiera que te venga a la mente, y sé imparcial, neutral por completo. Si te vienen improperios, ¡improperios!, si te viene *Ram, Ram* u Omkar, da voz a eso.

Es absolutamente necesario que vacíes la mente con paciencia durante seis meses, porque a lo largo de toda tu vida no has hecho otra cosa que cargarla de pensamientos. Si persistes paciente y diligentemente, con seis meses basta; si no, puedes tardar seis años, ¡o seis vidas! Todo depende de ti, de lo sincera e incondicionalmente que trabajes con este método.

Muchas veces te olvidarás de ser testigo; volverás a subirte al caballo y te irás de viaje por tus pensamientos, involucrado en ellos una vez más. Si te identificas con algún pensamiento, has fracasado; en cuanto te des cuenta de ello, bájate del caballo y deja que las palabras, los pensamientos, vayan adonde quieran sin ser tú su jinete. Limítate a observar.

Poco a poco, muy tenuemente, empezarás a oír los pasos del silencio y a experimentar el arte de escuchar. Entonces, cuando hayas aprendido a escuchar, ya no necesitarás buscar a un gurú, porque, dondequiera que estés, estará el gurú. La brisa agitará las hojas de los árboles, caerán las flores y las hojas secas, y lo oirás todo. Sentado en la playa, oirás las olas. Oirás desbordarse el río, los relámpagos en el cielo, el tronar de las nubes. Oirás el canto de los pájaros, el llanto del niño, el ladrido del perro... En cualquier circunstancia, *oirás*.

Cuando se ha perfeccionado el arte de escuchar, el gurú está presente en todas partes; y si no conoces *shravana*, ni todos los maestros del mundo sentados ante ti podrán hacerte escuchar. El gurú existe solo cuando sabes escucharle.

Nanak dice: «Mediante el escuchar, los devotos alcanzan
   la dicha,
y el pecado y el sufrimiento se destruyen».

Si has aprendido el arte de escuchar, rebosarás de dicha, porque habrás empezado a ser el testigo; y el testigo es la dicha misma. Cuando se produce *shravana*, la mente ha desaparecido, y su extinción es la dicha. La beatitud consiste en trascender la mente. En el momento en que el escuchar es real, la cadena de pensamientos se rompe, y hay felicidad absoluta, hay trascendencia. Ya no estás en el valle de los pensamientos, sino en la elevada cumbre a la que ningún pensamiento llega..., más allá del polvo y la inmundicia, donde solo hay silencio imperturbable. En esa elevada y silenciosa cima, no hay nada salvo la resonancia de la beatitud, y alcanzas en ella la bendición suprema.

Solo por medio de *shravana* se destruyen el sufrimiento y el pecado. ¿Cómo puede pecar quien ha aprendido el arte de escuchar, cuando el pecado está conectado solamente con los pensamientos? Entiende lo que digo. Un coche te adelanta en la carretera y surge en ti el pensamiento: «Yo debería tener un coche como ese». Ahora te has quedado pegado al pensamiento; dentro de ti suena un solo estrillo: cómo conseguir un coche igual; sea como sea, has de tener ese coche. Por la noche no puedes dormir, y de día eres presa del mismo desasosiego; sueñas con el coche, piensas en el coche; el coche te asedia por todos lados.

¿Qué ha pasado en realidad? El coche pasó y surgió en tu interior un pensamiento, porque todo lo que ves se refleja en la mente. Pero una vez que te identificas con el pensamiento, ya no puedes separarte de él.

Pasa por la calle una mujer muy atractiva, y surge en la mente un pensamiento. Es natural, puesto que la mente no es más que un espejo; su función es reflejar todo lo que ocurre a tu alrededor. Cuando la mujer pasó, la mente registró el reflejo; luego, cuando la mujer se ha perdido de vista, el reflejo también debería cesar. Si hubieras sido simplemente testigo, no habría habido lugar para el pecado, pero te identificaste con el pensamiento de que querías a esa mujer a cualquier precio: por amor o por la fuerza, mediante la violencia o sin ella, tenías que conseguirla.

De ese modo, un solo pensamiento se apodera de ti, te posee. De haber permitido que los pensamientos surgieran y se desvanecieran, de haber sido solamente un testigo, no habría tenido cabida el pecado. Todos los pecados se deben a tu identificación con cada pensamiento; es entonces cuando los pensamientos se apoderan de ti con tanta fuerza que tiemblas como una hoja en medio de la tormenta. Los pensamientos no te han acarreado más que infelicidad y sufrimiento, pero ni siquiera eres lo bastante consciente como para darte cuenta de que todo sufrimiento se corresponde con los pensamientos, y de que la dicha existe solo en el estado en que no hay pensamiento alguno.

Nanak dice: «Mediante *shravana*, el pecado y el sufrimiento se destruyen, puesto que el sufrimiento es fruto del pecado; el pecado es la semilla, y el sufrimiento su fruto».

De ahí que cuando el pecado desaparece, el sufrimiento deje de existir. Y lo que queda cuando el pecado y el sufrimiento han desaparecido por completo, ese estado, es *samadhi*, la dicha suprema.

> Nanak dice: «Mediante el escuchar, los devotos alcanzan
>   la dicha,
> y el pecado y el sufrimiento se destruyen».

Quien se hace un experto en escuchar queda absuelto de todo pecado. Ese devoto, dice Nanak, alcanza la dicha, y su dicha crece más y más cada día. Se emplea para describirlo la palabra *vigasu*, que es una palabra de profundo significado, puesto que contiene a la vez la idea de la dicha y de su continuo desarrollo y florecimiento. *Ananda*, la dicha, es por tanto una flor que se abre sin fin. Nunca llega el momento en que esté completamente florecida: florece y florece y florece..., de la perfección, a una perfección mayor. Es como si el sol saliera por la mañana y siguiera ascendiendo y ascendiendo sin ponerse jamás. Así es *ananda*. Es como una flor que nunca se marchita, como un sol que nunca se pone.

Cuando el vacío empieza a cristalizar en el corazón y nace el silencio, se crean en torno a *ananda* ondas de efecto multiplicador que, una vez formadas, se extienden cada vez más. Recuerda, *ananda* no es un objeto que, una vez conseguido, ya sabes lo que es; sigue creciendo constante e ilimitadamente.

Por eso decimos que Dios es infinito. Por eso decimos que Dios es pura dicha, porque la dicha es infinita, nunca puedes conseguirla por completo; a cada momento la sientes crecer y crecer, y cada vez te sacia completamente. Este es el enigma que no puede resolver el intelecto, cuyo razonamiento es: «Una vez lograda, ¿qué queda por lograr?». Y la saciedad tampoco es una meta, sino un acontecer vivo.

Ananda no es algo que se pueda medir en kilos; no puedes comprar un kilo o dos de *ananda* y poner fin a la transacción. En cuanto pones el pie en ella, te sumerges en ella cada vez más, y el deleite está en que cada vez sientes que gozas de ella en toda su plenitud y, sin embargo, cada vez tienes la sensación de que es mucho más inmensa y sublime que la vez anterior.

Purna, la totalidad, la perfección, es también progresiva; no es un objeto inerte. No se detiene en ningún punto, sino que se expande sin fin. Tanto es así que hemos dado a la existencia el nombre de Brahma, lo Absoluto, aquello que se extiende eternamente.

Y también en este caso, el término *purna* incluye el significado de Su infinitud, de Su expansión ilimitada; no es solo que hoy sea igual que ayer, sino que se expande y se expande sin límite.

Mediante el escuchar fueron creados Vishnu, Brahma
  e Indra;
los mayores pecadores cantarán Sus alabanzas,
y los secretos del yoga y los misterios del cuerpo
  se revelan.
Mediante el escuchar se conocen todas las escrituras
  y enseñanzas.

> Nanak dice: «Mediante el escuchar, los devotos alcanzan
> la dicha suprema,
> y el pecado y el sufrimiento se destruyen».

Quien ha oído la verdad en las palabras del gurú ha conocido la fragancia de sentarse en silencio a su lado; siente que la verdad fluye hacia él a través de esa persona y penetra en su ser. El saber es contagioso; la dicha es contagiosa. Si tienes las puertas abiertas, la dicha que esa persona ha alcanzado entra en ti como un soplo de aire; así, tú ganas y él no pierde nada, ya que la dicha aumenta y se expande tanto que puede compartirse. Si estás en silencio, se crea un espacio dentro de ti. Recuerda, la existencia prefiere la vacuidad: en cuanto te vacías, la existencia llena tu vacío. Al igual que el agua del río se precipita a llenar tu jarra vacía, crea en ti un vacío, y el aire se apresurará a llenarlo. Estate dispuesto a vaciarte y se te llenará, pero mientras estés lleno de ti mismo, seguirás vacío. Vacíate y se te llenará de energía suprema; según tú salgas por una esquina, Dios entrará por la otra.

Nanak dice: «Incluso quienes llevan vidas pecaminosas, de cuyos labios nunca ha salido una palabra buena, cuya lengua solo sabe de insultos, cuya cabeza está llena de maldiciones, si incluso ellos escuchan una sola vez, se llenarán de gloria. Un vislumbre infinitesimal de *shravana* basta para renovarte, para purificar todo tu ser».

Nanak no persuade a los malhechores para que dejen de pecar; simplemente les dice que escuchen, y todos los defectos desaparecerán. No les dice que se hagan personas íntegras primero para poder luego escuchar, porque sería imposible, y entonces no habría ninguna esperanza de que las personas escuchen.

Nanak dice: «Escucha, y olvídate del pecado, olvídate de la maldad. Pues en cuanto oyes, un *sutra* nuevo, un camino nuevo, empieza a revelarse en tu vida. Una chispa nueva prenderá la hoguera que quemará todos tus pecados; todo tu pasado se convierte en cenizas en cuanto te quedas en silencio».

¿Qué es el pecado? ¿Qué has hecho hasta ahora? Te has identificado totalmente con tus pensamientos, traduciéndolos constantemente en acciones; y eso es pecado. Apártate de tus pensamientos; al instante las acciones se desmoronan, se desvanece el hacedor, y se rompe toda conexión con el pasado. Entonces te das cuenta de que el pasado no era más que un sueño. Durante infinitas vidas, todo lo que has hecho ha sido consecuencia de la ilusión del hacer. El día que la ilusión se desbarata, todas las acciones llegan a su fin.

La gente será incapaz de entender a Nanak mientras esté convencida de que solo borrará cada pecado una virtud que lo neutralice. A la gente de mentalidad calculadora le parece un trato justo que cada pecado haya de sustituirse por la virtud correspondiente; pero, de ser eso verdad, nunca te liberarías. Durante un número infinito de vidas has pecado, y ¿qué garantía tienes de que, en el proceso de la neutralización, no volverás a pecar? Eso hace que la cadena sea imposible de romper y que, por tanto, sea imposible la liberación.

Tus pecados se extienden a innumerables vidas. Si Dios fuera un tendero o un juez que insistiera en la obligatoriedad de
purgar cada pecado, ¿cuándo terminaría el proceso? Incluso
suponiendo que todas las acciones presentes fueran virtuosas,
haría falta un tiempo infinito para subsanar las iniquidades del
pasado. ¿Y cómo puedes estar seguro de que solo obrarás bien?
Las personas sabias utilizan un método de cálculo totalmente
distinto, pues aseguran que el problema no es el pecado, sino
su base, sus raíces.

Supón que has regado un árbol durante cincuenta años.
¿Crees que te hará falta matar de sed sus raíces durante otros
cincuenta años para que se seque? El árbol ya no depende del
agua que tú le echas para subsistir; la obtiene directamente de
las profundidades de la tierra. Córtale las raíces y se secará hoy
mismo, pero si le vas arrancando las hojas de una en una, no
se secará ni en cincuenta años; por cada una que tú le quites,
brotarán dos nuevas. No, cortarle las hojas y las ramas es po-
dar el árbol nada más. Y de la misma manera, tampoco puedes
anular el pecado por medio de la virtud: erradica un pecado y
brotarán cuatro nuevos.

Ve directo a las raíces. Las acciones son las hojas, y la idea
de hacer es la raíz. Elimina el hacer, y el árbol se secará al instante, pues toda la savia provenía del "Yo hago". El arte de erradicar el hacer es ser testigo, y ser testigo es *shravana*.

¡Nanak canta acerca de una gloria tan singular y maravillosa! Dice: «Estate en silencio y escucha, pues, en los momentos en que escuchas así, dejas de ser el hacedor. Escuchar es un

estado pasivo, puesto que nada tienes que hacer para escuchar; no es una acción».

Esto es muy interesante porque, para ver, tienes que abrir los ojos; en cambio, los oídos ya están abiertos. Para oír, no necesitas hacer absolutamente nada. Por tanto, puedes tener cierta sensación de que haces algo para ver, ¡pero no para oír! Alguien habla, y tú escuchas, vacío, inmóvil, pasivo, en un estado de no acción. Así pues, ni siquiera observando puedes alcanzar la gloria que alcanzarás si escuchas; de ahí que se enfatice tanto la importancia de *shravana*.

Mahavira habla de *samyak shravana*, el auténtico escuchar, que también destaca el Buddha. Para Nanak, oír es una gloria inefable. Porque el hacedor ha desaparecido, porque no hay nadie presente en el momento de escuchar. Si estás en silencio, ¿hay alguien dentro de ti? En la soledad del escuchar hay momentos en que una voz resuena y se va. Dentro de ti no hay nadie. Si llega un pensamiento, tú llegas con él; cuando no hay pensamiento alguno, tú no existes. Y puesto que "ego" es el nombre que se le ha dado a todo un cúmulo de pensamientos, *shravana* significa también el estado sin ego.

Nanak dice: «Solo por medio de *shravana* conoces la táctica del yoga y los secretos del cuerpo». Esto es muy importante. Los médicos occidentales no han conseguido entender cómo y de dónde ha adquirido Oriente su conocimiento del cuerpo humano y de sus secretos. Si en Occidente se desarrolló la cirugía fue principalmente porque los cristianos no quemaban a los muertos, y por tanto se podían sacar cadáveres de las tumbas para su disección.

Pero considerando que los hindúes queman a los muertos y no disponen de cadáveres que poder diseccionar, ¿cómo adquirió Oriente su conocimiento del cuerpo humano? Oriente no contaba con ningún medio: ni cadáveres, ni desarrollo científico, ni técnica, ni tecnología, y, sin embargo, su conocimiento del cuerpo humano es perfecto. Se ha investigado y debatido mucho sobre el tema, pero este *sutra* de Nanak da la respuesta al misterio.

Solo mediante *shravana* se conocen el arte del yoga y los secretos del cuerpo. Cuando te quedas vacío y tu ser se establece en tu interior, empiezas a ver el cuerpo por dentro. Hasta el momento, lo único que has visto de tu cuerpo es la piel. Hasta ahora, has dado vueltas y vueltas alrededor de tu casa y lo único que conoces son sus muros; no tienes ni idea de lo que hay en su interior.

Desde dentro, se abre ante ti toda la red de los distintos sistemas. Es una experiencia única entrar en el palacio y ver la grandeza que hay en su interior. Sucede cuando estás sosegado y en silencio, cuando la mente no plantea ningún problema. La mente es una puerta al mundo exterior, y en el momento en que te unes a ella, te vuelcas hacia fuera; todo lo que piensas está relacionado con lo que existe fuera de ti: riquezas, una mujer, una casa, un coche, fama, estatus... Todos los objetos del pensamiento están en el exterior.

Y cuando dejas de pensar, te retiras del mundo exterior y la energía se enfoca dentro. Ahora estás sentado en el trono y ves dentro de ti por primera vez. Entonces sabes que este cuerpo no es tan pequeño como parece, sabes que este "pequeño" cuerpo contiene en su interior un universo en miniatura. Es un modelo del universo ilimitado, de la existencia ilimitada; por eso dicen los hindúes que el universo entero está contenido en una cáscara de huevo. Dice Nanak que quien se ha quedado en silencio y ha aprendido el arte de escuchar, y ha empezado por tanto a oír su cuerpo desde dentro, descubre los secretos del cuerpo así como los métodos del yoga.

Todo lo que Patañjali escribió en los *Yoga Sutras* se deriva de la experiencia de su propio cuerpo, del de nadie más; y sus hallazgos siguen siendo totalmente acertados hasta el día de hoy. Descubrió todos los métodos yóguicos con su propio cuerpo.

Pondré unos ejemplos. Si te quedas en calma, percibirás que el ritmo de la respiración cambia. En cuanto los pensamientos se detienen, cambian los movimientos respiratorios; cuando los pensamientos regresan, el ritmo respiratorio vuelve a cambiar. Si empiezas a ser consciente de cuál es el ritmo de la respiración cuando estás tranquilo, lo único que tendrás que hacer en cualquier momento para estar tranquilo es respirar a ese ritmo. Así que ya has aprendido un secreto; tienes la clave de un misterio.

Cuando estás absolutamente en calma, la columna vertebral se pone perpendicular al suelo sobre el que estás sentado. Es algo que ocurre por sí solo si la persona está sana y no padece ninguna enfermedad ni es demasiado anciana. Por tanto, cuando quieras sentirte en calma, fija la columna vertebral en un ángulo de noventa grados con respecto al suelo. Así, gradualmente, el yogui va experimentando lo que sucede en su interior.

A medida que progreses, sentirás que la energía asciende por la columna vertebral. Lo percibirás como un calor súbito y definido que fluye por la columna. Se propagan por tu interior ondas de electricidad, que al ir ascendiendo te llenan de dicha. El dolor y el abatimiento empiezan a desvanecerse, y nace un sentimiento de intensa felicidad. Al llegar aún más alto las ondas eléctricas, todo lo que es trivial y abyecto en la vida cae a lo más hondo del valle, mientras tú te encuentras como en la cima de una montaña muy alta. La niebla del poblado, la charla de la gente y la lucha mundanal de la vida han ido quedado atrás a medida que ascendías.

Por eso se llama a la columna vertebral el *Meru Dand*. Meru es una montaña celestial; y se dice que quien escala hasta lo más alto de Meru Dand alcanza la misma altura que tiene en el cielo el monte Meru. El hindú, al afeitarse la cabeza, se deja en la coronilla un mechón de pelo que simboliza el último pico, la séptima puerta por la que la energía sale y es entonces absorbida por el infinito. Cuando la energía se propaga desde este lugar, se alcanza *brahmacharya*, el celibato. No hace falta hacer nada para alcanzar *brahmacharya*; no es necesario que reprimas activamente el deseo sexual cuando surge, sino solamente enderezar la columna vertebral para que la energía fluya hacia lo más alto. La misma energía que se había manifestado como deseo sexual se transforma entonces en la energía de *brahmacharya*. Da igual que fluya hacia abajo, y a través de la primera puerta se una a la naturaleza, o hacia arriba, y a través de la séptima alcance *paramatma*, lo divino.

Quien desarrolla el arte de estar sentado en calma descubre que su propio cuerpo empieza a proporcionarle un millar de experiencias. Puedes conocer todos los Yoga Sutras a través de tu cuerpo; no tienes necesidad de leer a Patañjali. De hecho, a Patañjali se le debería leer después, solo como corroboración, para que te muestre que vas por buen camino. Cuando te vuelvas hacia tu interior, muchas veces tendrás miedo y no sabrás si te está ocurriendo lo que debería ocurrirte; y si en esos momentos consultas las escrituras, puede ser alentador y reconfortante saber que todos los que han llegado a la meta han pasado por lo mismo. Tuvieron una serie de experiencias, y volverán a tenerlas quienes recorran este camino en el futuro.

Las escrituras son el legado de los sabios, pero el auténtico conocimiento nos llega solo de nuestro interior, no de sus palabras.

Nanak dice:

> Mediante el escuchar se conocen todas las escrituras
>   y enseñanzas.
> Mediante el escuchar, los devotos alcanzan la dicha,
> y el pecado y el sufrimiento se destruyen.
>
> Mediante el escuchar se logran toda verdad y contento,
> y se obtiene la virtud de haberse bañado en los sesenta
>   y ocho lugares sagrados.
> Al escuchar una y otra vez se adquiere honor.
> Escuchar da lugar a una meditación espontánea.

Nanak dice: «Mediante el escuchar, los devotos alcanzan
    la dicha,
y el pecado y el sufrimiento se destruyen».

Para alcanzar la libertad suprema, los hindúes exigen que una persona se bañe en sesenta y ocho lugares sagrados, y esos lugares están marcados en el mapa de la India; pero, en realidad, representan sesenta y ocho puntos que hay dentro del cuerpo por los que la persona debe pasar para alcanzar la virtud. Los hindúes han realizado una labor magnífica, que ninguna otra raza ha igualado, al descubrir estos puntos. Los lugares marcados en el mapa son, sin embargo, meros símbolos; y es muy triste que, mientras vagan por esos símbolos como si fueran los lugares reales, los hindúes hayan perdido su conciencia de la vida. Se dice: «Toma agua del Ganges y ofrécela en Rameshwara». Se refiere a puntos reales que hay dentro del cuerpo; la energía se toma de un punto y se dirige hacia otro, y esa es la peregrinación sagrada. Pero ¿qué hacemos nosotros? ¡Tomamos agua del Ganges y cargamos con ella hasta Rameshwara!*

El mapa externo es una traducción simbólica del mapa interior del ser humano. Todo lo que hay dentro del cuerpo humano es muy sutil, y, para ilustrarlo, se crearon estos símbolos

---

* Isla situada en el golfo de Mannar, en el sureste de la India, y perteneciente al Estado de Tamil Nadu, el más septentrional del país. La distancia que la separa del Ganges es de más de mil kilómetros. (*N. de la T.*)

externos; pero al confundir lo simbólico con lo real, nos desviamos del camino.

Los símbolos nunca son verdades; únicamente apuntan hacia la verdad. Son indicadores, cuando Nanak dice que, mediante *shravana*, la persona alcanza la verdad, obtiene plenitud y conocimiento, y logra también haberse bañado en los sesenta y ocho centros de peregrinación. Es así porque, cuando te quedas en silencio, empiezas a descubrir los lugares sagrados dentro del cuerpo; entonces no necesitas cavilar sobre qué es la verdad, pues la ves directamente. Mientras pienses, no hay verdad, solo hay opiniones y conceptos. La verdad es una experiencia. Y, una vez que ves, ¿qué sentido tiene seguir pensando?

Se logra satisfacción verdadera. Mientras sigas pensando, estarás insatisfecho, porque los pensamientos te conducen a un sinfín de sugerencias: «¡Haz esto! ¡Haz lo otro!». Los pensamientos hacen surgir nuevos deseos, y los deseos conducen al descontento. Es muy perjudicial tener a los pensamientos como amigos; siempre te llevan por mal camino. Si hay una mala compañía que vale la pena abandonar es la de la los pensamientos. Puedes hacer uso de ellos, pero si empiezas a obedecerlos, te esperan toda clase de problemas. Son como drogas; si te haces adicto a ellos, te extraviarás y estarás tan confundido que no sabrás qué hacer.

Mulla Nasruddin había bebido tanto un día que tenía miedo de volver a casa. Sabía que tendría que inventar una explicación, y, como no se le ocurría ninguna respuesta plausible, empezó a deambular sin rumbo por las calles.

Un policía lo abordó en mitad de la noche.

–¿Qué hace aquí a estas horas? Responda rápido o tendré que llevarlo a la comisaría.

–Si tuviera una respuesta –contestó Mulla Nasruddin–, ¿no cree que me habría ido ya a casa?

Los pensamientos son una adicción que no tiene respuestas. Si te hubieran dado una respuesta, habrías llegado a casa hace ya mucho. ¿Por qué sigues vagando a tan altas horas? No tienes ninguna respuesta para explicar tu vida. Los pensamientos no tienen capacidad de responder; la respuesta verdadera solo puedes hallarla en el estado sin pensamientos.

Nanak dice: la satisfacción y la verdad las obtendrás mediante *shravana*; los sesenta y ocho lugares sagrados, mediante *shravana*, y, solo mediante *shravana*, alcanzarás espontáneamente *samadhi*.

¡Si escucharas, sería meditación! Escuchar es meditación, y sin meditación no puedes oír. ¿Qué significa esta palabra? La meditación existe solo donde no existe la mente, donde ha desaparecido el diálogo interno.

> Mediante el escuchar se adquieren las más altas virtudes,
> cobran vida el sabio, el santo y el rey,
> y los ciegos encuentran el camino.
> Mediante el escuchar se comprende lo incomprensible.

Nanak dice: «Mediante el escuchar, los devotos alcanzan
   la dicha,
y el pecado y el sufrimiento se destruyen».

¡Solo mediante el escuchar encuentran los ciegos el camino, el mendigo se convierte en rey, y te sumes en las profundidades de lo ilimitado! Los pensamientos son como una cucharilla, ¡y tú intentas medir el océano con ella! Escuchar es zambullirse en el océano. Solo llegarás al fondo sumergiéndote en él, ¡no midiéndolo a cucharadas!

El filósofo griego Aristóteles iba andando por la playa sumido en sus pensamientos cuando, de repente, se topó con un hombre que había excavado un hoyo e intentaba vaciar el océano en él con la ayuda de una cuchara. Tuvo curiosidad, y le preguntó:

—Dime, hermano, ¿qué haces?

—Si tienes ojos, velo por ti mismo —contestó el hombre—. Está claro, ¿no? Intento vaciar el océano en este hoyo.

Aristóteles se rió.

—Pero eso es una locura. ¿Estás en tu sano juicio? ¿Crees que se pueden vaciar los océanos con una cuchara, que se pueden llenar de océano los hoyos a cucharadas? ¿Por qué malgastar tu vida en una tarea tan absurda?

El hombre se rió.

—Yo creía que eras tú el que estaba loco; ¿acaso no dedicas tu vida a intentar llenar el infinito con tus cucharadas de pensamientos?

Se dice que Aristóteles trató luego de localizar al hombre, pero nunca lo encontró.

El hombre tenía razón: ¡qué pequeño es un pensamiento, y qué vasta es la existencia! ¿Cómo medirás esta vasta existencia con tu cucharita dosificadora? ¿Dónde piensas guardarla, dado que tu cabeza es tan minúscula y el universo es tan inmenso? Mira tus brazos, lo cortos que son... ¿Hasta dónde llegan? Estás embarcado en una tarea inútil. Quién sabe si ese hombre habría conseguido vaciar el océano, dado que el océano es finito. Una cucharada de agua hace que, en realidad, el océano sea una cucharada menor; pero el infinito, jamás podrás abarcarlo con pensamientos.

Por eso, dice Nanak, el mendigo se convierte en rey en cuanto se queda en silencio. Solo mediante *shravana* se conocen las profundidades de lo que no tiene fondo, se hace familiar lo ignoto, el extraño se convierte en el amado, y los ciegos encuentran el camino.

Nanak dice: «Mediante el escuchar, los devotos alcanzan la dicha,
y el pecado y el sufrimiento se destruyen».

6. Solo la contemplación lo puede conocer

El estado de contemplación es inexpresable.
Quien intente expresarlo, después se arrepentirá.
No hay papel ni pluma ni escritor
que pueda penetrar tal estado.
Es tal el nombre del inmaculado
que solo la contemplación lo puede conocer.

Mediante la contemplación nace el recuerdo
    en la mente y el intelecto,
y se tiene una percepción consciente del universo.
Dejas de arrepentirte de tus palabras,
y te liberas del dios de la muerte.
Es tal el nombre del inmaculado
que solo la contemplación lo puede conocer.

Mediante la contemplación, el camino se despeja
    de todos los obstáculos,
y la persona se va con dignidad y honor.
Está salvada de vagar sin rumbo

y se establece su vínculo con la religión.
Es tal el nombre del inmaculado
que solo la contemplación lo puede conocer.

Solo mediante la contemplación se alcanza la puerta
   a la liberación
y puede la familia salvarse.
Por medio de ella se envía al gurú, que ayuda
   a sus discípulos a cruzar;
ya no necesitan pedir limosna.
Es tal el nombre del inmaculado
que solo la contemplación lo puede conocer.

Tratemos de entender lo que significa *manan*, la contemplación. Pensar y contemplar son, ambos, procesos de la mente, pero muy diferentes uno de otro, incluso opuestos.

Cuando una persona nada de una a otra orilla del río, permanece en la superficie del agua, y, aunque su posición vaya cambiando, no cambia su profundidad. Imagina ahora a un buceador; aunque no necesariamente cambie su ubicación en el agua, el curso que sigue es descendente, se sumerge cada vez más hacia las profundidades. Pensar es como nadar, y la contemplación es como bucear. Al pensar, pasamos de un pensamiento a otro, mientras que en la contemplación, nos adentramos en las profundidades de una única palabra. La posición no cambia, cambia la profundidad.

El proceso del pensamiento es lineal; tanto si piensas en tus negocios como en la liberación espiritual, en Dios o en tu esposa, estás siempre en la superficie. Con la contemplación, sin embargo, empieza el viaje interior; te zambulles hasta las profundidades más recónditas de la palabra, y resuenan sus aspectos más insondables.

La contemplación es la única revelación verdadera del mantra.

Entiende bien esta única palabra, y el *sutra* entero se desvelará ante ti. La quintaesencia de la enseñanza de Nanak es la contemplación, la contemplación del único nombre, *Omkar*. *Ek Omkar Satnam*. Omkar es el único nombre verdadero, la única verdad. Cuando Nanak les dio el mantra a sus discípulos, no lo hizo para que *pensaran* en él, sino para que se sumergieran en él hasta lo más hondo. Cada vez que resuena la sílaba *Om*, su propia resonancia incrementa la profundidad de la experiencia.

Hay tres niveles. En el primero, pronuncias la palabra en voz alta: *Om... Om... Om...* Es el nivel del lenguaje. Haciendo uso de los labios, el sonido resuena en el exterior. En el segundo, cierras los labios, sin permitir que ni tan siquiera la lengua se mueva, y pronuncias el nombre en tu mente: Om... Om... Om... Es un nivel más profundo que el primero. No haces uso de los labios ni de la lengua; no utilizas el cuerpo en absoluto, solo la mente. En el tercer nivel, ni siquiera de la mente se hace uso, ni siquiera se pronuncia el Om. En silencio, escuchas la resonancia del Om que ya está dentro de ti. La mente ha desaparecido; y, cuando la mente desaparece, empieza la contemplación. Contemplación significa ausencia de mente.

La resonancia de Omkar está contigo desde que naciste. ¿Te has fijado en lo felices que parecen los bebés sin razón aparente? Están tumbados en la cuna y mueven sus pequeños brazos y piernas al tiempo que emiten sonidos arrulladores. Las madres en la India piensan que es porque recuerdan secuencias de sus vidas pasadas, ya que no hay razón alguna que explique su felicidad, pues está aún por empezar el viaje de sus vidas. A los psicólogos les desconcierta esa alegría del recién nacido, pero la interpretan como expresión de su buena salud.

Los yoguis, en cambio, le han encontrado una explicación muy distinta, ya que el bienestar del cuerpo no parece razón suficiente. En su interior, el niño oye la resonancia de Omkar, un suave son melodioso. El bebé lo oye y se queda cautivado, encantado. Al oírlo, sonríe y gorjea de felicidad. Puede que la salud de ese bebé siga siendo buena cuando vaya creciendo, pero habrá perdido la melodía interior; se le habrá ido esa alegría. Luego, al niño le resultará cada vez más difícil oír el Omkar debido a las capas de palabras que lo rodean.

La resonancia, *Ek Omkar Satnam*, es el primer suceso; en él reside la fuente de la vida. Después llegarán las palabras que son producto de la educación, de las impresiones, la sociedad y la cultura. Y el tercer nivel, en este caso, es la pronunciación real de las palabras en la conversación y en el diálogo..., aunque, de hecho, al hablar es cuando más lejos estamos de las palabras. Por eso hace tanto hincapié Nanak en la necesidad de aprender a escuchar; pues, cuando escuchas, estás en el medio, y puedes elegir dar un paso en cualquiera de las dos direcciones: hacia el discurso, o hacia el silencio.

De modo que hay tres estados: el estado de Omkar, el estado del lenguaje, y el estado intermedio de pensamientos y sentimientos. Cuando escuchas, estás en ese estado intermedio. Si luego empiezas a contarles a otros lo que has oído, habrás descendido al nivel del lenguaje, y si empiezas a reflexionar, a contemplar lo que has oído, estás en contemplación, o entras en el vacío. La distancia es muy sutil. Cada persona debe comprender bien la distancia entre lo uno y lo otro dentro de sí misma y conseguir un equilibrio.

La contemplación empieza en cuanto te sumerges en cualquier palabra. Cualquier palabra sirve, pero ninguna es tan bella como *Omkar*, pues es resonancia pura. Se pueden usar también palabras como "Allah", "Ram", "Krishna", pero no es necesario usar nombres conocidos; el poeta inglés Tennyson repetía su propio nombre, y se sumió por completo en su resonancia.

Cuando te adentras en las profundidades de cualquier palabra, esta se va perdiendo gradualmente, y, al ir desvaneciéndose, aflora la contemplación. En última instancia, la palabra desaparece siempre; todos los mantras acaban por desvanecerse, puesto que pertenecen a la mente. Salvo el mantra supremo, que resuena eternamente en tu interior. El primer mantra solo te ayuda a estar en silencio, pero no te conduce al mantra supremo. Una vez que estés en silencio, oirás la resonancia de Omkar dentro de ti.

Todos los mantras te enseñan a nadar, y después, cuando sabes nadar, te enseñan a bucear. Ahora bien, ¿cuánto tiempo vas a insistir en viajar solo por la superficie? ¿Cuánto tiempo vas a seguir pasando de una vida a otra? ¿Cuánto más vas a dedicarte simplemente a cambiar de lugar y de situación? ¿Cuándo llegará el auspicioso momento en que te zambullas, desde donde quiera que estés? En ese mismo instante empezará a haber contemplación. Y ahora, teniendo esto presente, vamos a tratar de comprender los *sutras* de Nanak.

> El estado de contemplación es inexpresable.
> Quien intente expresarlo, después se arrepentirá.

¿Por qué dice esto? En primer lugar, no se puede hablar de la contemplación porque en ella no hay ningún movimiento; es ausencia de movimiento. El viaje en realidad no empieza, sino que termina; únicamente *parece* que sea un movimiento.

Cuando viajas en tren, ves que todo pasa ante tus ojos a gran velocidad, pero es el tren el que se mueve, todo lo demás está estático. De modo similar, debido a que habitualmente estás en movimiento, cuando la mente empieza a detenerse tienes la sensación de que haya movimiento, pero cuando la mente acabe de detenerse por completo, descubrirás de pronto que todo está quieto, pues nada se había movido.

El que está oculto dentro de ti nunca ha caminado..., no ha dado un solo paso; no ha emprendido ningún viaje, ni siquiera una peregrinación. No ha salido de esta casa; ha estado en ella desde siempre.

Es la mente la que va siempre a la carrera, y es tal su velocidad que todo lo que hay alrededor, y que no se ha movido nunca, parece correr. Pero cuando la mente empieza a frenar, todo empieza a frenar, y cuando la mente se para, todo se para.

Y si bien es cierto que puedes hablar acerca del movimiento, ¿cómo es posible que hables de la ausencia de movimiento? Es posible hablar de un viaje, ya que puedes describir los distintos lugares que has recorrido y el trayecto entre unos y otros, pero si no has ido a ninguna parte, ¿de qué vas a hablar? Si no ha sucedido nada, si ninguna situación ha cambiado, ¿hay algo que decir?

Puedes escribir un relato sobre la vida de un hombre inquieto, pero ¿puedes escribir sobre un hombre de paz? Los novelistas y dramaturgos saben por experiencia que las cosas cobran vida solo en torno al hombre malo; la vida de un hombre bueno es monótona e insulsa.

No te engañes creyendo que el *Ramayana* es la historia de Rama; gira en torno a Ravana, el villano. Ravana es el verdadero héroe del relato, Rama es secundario. Si quitas a Ravana, ¿qué queda?: a Sita no la secuestran, no se libra la batalla..., todo está en calma, no ocurre nada. ¿Cuánto se puede contar sobre Rama? ¿Podrías escribir un relato épico sobre Dios? Dios está donde ha estado siempre; nunca ha cambiado nada de Él... Sencillamente, no sirve para dar forma a un relato, y por eso no hay ninguna biografía ni autobiografía de Dios, ya que, para hablar sobre alguien, es necesario el viaje.

Puedes escribir interminablemente sobre los pensamientos, pero ¿qué podrías escribir en relación con la ausencia de pensamiento? Digas lo que digas será falso, y después te arrepentirás de haberlo dicho. Los sabios siempre se arrepienten después de hablar, pues sienten que no han podido expresar lo que querían, y que no deberían haber dicho lo que han dicho; pues lo que intentaban comunicar, quien les escuchaba no era capaz de entenderlo, y lo que esa persona entendió no significa nada.

Lao-Tsé dijo: «Nada puede decirse sobre la Verdad». Cualquier cosa que se diga, será falsa. Cuanto más sabes, más difícil te resulta expresarte. Cada palabra que pronuncias es un desafío, pues ahora tienes en tu interior una piedra angular con la que confrontarla, y, como consecuencia, todas las palabras te parecen demasiado superficiales o insignificantes para expresar lo que querrías expresar. Dentro de ti ha sucedido un gran acontecimiento que las palabras no pueden contener, se ha revelado en tu interior un espacio inmenso que no se puede llenar con las cápsulas de las palabras.

Si aun así hablas, el arrepentimiento será cada vez mayor, ya que cuando las palabras le lleguen a quien te escucha, habrán adquirido un significado muy distinto. Todo lo que has dicho habrá cambiado completamente: el diamante que ofrecías, se ha convertido en piedra; la moneda genuina que diste, al cambiar de manos se ha vuelto falsa. Y cuando miras a los ojos a esa persona y ves que ahora la moneda es falsa, te llenas de remordimiento, pues esa persona la llevará consigo el resto de su vida.

Esto es exactamente lo que pasa en todos los movimientos religiosos, lo que les pasa a las multitudes que se adhieren a ellos; llevan a cuestas lo que nunca se les dio. Si Mahravira volviera, se daría golpes de pecho y lloraría al ver el estado en que se encuentra el jainismo; si regresara el Buddha, lloraría por los budistas; si regresara Jesús, volvería a entablar la lucha con los israelitas, pues nada de lo que dijeron le llegó a la gente a la que iba dirigido; lo que se recibió y asimiló fue algo muy diferente.

Si Nanak volviera, no se disgustaría tanto con nadie como con los sikhs, ya que solo puedes enfadarte con aquellos a los que entregaste la palabra; son ellos los que la han distorsionado y la han convertido en lo que no era.

Somos muy astutos. Cuando habla una persona como Nanak, añadimos a sus palabras el significado que nosotros les damos, lo que a nosotros nos conviene. En vez de amoldarnos a las palabras de Nanak, amoldamos sus palabras a nosotros; este es el truco que empleamos para volver a dejar las cosas como estaban. Solo hay dos opciones posibles.

Había una vez una mujer muy rica. Tenía un temperamento artístico, pero también voluble y obstinado. Estaba prendada de un cenicero, un objeto muy caro, y había decorado su habitación de tal modo que el cenicero era el foco de atención y todo lo demás hacía juego con él: las cortinas, los muebles, el color de las paredes. El cenicero era el centro de todo. Un día el cenicero se rompió. Llamó a los mejores artesanos y les pidió que hicieran una réplica exacta, pero, por más que lo intentaron, ninguno de ellos fue capaz de recrear el color original, que estaba reproducido igualmente en cada detalle de la habitación.

Un día un artesano le ofreció sus servicios. Le pidió un mes para crear un cenicero idéntico al original, pero le puso una condición: que nadie entrara en el cuarto durante todo el mes, ni siquiera ella. Al cabo de un mes, la invitó a inspeccionar la estancia. La mujer se mostró plenamente satisfecha.

Cuando los demás artesanos le preguntaron al hombre cuál era el secreto, les dijo: «Ha sido sencillo. Primero hice un cenicero lo más parecido posible al original, y luego pinté las paredes del mismo tono». Dado que era imposible conseguir la tonalidad exacta del cenicero, esta era la única solución.

Cuando Nanak habla, solo tienes dos posibilidades: o te fundes con el color de Nanak y te sientes plenamente satisfecho, o se apoderará de ti el desasosiego. Estar cerca de una persona como Nanak es igual que estar al lado del fuego; o ardes como ardió Nanak, convirtiéndote en cenizas como él se convirtió y desapareciendo como él, igual que una gota que cae en el océano, o la única alternativa es que colorees las palabras de Nanak con tu propia tonalidad. Esto último es muy fácil, ya que nunca oímos realmente lo que se nos dice, sino lo que queremos oír. Damos a todo el significado que nos interesa. No nos ponemos del lado de la verdad, sino que hacemos que la verdad se ponga de nuestro lado; hacemos que la verdad nos siga.

La diferencia entre el auténtico buscador y el buscador falso es que el buscador legítimo sigue a la verdad adonde quiera que la verdad le lleve y sean cuales sean las consecuencias..., incluso si es perderlo todo, incluso si pierde la vida. El buscador tramposo, en cambio, manipula la verdad para que le siga;

pero entonces, claro está, ya no es la verdad. Lo que en principio era verdad ahora es falso.

¿Cómo puede la verdad seguirte? Solo podrá seguirte la falsedad. Si tú eres falso, tu sombra solo puede ser un fraude. Puedes seguir a la verdad si lo deseas, pero la verdad jamás podrá seguirte a ti; no puede estar contenida en tus conceptos, es demasiado grande para tu cabeza. Por eso Nanak dice que todo aquel que intenta expresarla se arrepiente después. Y hay todavía otra razón que debes tener en cuenta, y que ya he mencionado antes. Cuando estas a punto de alcanzar la contemplación, te encuentras en un punto intermedio en el que tienes dos opciones, una de las cuales es empezar a hablar de ello a los demás. En caso de que lo hagas, luego te arrepentirás. Así que, cuando sientas el impulso de hablar de ello a cualquier persona, consúltalo primero con el gurú; no te fíes de tu propio juicio y empieces a hablar hasta que el gurú te lo diga.

Las maniobras del ego son muy sutiles. En cuanto das un pequeño paso, proclama su triunfo; apenas has conseguido avanzar un centímetro ¡y él anuncia que ha alcanzado la totalidad del espacio! Un leve vislumbre de luz, y dice que ha salido el sol; ha caído una minúscula gota, y empieza a hablar del océano. Entonces, las palabras dan lugar a más palabras, y el resultado es que incluso esa gota se desvanece; el vislumbre se disuelve. El resultado es que un hombre así continúa siendo un erudito superficial, lleno nada más que de conocimientos. Parece que sabe mucho, porque habla mucho, pero sin ninguna experiencia. Si lo observas con atención, te darás cuenta de que sus acciones no tienen ninguna coherencia con lo que dice.

Una vez Mulla Nasruddin intentaba subirse a un tren que acababa de ponerse en marcha. Había conseguido aferrarse a la manilla de la puerta y tenía ya un pie dentro cuando el revisor lo agarró gritándole: «¿No sabe usted que es una infracción subirse a un tren en marcha?». El Mulla se bajó.

Entonces, cuando el tren estaba llegando al final del andén, el revisor dio un salto a su compartimento. El Mulla rápidamente tiró de él y le hizo bajar, diciéndole: «¿No le parece, señor, que la ley está hecha también para usted?».

Este es justamente el caso del erudito. Sus palabras van dirigidas a todos los demás, y pretende que las apliquen. Él disfruta dando discursos..., discursos desprovistos de las aguas de la vida, discursos que no son expresión de su experiencia; y este es un peligro que existe siempre.

Cuando alcanzas el punto intermedio llegas a dos caminos: uno es el camino del erudito, del maestro de la palabra, el otro es el camino del sabio. El camino del erudito te conduce al mundo exterior por la vía de las palabras y las aseveraciones. En el camino del sabio dejas el mundo y te sumerges por completo en la ausencia de la palabra. Por tanto, sin el permiso del gurú no vayas contando tu experiencia a los demás.

El Buddha tenía un discípulo llamado Purna Kashyap que había alcanzado el conocimiento pero continuaba en compañía del Buddha, siguiéndolo en silencio. Al cabo de todo un año, el Buddha lo llamó.

–¿Por qué me sigues todavía como si fueras mi sombra? –le preguntó–. Sal al mundo y háblales a los demás de lo que sabes que es verdad.

–Estaba esperando tus órdenes –contestó Purna Kashyap–, pues no sé cómo reaccionará la mente. Quizá disfrute predicando a la gente, ¡y quién sabe si entonces perderé todo lo que he conseguido con tanta dificultad! Sé que es totalmente posible que el ego regrese.

Es muy difícil alcanzar el conocimiento, y muy fácil perderlo, pues el sendero es muy estrecho, y puedes salirte de él en cualquier momento con la menor excusa. De modo que Purna Kashyap esperó, sabiendo que el Buddha le diría cuándo estaba preparado para predicar a los demás. No empieces a enseñar a otros hasta que el gurú te lo diga, o te arrepentirás; y será inmenso el arrepentimiento, ya que estabas muy cerca de la otra orilla cuando perdiste el rumbo. La barca estaba ya a punto de echar el ancla, cuando de pronto la orilla se alejó. La sabiduría y el adoctrinamiento son las tentaciones finales.

El estado de contemplación es inexpresable.
Quien intente expresarlo, después se arrepentirá.
No hay papel ni pluma ni escritor
que pueda penetrar tal estado.

¿Quién tiene competencia para expresar ese estado, teniendo en cuenta que, a medida que la contemplación se hace más profunda, el hacedor desaparece y la mente se va aproximando a su fin? La contemplación es la muerte de la mente.

La mente puede hablar, puede contar. Es experta en explicar lo que conoce, e incluso en contar cosas que no conoces, pero cuya repetición periódica crea en ti la ilusión de que sí conoces. Si explicas algo una y otra vez, poco a poco te olvidas de si sabes de verdad lo que estás diciendo o no, y empiezas a sentir y a creer que sí lo sabes. Hazte una pregunta sencilla: ¿dices solamente cosas que sabes, o dices también cosas que no sabes? ¿Sabes si Dios existe? Si no, no le digas a nadie que existe. ¿Has conocido la verdad? Si no, no le hables a nadie de la verdad, pues el peligro no es que engañes a los demás, sino que, debido a la repetición constante, acabes engañándote a ti mismo y creas con total seguridad que la conoces.

Es una ilusión muy sutil, pero, una vez que se apodere de ti la sensación de que sabes –cuando no es cierto–, tu barca no podrá llegar nunca a la otra orilla. A la persona que duerme, se la puede despertar, pero es muy difícil despertar a la que finge estar dormida. El ignorante puede aprender, pero no la persona culta que cree que ya lo sabe todo.

Sabiendo esto, evita a los beatos y a los eruditos; acude a ellos solo cuando tu conocimiento haya adquirido fuerza suficiente como para protegerte. El erudito busca al ignorante y evita al sabio. Si Nanak llegara a esta ciudad, los estudiosos escaparían, temerosos de que un hombre como él pudiera poner al descubierto los individuos que son en realidad. Podría levantar el velo y poner de manifiesto su ignorancia; y ese velo es tan fino que se rasga al menor contacto.

Cuando no hay papel ni pluma, ni escritor siquiera, el estado mental no existe, ¿y quién cavilará entonces sobre la contemplación?

> Es tal el nombre del inmaculado
> que solo la contemplación lo puede conocer.

Es así, pero solo tú lo sabrás. Al igual que un mudo no puede explicar el sabor del azúcar, tus labios permanecerán sellados. Cada vez que pienses en ello, se te hará un nudo en la garganta, y tu corazón estará lleno, ¡tan lleno!; brotarán las lágrimas, o la risa, pero no serás capaz de decir una sola palabra. Pensarán que has perdido el juicio. Interiormente, estarás tan rebosante que la dicha emanará de cada poro de tu cuerpo. Danzarás, cantarás, pero no serás capaz de hablar. Por eso cantaba Nanak y Mardana danzaba. Cuando alguien le preguntaba a Nanak por su estado, él miraba a Mardana y le hacía una señal con la cabeza; entonces Mardana tomaba su instrumento y empezaba a tocar, y Nanak cantaba. No decía nada, cantaba solamente.

Cuando oigas a un sabio –si lo oyes de verdad–, descubrirás que canta, que no está hablando; descubrirás poesía en sus palabras. Incluso estando sentado, baila. Descubrirás una especie de embriaguez en la atmósfera que lo rodea, una embriaguez que no te adormece o insensibiliza, sino que te despierta; que no te sume en el olvido, sino en un estado de pleno despertar. Y si estás preparado para fluir con lo que emana de él, puede llevarte a tierras maravillosas y desconocidas. Si de verdad estás dispuesto a sumergirte hasta las profundidades del océano, puede llevarte de viaje –un viaje largo y asombroso– a la realidad suprema.

La tonada del sabio es más melodía que palabras. Habla menos que canta, pues no se puede expresar con palabras lo que ha alcanzado; tal vez se pueda transmitir con una suave canción, apenas un murmullo. Bastará un ligero vislumbre para que te dejes llevar totalmente por ella.

Gurdjieff diferenciaba dos tipos de arte. En el arte ordinario, el artista, el cantante o el escultor expresa sus sentimientos. Incluso un gran pintor como Picasso no hace más que plasmar su estado mental en su obra. A esto lo llama Gurdjieff "arte subjetivo". El arte objetivo, en cambio, incluye obras como el Taj Mahal o las cuevas de Ajanta y Ellora. En ellas, el artista no representa sus sentimientos, sino que crea una condición que provoca ciertos sentimientos en el espectador.

Hay una estatua del Buddha que es una verdadera obra de arte objetivo, lo cual solo es posible si el escultor sabe lo que significa la budeidad. Al observarla, descubrirás que te conectas con ella de una forma misteriosa según la miras; descubrirás que has descendido a las profundidades de tu ser, y el ídolo será entonces la contemplación.

Los ídolos de los templos no se colocaron en ellos sin razón alguna; todos ellos forman parte de ese arte objetivo. Tampoco la música se creó por accidente; quienes entraron en *samadhi* fueron los primeros en dar voz a la música. Tras haber oído en su interior la melodía del Om, intentaron por diversos medios captar en el ámbito del sonido la melodía de su resonancia, para que quienes no conocían la música interior pudieran gozar al menos levemente de su cualidad. Los niños y las niñas acuden siempre al templo a degustar las ofrendas hechas a la deidad; cualquiera que sea la razón que a ti te mueve, tiene un valor ir al templo. Los sonidos externos de las campanas y las canciones devocionales pueden ser un regalo divino si despiertan en ti el recuerdo de la música interior.

El placer profundo que produce la música es un vislumbre de *samadhi*. La danza también es un arte objetivo, de ahí la tradición de bailar ante la deidad. Mientras observas la danza, ¡es posible que, de pronto, dejes atrás la orilla y te encuentres navegando hacia tierras lejanas!

Si algo debes tener presente sobre Nanak es que todo lo que dijo, lo cantó; todo lo que quiso transmitir, lo transmitió acompañado de música. Pues lo real es la música..., el *nada*, el sonido. Lo que dice es una mera excusa; su intención es provocar una resonancia dentro de ti, ya que, si el sonido resuena en ti verdaderamente, tus procesos de pensamiento se harán pedazos y te encontrarás de repente en un plano totalmente distinto al de las palabras. Y entonces, si has hecho acopio de suficiente valor como para fluir con esa resonancia, si no estás aferrado como un loco a la orilla, sucederá también el tercer acontecimiento: la contemplación.

No hay papel ni pluma ni escritor
que pueda penetrar tal estado.
Es tal el nombre del inmaculado
que solo la contemplación lo puede conocer.

Es como un hombre mudo tras probar el azúcar; solo él conoce el sabor... Y ese sabor ya no lo olvidará nunca, no solo en esta vida, sino durante vidas sin fin.

Una vez que conoces su sabor, una vez que descubres que ese sabor es tanto más que tú..., ya no podrás olvidarlo jamás. El sabor es tan inmenso que, más que contenerlo en ti, te perderás en él. Es como el océano; te diluirás en él como una gota de agua.

La verdad es que ¿cómo puedes degustar a Dios? Es Dios quien te degusta a ti, siempre que estés preparado. Te sumerges en ese sabor y se crea una armonía, un unísono, con lo divino: tal es el nombre *Niranjan*, el inmaculado.

Solo mediante la contemplación nace el recuerdo.

Cuanto más te enfrascas en la conversación, más débil se hace el recuerdo. Quizá te hayas dado cuenta de esto. Mientras te observas a ti mismo, la mayoría de tus problemas te abandonan; solo cuando empiezas a hablar de nuevo aterrizas en ellos otra vez. ¿Qué es lo que pasa? Cuando hablas, el recuerdo es mínimo y la consciencia es casi nula, porque, al hablar, tienes la atención puesta en quien te escucha, y no en ti mismo. La consciencia es como una flecha. Cuando hablas, la flecha apunta hacia la otra persona, así que eres consciente de aquel con quien estás hablando, y tu atención se desvía de ti; de ahí que en ese estado de falta de consciencia de ti mismo digas cosas de las que luego tal vez te arrepientas toda tu vida.

En un momento de inconsciencia, le dices a una mujer que la quieres, aunque hasta ese instante nunca se te había pasado por la cabeza. De improviso, las palabras se te caen de la boca, y ahora estás atrapado en la situación. Un suceso que es fruto del descuido da lugar a miles de sucesos más. Si arrancas una hoja, aparecen otras cuatro en su lugar, y así te ves impelido a embarcarte en un viaje que no hubieras querido hacer por nada del mundo.

Aunque quizá nunca se te había ocurrido, descubrirás que todos tus problemas tienen su origen en las palabras. Una vez que has pronunciado una palabra, el ego, por orgullo, te hará cumplir lo que has dicho. Estás enamorado y le dices a tu amada: «Te amaré para siempre». No puedes saber lo que te deparará el momento siguiente. ¿Cómo puedes hacer una promesa sobre los tiempos venideros cuando ni siquiera sabes lo que ocurrirá mañana por la mañana, y no hablemos ya del futuro lejano o de las vidas por vivir? Si tuvieras la más ligera consciencia le dirías: «En este momento estoy enamorado de ti. En cuanto a mañana, no puedo decir nada». Pero el ego no obtendría de eso ningún placer.

La esposa de Mulla Nasruddin le dijo:

—Ya no me amas como antes. ¿Es porque he envejecido o porque el cuerpo se me ha vuelto torpe y achacoso? ¿Te has olvidado de la promesa que me hiciste ante el clérigo, de que estaríamos juntos en la alegría y en la tristeza?

—¿Y no estamos juntos en la alegría y en la tristeza? —respondió el Mulla—. ¡Pero no te prometí nada en cuanto a la vejez!

Cuando hoy dices «para siempre», ¿te das cuenta de las implicaciones que eso tiene? Si hoy declaras así tu amor, pasarás el resto de tu vida intentando cumplir esa promesa..., ¡una tarea muy ardua! Si no logras cumplirla, te embargará el remordimiento, y, si la cumples, serás terriblemente desgraciado, pues, ¿qué harás cuando haya volado el amor? ¿Podrás recuperarlo por la fuerza? No, te verás inevitablemente obligado a tejer una red de engaños.

Mientras uno habla, es muy difícil tener consciencia de sí mismo, pues, como decía, en el plano del habla la atención está puesta en el interlocutor. Únicamente para un el Buddha, para un sabio, no encierra ningún peligro el hablar, ya que, con su *sadhana*, esa persona ha desarrollado una flecha de dos puntas, la consciencia que percibe al otro a la vez que se percibe a sí misma, y que recibe el nombre de *surati*, remembranza o recuerdo de sí. La mente es entonces capaz de mirar en ambas direcciones al mismo tiempo, y no hay razón para que se extravíe mientras habla, puesto que el testigo está plenamente atento en todo momento; entonces ninguna palabra tiene la posibilidad de causarte problemas.

Habla un cuento sufí sobre un gurú que hizo llamar a sus cuatro discípulos para que practicaran el *sadhana* del silencio. Los cuatro se sentaron en la mezquita, y poco a poco fue cayendo la tarde y empezó a oscurecer. Ninguno de ellos había encendido aún la lámpara, y, cuando pasó por allí un sirviente, uno de los discípulos lo llamó.

–Hermano, enciende la lámpara. Se está haciendo de noche –le dijo.

Tras lo cual, el segundo discípulo intervino para reprenderlo.

–El gurú nos ha dicho que no habláramos, ¡y tú has hablado! El tercero no se pudo contener.

–¿Qué haces? –dijo dirigiéndose al segundo–. ¡Tú has hablado también!

Tras lo cual, el cuarto, que hasta entonces había guardado silencio, dijo:

–Yo he sido el único que he obedecido al gurú. No he hablado hasta ahora.

Puede que te rías del cuento, pero en realidad es tu propia historia. Si te quedas un rato en silencio, te darás cuenta de cuánto echas de menos hablar, de cómo inicias un diálogo interno. Con la menor excusa, pierdes la contemplación.

¿Qué significado tiene este cuento? Mientras no apareció nadie, los discípulos se acordaron de observar silencio, pero, al pasar por allí el sirviente, estaba presente "el otro", que atrajo su atención, y toda la contemplación se perdió.

Solo mediante la contemplación nace el recuerdo.

"Recuerdo" es una palabra muy hermosa. Se corresponde con la atención del Buddha. Hagas lo que hagas, hazlo atentamente. Estate atento cuando hablas, cuando caminas, cuando parpadean los ojos. No hagas nada insensible e inconscientemente, pues cualquier cosa que hagas de ese modo conducirá inevitablemente al pecado. Cualquier cosa que hagas sin consciencia te apartará de ti; el único método para estar cerca de ti mismo es ser cada vez más consciente. Sean cuales sean las circunstancias, sea cual sea la situación, sujétate fuerte y no dejes que la atención se te escape..., incluso aunque esto supusiera perderlo todo. Incluso si tu casa está en llamas, actúa solo con consciencia absoluta.

El filósofo y reformador social Ishwar Chandra Vidyasagar ha escrito en sus memorias el siguiente relato.

En una ocasión recibió una invitación del virrey, que deseaba otorgarle una condecoración. Él era un hombre pobre, sus ropas estaban viejas, desgastadas, e iba vestido al estilo bengalí, con un *kurta* y un *dhoti*. Sus amigos le aconsejaron que se comprara ropas nuevas acordes a la ocasión, y, aunque al principio rechazó la idea, luego lo pensó mejor y les dejó a sus amigos que las encargaran.

Un día, poco antes de la celebración, según regresaba Vidyasagar de su paseo vespertino, vio que caminaba delante de él un musulmán bien vestido, con abrigo y pantalón bombacho, haciendo girar un bastón en la mano. Caminaba a su mismo paso, disfrutando del atardecer. De pronto, un hombre –que parecía ser su sirviente– llegó corriendo y le dijo:

–Rápido, señor, ¡su casa está en llamas!

El hombre no cambió el paso; continuó paseando como si nada hubiera pasado. El sirviente, pensando que quizá no le había oído, repitió en voz alta:

–Señor, ¡su casa está en llamas! ¿No me ha oído?

Incluso el sirviente, que nada tenía que perder, temblaba y sudaba de miedo, pero el amo siguió impertérrito.

–He oído –contestó–. ¿Debería cambiar mi manera habitual de andar solo porque la casa se esté quemando?

Ishwar Chandra se quedó atónito. He aquí a un hombre cuya casa estaba ardiendo, y que no estaba dispuesto a cambiar la manera en que había paseado todo su vida; y él, ¡estaba dispuesto a desprenderse de su atuendo de toda la vida solo por ir a visitar al virrey!

Ishwar Chandra tenía curiosidad por saber más sobre este hombre tan singular. Siguió detrás de él, y lo vio caminar al mismo paso, haciendo girar el bastón. Cuando llegó a la casa y vio las llamas, tranquilamente dio órdenes para apagar el incendio, lo dirigió todo, pero se quedó a un lado, observando, y sin que su actitud se modificara lo más mínimo.

Ishwar Chandra escribe: «Incliné la cabeza en reverencia a aquel hombre. Nunca me había cruzado con nadie como él». ¿Qué protegía aquel hombre con tanto celo? Estaba salvaguar-

dando su *surati*, su consciencia, y no estaba dispuesto a perder-
la a ningún precio. Lo que ocurre, ocurre. Se estaba haciendo
cuanto era necesario para resolver la situación; con eso basta.
Bajo ningún concepto se puede hacer un trueque con la contemplación; nada en la vida es tan valioso como para que puedas permitirte el lujo de perder el recuerdo por ello.

Tú, en cambio, abandonas tu percepción consciente por
cualquier insignificancia. Se te pierde un billete de una rupia
y te vuelves loco buscándolo; lo buscas incluso en lugares donde es imposible que esté. Una persona pierde algo y la ves bus-
carla incluso en una caja diminuta, demasiado pequeña para que
pudiera caber en ella lo que busca. Siempre estás dispuesto a
perder tu consciencia..., o sería más exacto decir que no tienes
consciencia alguna que perder, ¡que vives totalmente inconsciente!

Nanak dice: «Mediante la contemplación nace la consciencia en la mente y en el intelecto». A medida que Omkar se
asienta más y más en el espacio interior, la expresión exterior
cesa. La flecha se vuelve ahora hacia dentro, pues no hay nadie fuera con quien hablar; o lo que es lo mismo, las relaciones
externas que el habla había creado ya no existen. Hablar es construir un puente para llegar a otros, es la relación entre nosotros
y los demás. Y al no hablar, esa relación se rompe; te has quedado en silencio.

Quedarse en silencio significa que ahora el viaje ha cambiado de dirección: la flecha se ha vuelto hacia el interior; el viaje ha comenzado. En cuanto sucede esto, empieza a aparecer

el primer vislumbre de consciencia, y, por primera vez, ¡tienes una percepción plenamente consciente de que *eres!* Hasta el momento, lo veías todo excepto a ti mismo. Solo tú estabas en sombra, lo mismo que la oscuridad que hay justo debajo de la llama. Ahora vas a despertar. A medida que la intensidad de Omkar aumenta, la contemplación se asienta en esta palabra, y la consciencia aumenta proporcionalmente.

Míralo así: la balanza tiene dos platillos; cuando uno sube, el otro baja en la misma medida. Y en la misma medida que profundizas en ti, se incrementa la percepción consciente. En el tercer plano, cuando incluso la palabra desaparece y queda solo la resonancia de Omkar –el sonido puro–, hay consciencia absoluta. Te levantas. Te despiertas, como si acabara de romperse el sueño de mil años. Huye la oscuridad, y hay luz y solamente luz. Es como si hubieras estado profundamente dormido durante innumerables vidas, soñando. Y de repente se acaba el sueño, y he aquí que es la mañana. Contemplas el crepúsculo como por primera vez en tu vida.

> Mediante la contemplación nace el recuerdo
> en la mente y el intelecto,
> y se tiene una percepción consciente del universo.
> Dejas de arrepentirte de tus palabras,
> y te liberas del dios de la muerte.
> Es tal el nombre del inmaculado
> que solo la contemplación lo puede conocer.

El día que despiertas, te das cuenta por vez primera del espacio infinito, de los innumerables mundos, de la existencia, de este *leela*, el juego de los dioses. Mientras sigas sumido en tus deseos, perdido en el laberinto de tu mente, estarás ciego y no verás nada. "Mente" es otro nombre para la ceguera; y la contemplación es abrir los ojos, recuperar la vista.

Nanak dice: «Solo mediante la contemplación te haces consciente de todos los mundos. Todos los cuerpos celestes, el universo entero, se hacen visibles. La vida se manifiesta en toda su gloria. Descubrirás su nombre en cada hoja, su resonancia en cada pelo de tu cuerpo; oirás su melodía en el viento. Entonces la existencia entera despliega su gloria ante ti».

Te preguntas cuál es el significado de la vida, cuál es la idea de fondo, por qué nacemos, por qué vivimos. El gran pensador existencialista francés Gabriel Marcel escribió que la vida tiene un único problema, que es el suicidio. ¿Por qué vivimos? ¿Por qué no debemos suicidarnos? El estado de insensibilidad y de inconsciencia supremas se halla en el suicidio, que significa despreciar los inestimables regalos de la vida porque no les ves ningún sentido.

Ocurre justamente lo contrario cuando despiertas a la consciencia; entonces la gloria es ilimitada. Se abren mundos y mundos ante tus ojos. Cada estadio rebosa de misterio y maravilla. Entonces comprendes el significado de la vida, la dicha inefable a la que llamamos *samadhi*. Entonces sabes lo que es la vida.

En tu estado actual no puedes saber; por mucho que preguntes y por mucho que se te diga que llegar a Dios es la meta de tu vida, eso no va a resolver el problema. Por más que se te repita que la meta de tu vida es *samadhi*, nada te sonará real hasta que el recuerdo despierte. Oyes lo que se te dice, pero no haces caso; te parece un disparate. Tú confías en tus propias ideas; pero, dime, ¿te han llevado a alguna parte que no sea al borde del suicidio? Este regalo tan valioso que se te ha dado, para ti no vale nada, no le encuentras sentido alguno. Sin embargo, en cuanto despiertas, el misterio empieza a desvelarse ante ti. Se abre una flor, y cada pétalo exhala alegría... ¡dicha embriagadora!

Nanak es un hombre sencillo, rústico. Dice: «Mediante la contemplación dejas de cargar con el peso de la vida». Habla en el lenguaje llano del pueblo, pero lo que dice tiene un significado profundo y va derecho al grano. Mediante la contemplación, ya no es necesario que escupas tus palabras solo para retirarlas un momento después y soportar insultos e injurias, o incluso una bofetada en la cara, por lo que dijiste en tu embotamiento e inconsciencia. Hablas en el sueño de tu ego, sin darte cuenta de lo que dices ni de lo que haces ni de adónde vas. Es natural entonces que te lleves una bofetada.

Hoy dices que estás enamorado; pero antes del amanecer, ¡tu amor ha desaparecido! En un momento sientes ganas de asesinar a alguien, y poco después te devanas los sesos buscando la manera de agradarle. En un momento dices una cosa y al momento siguiente, la opuesta. No se puede confiar en ti. Cambias según sople el viento. No hay en ti nada estable, nada que haya cristalizado, así que te vas llevando bofetadas a cada instante.

Nanak dice: «Solo mediante la contemplación ya no tendrás que soportar más bofetadas, ni tendrás que seguirle el juego al dios de la muerte. Todo el mundo muere, pero no tienes por qué seguir a *Yama*, el dios de la muerte». Entiende el simbolismo. Todos morimos, pero, de tanto en tanto, una persona muere conscientemente, y entonces no necesita seguir a Yama. Eres prisionero de Yama mientras vives en la ausencia de recuerdo. Yama significa miedo. Quien vive en la inconsciencia muere en la inconsciencia: tiembla y gime para que alguien lo salve de morir; se aferra hasta el último hálito de vida, rogando que alguien lo salve como sea de las fauces de la muerte. Este estado de miedo, esta oscura cara del miedo, está simbolizado por el dios Yama cabalgando a lomos de un búfalo negro.

Sin embargo, la persona que muere con pleno recuerdo y consciencia no está obsesionada con el miedo. Sin ese miedo, comprende que la muerte es la culminación de la vida, y no su fin. Lejos de ser un suceso temible, la muerte es la puerta a Su morada, una invitación a Su hogar, un proceso de fusión con Él. No hay necesidad alguna de sollozos y lamentos; al contrario, esa persona entra en la belleza inmaculada de la muerte exultante de dicha, celebrándolo..., como si fuera al encuentro de su amado.

Las últimas palabras de Nanak no tienen precio. A punto de abandonar su cuerpo, dijo: «Se abren las flores. Ha llegado la primavera. ¡Los árboles vibran con el canto de los pájaros!».

¿De qué habla? Algunos pensaron que se trataba de un recuerdo nostálgico de su infancia, de su aldea, donde –dado que era primavera– se imaginaba que los árboles estarían en flor y los pájaros cantarían en ellos. Por pura coincidencia, era primavera, los árboles habían florecido, los pájaros cantaban y el aire estaba impregnado de alegría. Pero no era eso lo que Nanak experimentaba; lo que él veía era otra cosa, solo que tuvo que recurrir a una metáfora que les resultara comprensible a los mortales. En los últimos momentos estaba entrando en la belleza suprema, en la exquisitez incomparable donde los arbustos están perpetuamente floridos, las flores nunca se marchitan y el canto de las aves no tiene fin; donde la hermosura es eterna.

En cuanto una persona alcanza la iluminación, descubre que la muerte no es aniquilación sino florecer supremo: es el estado más sublime de la existencia. Se da cuenta de que, al morir, no perdemos nada. Una puerta se cierra, y otra se abre; el sabio entra por ella danzando y cantando; el ignorante gime y llora. Si alguien sigue a los emisarios de la muerte, solo él es responsable de hacerlo, pues no existe Yama, y mucho menos sus emisarios. Tu Yama es tu miedo. En cuanto trasciendes el miedo, Dios te abre los brazos.

La experiencia que tengas de la muerte dependerá de lo que seas. La muerte es el balance, la prueba final, de lo que has vivido. Si en el momento de la muerte una persona está alegre, serena, rebosante de dicha y gratitud, su vida habrá sido incomparable, pues la muerte es la ofrenda suprema a Dios. Si solloza y gime, es señal de que su vida fue una historia de angustia, un verdadero infierno.

Nanak dice: Mediante la contemplación...

te liberas del dios de la muerte.
Es tal el nombre del inmaculado
que solo la contemplación lo puede conocer.

Mediante la contemplación, el camino se despeja
   de todos los obstáculos,
y la persona se va con dignidad y honor.
Está salvada de vagar sin rumbo,
y se establece su vínculo con la religión.
Es tal el nombre del inmaculado
que solo la contemplación lo puede conocer.

Todas las obstrucciones están dentro de ti, no fuera. Los obstáculos existen debido a tu insensibilidad, y no es posible eliminarlos mediante un acto de voluntad; la única manera es el despertar interior, entonces todos los obstáculos se desvanecen.

Supón que tu casa está a oscuras. Cuando entras, todos los rincones de la casa parecen ocultar alguna presencia amenazadora; puede que haya fantasmas, o duendes, o ladrones, o incluso un asesino. Parece que todo sea terriblemente ominoso, que la casa esconda mil peligros; podría haber incluso serpientes o escorpiones. Dime, ¿crees que es posible que venzas todos esos peligros haciéndoles frente de uno en uno? ¿Quién sabe cuántos ladrones, cuántos criminales te acechan en la oscuridad? No puedes enfrentarte a ellos individualmente; la única forma de vencerlos a todos es encendiendo la luz; una sola lámpara iluminará por completo el interior de la casa, y todos los miedos se esfumarán. Y una vez que la casa esté iluminada y veas realmente cualquier peligro que exista, seguro que encontrarás la manera de resolverlo.

El hecho, como dijo el Buddha, es que «una casa a oscuras atrae a los ladrones». El ladrón evita aquella casa que está bien iluminada. Si la lámpara está encendida en el interior y la consciencia hace guardia, ningún obstáculo, ningún impedimento se atreverá a entrar en ti.

Una mañana temprano Mulla Nasruddin se acercó a mí corriendo. Llevaba un papel en la mano y parecía muy afectado. Me entregó el papel y se dejó caer en una silla. El escritor anónimo advertía a Mulla que, si no dejaba de seguir a su esposa en los próximos tres días, lo mataría.

–¿Qué voy a hacer? –me preguntó.

–Está muy claro. ¡Deja en paz a su esposa!

–Pero ¿a la esposa de quién he de dejar de seguir? –preguntó Mulla–. Si hubiera estado siguiendo a una sola mujer, ¡sabría a cuál de ellas no seguir más!

Si tuvieras un solo impedimento, podrías librarte de él, pero son infinitos. Persigues sigilosamente a un número ilimitado de mujeres; tus deseos son inagotables. Destruyes uno, y otros diez ocupan su lugar. Si te dedicas a forcejear con cada uno de ellos esperando erradicarlos de uno en uno, no lo conseguirás jamás. Necesitas un método para acabar con todos ellos de una vez por todas; y quien te muestra ese método, el *gur*, es el gurú.

Por eso Nanak dice: Mediante la contemplación se erradican todos los obstáculos del camino. Sigue repitiendo Omkar y deja que llegue a la fase de no repetición; entonces descubrirás que se te han abierto los ojos. Ya no habrá obstrucciones, pues toda obstrucción era obra tuya; no habrá en el exterior enemigos a los que vencer, pues tú eras tu propio enemigo. Tu enemigo es tu insensibilidad, y, a causa de ella, estás inmerso en interminables enredos. Por muy cauteloso que seas, sigues añadiendo nuevos impedimentos a cada paso que das.

Hay gente en este mundo que regula su vida aplicando el control y las restricciones. Cada paso que dan, deben darlo con cuidado para no desviarse. Pero las restricciones no pueden ser una meta; la única meta, la meta suprema, es la consciencia. La invitación a vagar sin rumbo te hace señas desde dentro continuamente, y, por muchas restricciones que te impongas, las pasiones desaforadas te harán caer a la menor oportunidad. Una persona que niega lo que siente y controla cada uno de sus actos, por fuerza ha de vivir siempre con miedo, ya que en su interior siguen bullendo prisioneras las pasiones.

Mediante la contemplación, el camino se despeja
de todos los obstáculos,
y la persona se va con dignidad y honor.

Hay un tipo de honor diferente del habitual, un honor que no depende de los demás; es el respeto que nace de la dignidad interior. Muere con majestuosidad quien siente que la muerte es la unión con Dios. Cuando se va, se va lleno de dicha, celebrándolo con todo su corazón, agradecido a la existencia por la vida que se le ha dado. Lleva grabado en el semblante y en cada cabello su sentimiento de gratitud por todo. Entonces carece de importancia cuánta gente camine tras su féretro o dónde haya muerto; nada de esto afecta a su verdadera dignidad, a su gloria, a su nobleza, que son cualidades intrínsecas.

Cuando ya no temes a la muerte, mueres con dignidad; de lo contrario, no. Pues ¿cómo pueden dignificarte los gemidos y sollozos, los ruegos, las súplicas? ¿Qué importa entonces cuánta gente asista a tu funeral? Ni la pompa ni la ceremonia más ostentosas podrán borrar tu angustia, ni las flores que cubran tu cuerpo podrán camuflar el hedor de tus entrañas, ni las salvas de honor ahogarán los gritos de dolor y desconsuelo que aúllan dentro de ti. A pesar de todo ello, habrás muerto sin honor.

Cuando Nanak dice que, mediante la contemplación una persona se va con honor, se refiere a ese honor interno, a esa reverencia interior, a un sentimiento de gratitud.

Esa persona está salvada de vagar sin rumbo
y se establece su vínculo con la religión.

Por muchas escrituras que leas, no te servirá para establecer contacto con la religión. Ningún templo, mezquita ni iglesia pueden conectarte con la religión. Vas adormilado e insensible a adorar a Dios; el mismo tú que regenta una tienda va también al lugar de culto. Tu actitud debería cambiar, y, una vez que cambie, como consecuencia todo lo demás se transformará; de lo contrario, continuarás intentándolo todo, pero seguirás siendo el mismo de siempre.

Nanak fue a Hardwar durante el mes de las ofrendas a los muertos. La gente llenaba vasijas de agua y luego, mirando hacia el este, la lanzaban hacia lo alto para que les llegara a sus antepasados que estaban en el cielo. Nanak también tomó un cubo, pero se volvió hacia el oeste, y a cada cubo de agua que vertía, gritaba: «¡Llega a mis tierras!».

Cuando hubo vaciado así varios cubos, la gente que lo rodeaba empezó a protestar.

–¿Qué haces? –le gritaban–. Estás mirando en la dirección contraria, ¡deberías estar cara al sol naciente! Y ¿por qué dices «Llega a mis tierras»? ¿Dónde están tus tierras? Estás loco de remate.

–¿A qué distancia están vuestros antepasados? –les preguntó Nanak.

–Infinitamente lejos –contestaron varias personas.

–Pues si vuestra agua puede llegar a vuestros antepasados que están a una distancia infinita, ¿por qué no iba a poder llegar mi agua a tan solo trescientos kilómetros?

¿Qué pretendía Nanak? Pedía a la gente que pensaran un poco, que reflexionaran. Les está diciendo: «¿Qué estupidez es esta? Sed un poco conscientes. ¿De qué os sirven esta clase de ritos?».

Desgraciadamente, todas las religiones están llenas de estupideces semejantes. Algunos envían agua a sus ancestros, otros se bañan en el Ganges para purgar sus pecados, y otros se sientan delante de un ídolo sin tener el menor sentimiento de reverencia ni adoración, solo para pedir cosas mundanas. ¡Cuántos miles de insensateces se hacen en nombre de la religión!

Por eso Nanak insiste en que no se puede experimentar la religión a fuerza de leer las escrituras, de cumplir con las tradiciones y costumbres, ni de obedecer a ciegas ninguna creencia. El contacto con la religión se establece solo cuando la persona logra la contemplación.

Cuando una persona despierta aparece la consciencia en su interior. Cuando suena por primera vez la resonancia de Omkar empieza nuestra relación con la religión; y el día que oyes la resonancia de Om dentro de ti sin necesidad de pronunciarlo, ese día te llenas de dicha, porque eres el observador, el testigo. Ese mismo día estableces tu conexión con la religión, no con un credo ni con un movimiento religioso. Religión es a lo que el Buddha llama *dharma*; es religión aquello de lo que hablan Mahavira y Nanak.

Religión –*dharma*– significa naturaleza, el orden natural de las cosas. A lo que Lao-Tsé llama Tao, Nanak lo llama religión. Estar separado de la propia naturaleza es estar perdido, y regresar a la propia naturaleza es regresar a casa. Estar establecido en la propia naturaleza es estar establecido en Dios.

Es tal el nombre Niranjan –Dios, el inmaculado, el que no tiene tacha– que solo quien contempla su corazón sabe.

> Solo mediante la contemplación se alcanza
>   la puerta a la liberación,
> y puede la familia salvarse.
> Por medio de ella se envía al gurú, que ayuda
>   a sus discípulos a cruzar;
> ya no necesitan pedir limosna.
> Es tal el nombre del inmaculado
> que solo la contemplación lo puede conocer.

La puerta está dentro de ti, está dentro de ti el vagar, dentro de ti las obstrucciones, y también los caminos. Por eso, una vez que la lámpara está encendida puedes ver en ambas direcciones: lo que es verdad, y lo que es falso. A la luz de la lámpara, ves que todos los deseos son falsos, y que obedecer al deseo *es* el mundo, la vida mundana. Cuando la luz brille en tu interior verás que la ausencia de deseo es la verdad y también la puerta a la liberación.

Estás inmovilizado por tus deseos. Los deseos son la cadena que te retiene. Cada uno de ellos forma un nuevo eslabón, ¡y sabe Dios cómo de larga y de intricada es tu cadena! Deseas, y entras en la cárcel; deseas, y ya no puedes moverte. Y cuanto más deseas, como invariablemente ha de ocurrir, más fuertes son los grilletes que te retienen y más gruesos son los muros de tu prisión.

Nanak dice: «Solo mediante la contemplación se alcanza la puerta a la liberación. En cuanto despiertas, se te abren completamente los ojos y ves con claridad. Deja de desear y se romperán las cadenas; no habrá ya expectativas ni apegos. Cuando el deseo está ausente, no hay grilletes; solo entonces el portal de la liberación se abre. La ausencia de deseo es la puerta a la salvación».

Y solo mediante la contemplación *puede la familia salvarse*. ¿De qué familia habla Nanak? No se refiere, por supuesto, a su esposa, a sus hijos, hermanos y hermanas, pues Nanak no podía salvarlos; nadie puede hacer tal cosa. Hay otra clase de familia, que es la del gurú y los discípulos; esa es *la familia*, ya que es en ella donde el amor fluye en su prístina pureza. Es un amor que nace de la ausencia de deseo; existe sin ninguna razón.

Quieres a tu padre porque naciste gracias a él. Quieres a tu esposa debido a los deseos de tu cuerpo. Quieres a tu hijo porque ves en él una parte de ti y también apoyo para la vejez. Pero ¿cómo es la relación con el gurú? ¡Es tan difícil encontrar un gurú!, pues buscas un amor sin causa, sin razón. Lo que compartes con el gurú es amor y solamente amor..., no hay deseo, no hay expectativas. Si deseas o esperas algo de él, no puedes formar parte de su familia. Tienes que presentarte ante él con toda la sencillez y la inocencia de un niño.

Se dice que la fe es ciega, y eso les parece a quienes son dados a pensar. La gente llega aquí y dice: «Nuestros padres nos preguntan: "¿A qué viene esta obsesión con Osho? ¿Os habéis vuelto locos?"».

La verdad es que sí están locos y que sus familias tienen razón, puesto que la cabeza que se había encargado hasta ahora de los asuntos mundanos está realmente fuera de servicio. Ha nacido en ellos un amor nuevo sobre el que no se puede decir nada. Ni siquiera pueden alegar una razón para ese amor. Incluso aunque lo intenten, ¡les resulta imposible!

Dice Nanak: «Solo mediante la contemplación puede la familia salvarse». La familia va creciendo en torno al gurú, pero cuando esa familia se convierte en un movimiento religioso, empieza el deterioro. Mientras es una familia, es muy distinto. Cuando nace un Buddha, miles de personas se unen a él y forman su familia. Ser admitido en la familia del gurú es un gran acontecimiento, pues significa entrar en un mundo sin causa, en un amor sin causa.

Los seguidores de Nanak están embellecidos por él e impregnados de su esencia; su ritmo ha cautivado sus corazones, y están locos de éxtasis. Pero Nanak fallecerá, y también lo harán quienes se unieron a su familia por voluntad propia; y cuando, a su vez, sus hijos se hagan sikhs, ya no tendrá un significado genuino, puesto que el amor que no has elegido no puede transformarte. Elegir a Nanak es un gran acto revolucionario, pero nacer en una familia sikh y decir por eso que uno es sikh no es una revolución.

El musulmán nace en una familia musulmana; el cristiano, en una familia cristiana, y lo mismo sucede en el caso del hindú, el jaina o el sikh. Tu filiación religiosa, o tu fe, la adquieres por nacimiento, mientras que la familia a la que me refiero denota lo que has elegido tú mismo. Una persona religiosa siempre hace su propia elección. Una persona irreligiosa es sectaria; se identifica con la religión en la que nació.

Eres jaina, cristiano o hindú por nacimiento, pero ¿cómo puedes *serlo*? El nacimiento te da sangre, huesos y músculos, no te da tu alma.

He aquí un enigma. Cuando el gurú está vivo, hay una luz a su alrededor, en la que flota, y en la que permite a los demás flotar también. Cuando el gurú está vivo, hay un fenómeno vivo que sucede a su alrededor. Cuando el gurú se va, y se van también quienes le habían ofrecido sus vidas, los hijos nacidos en sus familias se identifican con el movimiento religioso de sus padres y se autodenominan sikhs o cristianos o budistas, pero no tienen una conexión personal con la religión que profesan.

Hay algo que debes entender bien: la religión es una decisión personal. Nadie puede ser religioso por nacimiento.

Solo mediante la contemplación se alcanza la puerta
   a la liberación,
y puede la familia salvarse.
Por medio de ella, se envía al gurú, que ayuda
   a sus discípulos a cruzar;
ya no necesitan pedir limosna.

Al cristalizar la contemplación, los deseos se disipan. ¿Qué es el mundo, sino una eterna ronda de manos que piden limosna? Fíjate en ti mismo. ¿Qué haces viviendo en esa precariedad? Te pasas las veinticuatro horas del día sintiéndote necesitado, con los brazos extendidos a causa del deseo. Eres un auténtico mendigo. Nanak dice que, mediante la contemplación, el mendigar cesa. El recuerdo hace de ti un rey, un emperador, te libera de la mendicidad. La contemplación te lo da todo, y te lleva más allá de todos los deseos.

Mediante la contemplación se llega a Dios. ¿Qué más buscas? Cuando se ha alcanzado lo supremo, no queda ya nada que buscar. ¿Qué queda por desear cuando se ha conseguido todo? Has alcanzado *samadhi*. Lo tienes todo, y la necesidad de mendigar desaparece.

Es tal el nombre del inmaculado
que solo la contemplación lo puede conocer

7. Termina el viaje

Cinco son las pruebas y los ministros,
obtienen cobijo y respeto a Su puerta;
decoran la corte del rey.
La atención es el gurú de los cinco.
Cualquier cosa que vayas a decir, antes considérala
    bien,
pues los hechos y el hacedor son imposibles
    de evaluar.
La religión sostiene la Tierra y nace de la compasión.
Establece tú el contento y logra así el equilibrio,
pues aquel que comprende se convierte en la verdad
y sabe de la carga que soporta la religión.
Hay muchos mundos, y muchos otros más allá
    de ellos;
¿Qué poder asume su peso?
Por orden Suya se crean criaturas de todas las formas
    y colores,
pero solo unas pocas conocen la ley y pueden
    contarla.

¿Puede alguien escribir el relato de este misterio?
Si llegara a escribirse, ¿qué dimensiones alcanzaría?
¡Qué fuerza, qué poder! ¡Qué bella es Su apariencia,
qué inefable Su caridad!; ¿quién puede concebirla?
Su sola palabra crea esta extensión ilimitada:
infinitas montañas y ríos, lo animado y lo inanimado.
¿Cómo pensar en ello?
Por mucho que me aplique, ¡jamás será suficiente!
Lo que quiera que te agrade, Señor, es lo mejor
    para mí.
¡Tú eres el que no tiene forma, el todopoderoso...,
    Tú que moras eternamente!

El mundo empieza cuando la unidad se pierde, y es natural que el viaje termine cuando esa unidad se encuentra de nuevo. Y son muchas las maneras en que se puede encontrar, pues esa unidad se había fragmentado de muchas maneras. Al pasar por un prisma, los rayos del sol se fragmentan en siete partes, los siete colores que forman el espectro; del mismo modo se fragmenta la existencia.

El mundo está lleno de colores; el color pertenece a la multiplicidad. El color de Dios es el blanco, mientras que la unidad es incolora. Todos los *sadhanas* son simples herramientas y técnicas que buscan el uno en los muchos, que reúnen las fracciones en lo indiviso, en lo integral. Los hindúes sostienen que "el uno" se ha dividido en dos: materia y espíritu. Si experimentas aunque sea un ligero vislumbre del uno que reside en estos dos, tu viaje se ha completado.

Otra teorías postulan que el uno se ha dividido en tres: verdad, bondad y belleza. Si eres capaz de ver la verdad en la belleza, y viceversa, si ves bondad en la verdad o en la belleza, si vislumbras al uno en estos tres elementos, de modo que los tres se desvanecen dejando solo al uno que subyace a los tres, *Ek Omkar Satnam*, tu viaje ha terminado.

Nanak dice que el uno está dividido en cinco, debido a los cinco sentidos. Si buscas el uno dentro de estos cinco elementos, alcanzarás la meta, te harás un *siddha*, el emancipado. Carece de importancia en cuántas partes dividas el uno, pues ya está dividido en infinitas partes. Lo importante es descubrir el todo perfecto e indiviso en los fragmentos.

Los sentidos son cinco, pero dentro de ellos la meditación es una: entender esto es captar el *sutra*. Contar las cuentas de un rosario no tiene sentido alguno, pero si logras llegar al hilo que une todas las cuentas, habrás hallado refugio en Dios. Aferrarse a las cuentas es permanecer en el mundo, pero captar el hilo que atraviesa el centro de las cuentas es alcanzar a Dios.

Hay cinco sentidos, pero ¿quién está dentro de ellos? Cuando miras, ¿quién es el que ve por tus ojos? Cuando oyes, cuando tocas, cuando hueles, cuando comes, ¿quién es el que experimenta la percepción, la experiencia? Nanak responde que la *atención* reside en el centro y lo une todo.

Hay un anécdota muy antigua. Un *sannyasin* fue enviado por su gurú al palacio de un rey.

–Tal vez el rey sea capaz de hacerte comprender lo que yo no he podido –le dijo el gurú antes de que partiera.

El discípulo dudaba que fuera posible, pero tenía que obedecer la orden del gurú. Cuando llegó al palacio lo encontró inundado de luz; corría el vino, y las bailarinas hacían sensuales movimientos al son de la música. Sintió una angustia terrible. Estaba tan convencido de que aquel no era lugar para él que se acercó al rey y le pidió que lo dejara volver a casa, explicándole que su búsqueda era otra y que, viendo que él estaba a su vez tan perdido, no creía que pudiera serle de ayuda.

–No estoy perdido –contestó el rey–, pero eso lo entenderás solo cuando hayas pasado aquí algún tiempo. Ver las cosas desde fuera es inútil. Si te tomas la molestia de mirar en lo más profundo de ti, quizá descubras la clave. Tu gurú te envió aquí tras mucha deliberación. La clave está ya oculta en nuestro interior, y no en los órganos de los sentidos.

El rey lo convenció de que se quedara a pasar la noche, y se le alojó en una preciosa habitación que reunía todas las comodidades imaginables. Solo tenía una pega: justo encima de la cama colgaba del techo una espada al descubierto sostenida por un fino hilo de algodón. El *sannyasin* no consiguió dormir nada, pues el hilo parecía poco resistente, y la espada podía caerle encima en cualquier momento. Estaba consternado por esta broma tan macabra.

Por la mañana, el rey le preguntó si había dormido bien.

–Todo a la perfección –respondió el *sannyasin* con cierto sarcasmo–; inmejorable. Solo una cosa: no he entendido la broma de la espada. No he podido pegar ojo, atento en todo momento a la espada que podía caerme sobre la cabeza.

–Exactamente así –dijo el rey– cuelga sobre mi cabeza la espada de la muerte, obligándome a prestarle atención constante. Las muchachas bailan, pero mi mente no está en ellas;

corre el vino, pero me da poco placer; las mesas rebosan de los más exquisitos manjares, pero no puedo disfrutar de la comida cuando la espada de la muerte cuelga siempre sobre mí.

Los cinco sentidos son las cinco aberturas por las que estableces contacto con el mundo exterior. Sin ellos, no podrías relacionarte con la vida; ahora bien, cuanto más te adentras en ellos, más te apartas de ti. *Dhyana*, la concentración, se oculta en cada uno de los sentidos. Cuando uno de ellos en particular apunta hacia el exterior, tu atención se dirige hacia el exterior con él; de ahí que cuando tu atención sale por un órgano de los sentidos, ignores los demás. Esto ocurre porque tu fuente de conocimiento es la atención, y no los sentidos. El conocimiento en sí es atención. Si, por ejemplo, estás en una fiesta, pero se te ha clavado un pincho en el pie y el dolor es insoportable, no podrás disfrutar del sabor de la comida, puesto que ese dolor tan terrible acapara toda tu atención, que fluye en esa dirección solamente.

Pondré otro ejemplo: te acaban de decir que tu casa está en llamas, y tu único pensamiento es cómo llegar allí lo antes posible. Aunque vas caminando por una calle abarrotada de gente, no eres consciente de nada de lo que hay a tu alrededor; no te das cuenta de las personas que pasan a tu lado a toda prisa, empujándose unas a otras, empujándote a ti, ni tan siquiera de que quizá tú también estés empujando a otros. No te interesa lo que se vende en las tiendas, ni de qué habla la gente. Aunque tus oídos lo oyen todo, tú no oyes nada; aunque tus brazos rozan a otras personas, no sientes nada. Tu mente está enfocada tan solo en el incendio que hay en tu casa.

Los sentidos no experimentan nada sin la presencia de la mente; sus experiencias dependen por entero de tu atención. Hasta que no concedes tu atención a un órgano sensorial, no se motiva y cobra ímpetu. Pero si retiras tu atención de los cinco sentidos, lo que queda entonces es "el uno", ya que "los cinco" se desvanecerán al instante. Y la verdadera búsqueda es solamente de ese uno. En estos *sutras*, Nanak nos enseña el método para retirar la atención de los cinco sentidos.

Intentemos comprenderlos:

> Cinco son las pruebas y los ministros,
> obtienen cobijo y respeto a Su puerta;
> decoran la corte del rey.
> La atención es el gurú de los cinco.

Dhyana, la atención, es el gurú de los cinco sentidos. Mientras estés disperso entre los cinco, vagarás sin rumbo, pero si logras hacerte con "el uno", llegarás a tu destino.

Observando a una mujer que molía trigo, Kabir dijo: «Nadie puede permanecer entero entre las dos piedras del molino». Lo que les estaba diciendo a sus discípulos es que quien se queda atrapado en el molino de la dualidad acaba convertido en polvo, y es imposible salvarlo.

El hijo de Kabir dijo sobre esto: «Pero hay algo más en el molino: el eje central. ¿Qué pasa si alguien logra agarrarse a él?».

En el siguiente pareado Kabir se refiere al eje, diciendo que, quien busca refugio en él, quien busca protección aferrándose a la pieza que hay entre las dos piedras, no acabará molido entre ellas.

Tanto si piensas que son dos, como dice Kabir, o cinco, como dice Nanak, o nueve, o infinitos, lo cierto es que los caminos sin rumbo son muchos, pero el destino es uno. En cualquier camino por el que elijas vagar, el método para transitarlo será específico de ese camino. El método de Nanak se traduce en que, cuando comes, debes ser consciente de tu atención: el alimento entra, se forman en tu boca diversos sabores, así que experimenta todo ello con atención meticulosa. Y si saboreas la comida con atención, descubrirás que, en determinado momento, se desvanece el sabor y solo la atención permanece. La atención y la observación forman un fuego abrasador que convierte el sabor en cenizas.

Cuando estés mirando una flor, obsérvala muy atentamente y descubrirás que la flor desaparece y solo queda la observación. La flor es como un sueño; la atención es eterna.

Cuando veas a una mujer muy hermosa y la observes sin perderte en un laberinto de pensamientos, pronto descubrirás que la mujer se desvanece –como una línea trazada en el agua– y solo la atención queda. Y si, de este modo, estás alerta y atento con cada uno de los sentidos, las formas sensoriales se desvanecerán también y emergerá solo lo que no tiene forma. Una vez que la persona llega a este *dhyana*, nada la puede destruir.

Nanak dice que solo hay un amo de los cinco sentidos, y es la atención. Y los cinco sentidos, como cinco ríos, vierten sus aguas en ese *dhyana*.

También los psicólogos estudian este fenómeno: los ojos ven, los oídos oyen, las manos tocan, la nariz huele; pero ni los ojos ni los oídos ni las manos ni la nariz realizan solos esas tareas. ¿Quién se une a ellos, por tanto?

Alguien habla, y tú lo escuchas además de mirarlo. Ahora bien, ¿cómo puedes estar seguro de que la persona a la que ves es la misma a la que estás oyendo? Los ojos y los oídos son diferentes. Unos indican que ven a alguien; los otros, que oyen a alguien. ¿Pero cómo se conectan? ¿Quién es el que conecta esas dos experiencias y nos transmite la información de que se refieren a la misma persona?

Debe haber un terreno común donde todos los sentidos combinan su experiencia: las visiones que envían los ojos, los sonidos que envían los oídos, los olores que capta la nariz, el tacto que percibe la mano. Es el enfocar la atención lo que ofrece ese punto común que determina la experiencia. Si no fuera así, la vida estaría toda revuelta y confundida. Nunca estarías seguro de si la persona a la que ves es la misma a la que oyes, y si el olor que captas proviene también de esa persona. Estarías completamente fragmentado si no fuera por ese "uno" que asocia los cinco sentidos. Los cinco caminos han de confluir en alguna parte donde sus experiencias se aúnen, y ese lugar es *dhyana*, la atención.

Nanak dice que la atención es el gurú de los cinco, que son sus discípulos; pero tú has hecho un gurú de cada disciplina y te has olvidado del gurú. Has convertido a los sirvientes en el amo, y no sabes nada en absoluto sobre el amo verdadero. Te dejas llevar por los sentidos y ni siquiera piensas en la atención. Has olvidado completamente que los sentidos son solo una extensión superficial de la atención, y no sabes lo que yace en lo más profundo de ellos.

Si quieres tener una vida verdaderamente bella, no escuches a los sentidos, porque están incompletos, y únicamente te causan problemas. En la mayoría de los casos, la gente es esclava de un sentido u otro. Hay quienes pierden la cabeza por el sentido del gusto –comida, comida y comida–; no son capaces de ver nada más. Se dice que el emperador Nerón era un gran entusiasta de la comida. No era solo que comiera varias veces al día, sino que se pasaba el día entero comiendo. Los médicos tenían que atenderlo constantemente para hacerle vomitar a fin de que pudiera volver a comer otra vez.

Quizá pienses que estaba loco, pero es la clase de locura que padece casi todo el mundo. Hay quienes son adictos a la vista –y se pasan el día buscando rostros bellos y cuerpos atractivos– aunque sufran en el proceso. Son esclavos de sus ojos.

Y si eres esclavo de tus ojos, estás ciego, puesto que el auténtico órgano de la vista no es el ojo; el ojo es una simple ventana, pero el que mira por ella es alguien distinto. Así que no hagas preguntas sobre la ventana, sino por el que se asoma a ella. Quienes son adictos a los sonidos y a los olores, o a adornarse el cuerpo, quienes se dejan llevar por la música o tienen la perversión de tocar están totalmente dominados por los sentidos; han aceptado que sus esclavos sean sus amos. En lugar de esto, escucha al amo que existe dentro de ellos, pues, sin él, los sentidos resultan inútiles.

En 1910, el rey de Kashi tenía que someterse a una operación de apendicitis. Como había hecho voto de no consumir nada que indujera inconsciencia, rechazó la anestesia. Los médicos se encontraron en un dilema, puesto que era imperativo operar y, por tanto, la anestesia también lo era. Intentaron explicarle que iban a tener que abrirle el abdomen, pero él insistió, y pidió únicamente que se le permitiera leer la *Gita* mientras lo operaban; con eso sería suficiente. Los médicos acabaron rindiéndose, ya que demorar la operación podía tener consecuencias fatales. El rey leyó la Gita durante toda la operación, y, cuando esta terminó, los médicos, que no daban crédito, le preguntaron si había sentido algún dolor. «Estaba tan absorto en la *Gita* –contestó– que no me he dado cuenta de lo que estaba sucediendo.»

Solo conoces algo cuando aplicas tu mente a ello; solo ves lo que quieres ver. Cuando tu atención se desvía, todo cambia de pronto, y dejas de ser consciente de las cosas que prefieres evitar. Si te das una vuelta por el mercado, solo verás aquello que te interese: un zapatero se concentrará en los artículos de cuero, un joyero solo tendrá ojos para los diamantes. Solo ves aquellos objetos que tu atención ilumina; todo lo demás permanece en la oscuridad.

La culminación del arte de vivir es tener dominio sobre la atención. Si te diriges hacia Dios, el mundo quedará atrás, y por eso los sabios llaman al mundo *maya*, una ilusión. Maya no significa que el mundo no exista; claro que existe. Pero los sabios descubrieron que, al fluir su consciencia hacia Dios, el mundo se desvanecía de la percepción; y donde no hay consciencia, que exista o no exista cierto lugar es irrelevante. La existencia nace del acto de la percepción, y, cuando la atención se retira, se desvanece.

Los sabios dicen: «Dios es verdad, el mundo es falso». ¿Significa esto que el mundo que vemos a nuestro alrededor no está ante nuestros ojos en realidad? Sí, sí está, pero el sabio ya no lo percibe. Si eres codicioso, la riqueza es una realidad para ti; cuando la codicia desaparece, la riqueza es equiparable al barro. La riqueza no es riqueza por sí misma, sino por tus percepciones. Lo mismo pasa con la sensualidad: si existe, el cuerpo adquiere gran importancia; si no, el cuerpo es secundario.

Al cambiar el foco de atención, la existencia cambia, pues se manifiesta solo en el camino de la atención. Una vez que comprendas esto, serás dueño de ti mismo. Una vez que hayas descubierto al amo que hay dentro de ti, ya no obedecerás a tus sirvientes, los discípulos, pues ¿qué sentido tiene preguntar a quienes no saben? Ahora obedeces las órdenes del amo interior.

Nanak dice que uno solo, *dhyana*, es el gurú de los cinco. En el nivel superficial, *dhyana* significa "atención"; en el nivel profundo, significa "meditación". Es la meditación la que te lleva a descubrir al amo que hay dentro de ti. No hay nada más profundo, nada más penetrante, que la meditación, así que reflexiona sobre ella y no hagas ningún comentario a la ligera sobre algo tan sustancial. La gente habla sobre la atención y la meditación sin tener ningún conocimiento directo de ellas. La gente que no sabe, porque no las han experimentado, disfruta hablando por hablar, y con ello causa una enorme confusión en el mundo.

Estamos experimentando con cientos de métodos de meditación distintos. Una persona vino para decirme que alguien le había preguntado qué era eso que hacía, y si llamaba a eso meditación. Le dije que le preguntara a su amigo si él sabía lo que es la meditación, y, si lo sabe, que aprendiera de él. Porque la cuestión no es si aprendes de mí o de otra persona, sino aprender lo que es la meditación. Se fue y le preguntó a su amigo, y este le contesto que ni tenía experiencia con la meditación ni sabía lo que era. Lo curioso es que este mismo caballero advirtiera a su amigo con tal vehemencia sobre lo que no era meditación, que estuviera tan dispuesto a dar su opinión sobre algo que no conocía. ¡Qué irresponsables somos!

Nanak te dice que pienses bien antes de hablar; que seas plenamente consciente y digas solo aquello que sabes. El mundo no ha perdido el rumbo a causa de la gente ignorante, sino a causa de toda la gente sabia y erudita que en realidad no sabe nada, pero a la que le encanta hablar y dar consejos. No siendo conscientes de lo que hacen ni del porqué, no son más que una plaga, con sus opiniones y sus puntos de vista.

No cuesta mucho hacer que se congreguen en torno a ti un montón de insensatos. Solo tienes que empezar a hablar, y seguir hablando, sin importar de qué, y en unos días habrás conseguido toda una banda de seguidores, puesto que siempre hay personas más necias que tú en este mundo. Para encontrar discípulos, lo único que necesitas es tener un poco de locura, cierta arrogancia, y la fuerza para hablar muy alto; y la gente se arremolinará a tu alrededor. Y a medida que empiecen a frecuentarte, muchos sucesos que se produzcan te serán atribuidos. Porque esa gente vive en total oscuridad, no han visto un destello de luz en su vida; y cuando tú empiezas hablarles de la luz, caen en tu trampa; creen de verdad que hay algo en ti.

Además, la gente tiene mucha imaginación: lo que quieren que ocurra, empiezan a imaginarlo, y, cuando el proceso imaginativo comienza, nacen los sueños. Si alguien imagina que experimenta el ascenso de la *kundalini*, es posible que empiece a ver luz y colores, y, al suceder esto, crece su fe en la persona que se proclama a sí misma el gurú. Por eso hay tantos gurúes.

Conozco a muchos de esos gurúes que no saben nada sobre la meditación. Cuando nos reunimos en privado, su pregunta es siempre la misma: «¿Cómo debo meditar? ¿Qué es la meditación?». ¡Y son personas que tienen miles de adeptos!

Nanak dice que, cualquier cosa que vayas a decir sobre la meditación, debes pensarla bien antes de pronunciarla, porque es como jugar con fuego. Nada puede ser más sutil, nada más valioso. El sendero que conduce de lo mundano a Dios, el espíritu supremo, es muy estrecho, muy fino. Necesitarás de una intensa contemplación antes de aventurarte a expresar tus pensamientos.

Cualquier cosa que vayas a decir, antes considérala
bien...

«¿Me conozco a mí mismo? ¿Tengo verdaderamente la experiencia?» Si cada persona de este mundo hiciera voto de hablar solamente de aquello de lo que sabe, terminarían para siempre los engaños y las tergiversaciones. Cuando el ser humano esté dispuesto a admitir su ignorancia de aquello sobre lo que no sabe, y se dé cuenta de que no tiene ningún derecho a hablar de ello, la vida será sencilla, y no será tan difícil comprender la verdad.

Pero hay tanta falsedad por todas partes, es tal la red de engaño y falsa maestría que resulta imposible encontrar un verdadero *satguru*, un maestro perfecto. No te encontrarás con un verdadero Nanak, porque son tantos los impostores que compiten por ser gurúes que ¿cómo puedes discernir entre ellos? No hay ningún criterio por el que guiarse.

Por eso Nanak dice que hables solo tras gran deliberación, y solo una vez que hayas experimentado y conocido algo directamente. No juegues con la vida de los demás. Y esto es precisamente lo que haces cuando aconsejas a otros sobre cosas que tú mismo desconoces. No hay mayor pecado que confundir a una persona y desviarla del camino del conocimiento. El robo, el asesinato y el engaño no son nada comparados con esto. Cuando robas, lo único que haces es despojar a alguien de sus posesiones terrenales, lo cual no tiene demasiada trascendencia. Cuando matas a alguien, le privas de su cuerpo, pero los cuerpos no son un bien escaso y se puede obtener uno nuevo;

lo único que has hecho es arrebatar a esa persona de la cubierta, no del *atman*. Cuando engañas a alguien, ¿qué ganas con ello? Algo muy insignificante, nada de valor.

Pero si te haces pasar por gurú y conduces a tus discípulos por caminos de los que tú no tienes ni idea, puedes hacerles vagar errantes durante infinitas vidas. No puede haber un engaño mayor ni un pecado más aborrecible. No hay mayor pecador que un gurú ignorante.

Recuerda, una persona puede vagar de un gurú a otro y, al no considerar digno a ninguno de ellos, se tambalea su fe y pierde la esperanza. Empieza a sentir que no hay más que fraude e hipocresía en nombre de la religión. Y cuando el noventa y nueve por ciento de los gurúes son unos hipócritas, ¿cómo podrá confiar en el que es genuino? Esa persona, incluso si conoce a un *satguru*, a un Nanak, inevitablemente se acercará a él con mucha cautela, sospechando, naturalmente, que es como todos los demás.

Una de las razones principales del acérrimo ateísmo que hay en el mundo es la abundancia de falsos gurúes. El ateísmo no es consecuencia de la ciencia como generalmente se cree, ni obtiene su ímpetu de los filósofos ateos. Se ha perdido la fe a causa de los impostores enmascarados de gurúes, hasta el punto de que ya no es posible convencerlos de que pueda existir un maestro auténtico. Y, por la misma razón, se niegan también a creer que exista un poder que es Dios.

Cuando los gurúes son falsos, ¿cómo puede Dios ser verdadero? La experiencia de los buscadores, buena gente a la que se ha confundido tanto, es que ese Dios, y esos métodos y prácticas, no son más que instrumentos para explotar a los ingenuos.

Por eso Nanak nos exhorta a hablar solo después de la debida contemplación; porque es como jugar con fuego, como apostar la vida de otras personas. Piensa bien antes de hablar o, si no, guarda silencio.

> Cualquier cosa que vayas a decir, antes considérala bien,
> pues los hechos y el hacedor son imposibles de evaluar.

¿Cómo decir algo sobre Dios, cuando no tiene principio, ni fin, ni límites? Lo único que de verdad podemos hacer es guardar silencio. ¿Qué vas a decir? ¿Qué puedes decir sobre Él? ¿Qué puedes decir sobre la meditación? Por eso, dedícale gran deliberación y pensamiento.

Entiende que la meditación es el método, y que Dios, *paramatma*, está en la compleción de la experiencia, del conocimiento. Tal vez seas capaz de decir algo sobre el camino si lo has recorrido, pero no podrás hablar sobre el destino, que es infinito, que no tiene límites ni dirección. No puedo decirte qué es Dios, pero indudablemente puedo contarte cómo he llegado a Él; del camino sí se puede hablar.

El Buddha dijo que un *buddha* puede únicamente dar una indicación y señalar el camino, nada más. Nanak lo ha dicho una y otra vez: «Yo solo soy el médico que puede recetar una medicina. No sé nada sobre la salud». El conocimiento del médico está limitado al tratamiento de ciertas enfermedades; su medicina cura la enfermedad, pero él no tiene conocimiento de la salud, del bienestar que inunda a una persona de alegría y gratitud cuando la enfermedad desaparece... ¡Él no sabe nada de eso!

Solo se puede hablar de Dios mediante la negación; como mucho, podemos decir: «No es esto. No es aquello». En cuanto dices «Es esto», lo has delimitado, pues únicamente lo que tiene un perfil, un límite, se puede señalar; no lo ilimitado. Por eso Nanak dice: «No se puede decir nada sobre Dios; así que es mejor guardar silencio».

Sin embargo, no hay ningún lugar del mundo donde se guarde silencio sobre el tema de Dios, que, de hecho, es constantemente motivo de acaloradas discusiones. Hay reuniones y seminarios donde los entendidos debaten sobre la existencia o la no existencia de Dios, afanándose tanto en demostrar sus puntos de vista que a nadie le preocupa el hecho de que sea imposible demostrar la existencia de Dios, y mucho más su inexistencia. A Dios se le puede conocer, se le puede vivir. Podemos ser Dios; pero no se puede demostrar o no demostrar a Dios.

¿Cómo piensas demostrar que Dios existe? Cualquier cosa que digas de él será falsa, absurda, y estará fuera de lugar. O ¿cómo demostrarás que no existe? Eso también será por fuerza absurdo e irrelevante. Digas lo que digas sobre él, solo puede ser algo ridículamente incompleto, porque Dios es la totalidad, el todo. Al vasto espacio que se extiende a tu alrededor y que se pierde en el infinito nos referimos con esa simple palabra: *Dios*. Dios no es una persona sentada en las alturas; Dios es una experiencia de ahogarse, de sumergirse en la divinidad hasta perderse en ella. Dios es un estado en el que tú ya no estás, y, sin embargo, estás plenamente.

Es una extraña y maravillosa paradoja. Por una parte, estás absolutamente aniquilado, y, por otra, eres un todo perfecto, ¡la perfección última! Así pues, Dios no es ni un individuo ni una concepción ni una hipótesis. Dios es una experiencia, ¡la experiencia suprema! Es tal la experiencia que te absorbes en ella por completo, te disuelves en ella hasta el punto de que ya no hay un tú que regrese para hablar sobre ella.

Por eso, dice Nanak, no se puede decir nada sobre Él. Se puede decir algo únicamente sobre la meditación..., y eso, solo en caso de que la hayas experimentado, y después de la debida contemplación. Ten por norma hablar solo de aquello que conoces, y esta sencilla norma puede transformar tu vida. Olvídate del resto del mundo; ocúpate solo de ti mismo y no te apartes de ella.

Nos encanta exagerar. Si conocemos un centímetro de algo, queremos dar un kilómetro de información sobre ello. Conocemos apenas un grano, y nos lanzamos a discutir sobre toda una montaña. El estado de la mente es un estado de exageración, porque el ego se deleita en las exageraciones.

Mulla Nasruddin se cayó en la carretera. Se quedó inconsciente y lo llevaron al hospital. Cuando lo colocaron sobre la mesa de operaciones encontraron en su bolsillo un papel en el que había escrito con letras grandes: «Sufro de ataques epilépticos. Por favor, no me operen de apendicitis. Ya me han quitado el apéndice muchas veces».

La mente se vuelca en dar explicaciones detalladas con gran prontitud y entusiasmo. Disfruta auténticamente haciéndolo. Tienes un ligero conocimiento sobre algo, y lo adornas, le añades especias y color; y cuanto más color le añades, más falso es ese conocimiento, hasta que, finalmente, se ha perdido la esencia y lo único que queda es el color.

Di siempre proporcionalmente menos de lo que sabes, y entonces no hará daño a nadie. Sé consciente del impulso de exagerar. Y esto no solo en lo referente a hablar de Dios, sino también sobre la meditación, la vida y la existencia. Pues la existencia es muy vasta, y lo que hayas conocido de ella no podrá ser más que una parte infinitesimal, insuficiente para conferirte la autoridad de pontificar.

Es como si fueras un tendero que no conoce más que su tienda, mientras que la existencia es tan inmensa que hay en ella infinitas formas de vivir. No has conocido la vida en su totalidad. Hay miles de tiendas que comercian con miles de cosas distintas, y tú solo has tratado determinado tipo de artículos. Incluso como tendero, solo puedes decir que conoces un tipo de establecimiento, y, de los miles de clientes, puedes decir que conoces solo a unos pocos; esa es la suma total de tu experiencia: un simple grano.

Newton dijo: «La gente cree que sé mucho. La sensación que yo tengo es que el conocimiento que he alcanzado es como un grano de arena de una playa. Ese grano es mi conocimiento, ¡y mi ignorancia es equivalente a todos los demás granos de arena de la playa!».

Dirige tu atención a lo que no sabes, a lo que te queda por conocer, y eso te hará humilde; mientras que si te concentras solo en lo que sabes, se te quedará rígida la espalda de tanta arrogancia, pues tu ego se fortalece con ello. Concéntrate siempre en lo que no sabes todavía, en lo que aún te queda por experimentar. Será como asomarte a una vista tan interminable de lo que te queda por explorar y sentir la futilidad de llevar la cuenta de lo que sabes, que te parecerá entonces tan ridículo, apenas nada.

Por eso decía Sócrates que cuando el sabio consigue el conocimiento supremo, descubre que solo le queda una cosa por saber: «¡No sé nada!». Es esto lo que caracteriza al sabio: sabe que no sabe nada.

Y por eso Nanak nos dice que nos mantengamos dentro de los límites, que seamos sencillos, humildes. Di solo lo que sabes y, sobre el tema de Dios, ¡guarda silencio!, pues ¿qué puedes decir sobre Él? Digas lo que digas, no serán más que especulaciones. ¿Puede una hormiga hablar del océano? ¿Quién eres tú para demostrar Su existencia o no existencia? ¿Quién te ha nombrado juez? ¿Depende Dios de que tus argumentos le hagan o le destruyan?

Keshav Chandra fue a ver a Ramakrishna para sostener con él un debate sobre la existencia o no existencia de Dios. Mientras él exponía una serie de argumentos para demostrar que Dios no existe, Ramakrishna escuchaba con el corazón rebosante de dicha. Luego, lo abrazó con gran afecto y le dijo: «Has sido muy amable al venir a verme, a mí, que soy un simple aldeano. Nunca antes había presenciado un despliegue de inteligencia tan magnífico, y, mirándote ahora, estoy totalmente convencido de que no puede haber mayor prueba de que Dios existe. ¿Cómo podría abrirse así una flor como tú si no fuera por Él?».

Keshav Chandra había ido expresamente a demostrar que Dios no existe. Sus argumentos eran lúcidos y claros y su razonamiento, sutil. Una mente lógica y genial como la suya nace una vez cada mil años. Aunque era muy difícil responderle, ¡Ramakrishna no propuso ni el menor argumento en contra! Estaba tan lleno de amor y deleite contemplando a Keshav Chandra, y tan auténticamente convencido por ello de la existencia de Dios, que Keshav Chandra se quedó mudo ante aquella expresión de puro éxtasis. Ramakrishna le dijo: «Que *tú* existas es la prueba de que el mundo no es solo material. Si es posible un proceso de inteligencia tan perspicaz, si la razón puede ser tan sutil, significa que este mundo no es solo materia; no es igual de basto que una piedra; sin duda hay una conciencia oculta en él. A mí, el hecho de que existas me ha demostrado que Dios existe».

Cuando Keshav Chandra volvió a casa escribió en su diario que aquel hombre le había ganado. Es difícil derrotar a una persona religiosa que no presenta ningún argumento; solo se puede vencer a quien razona y discute, ya que entonces lo único que se necesita es ser un mejor polemista, un orador más sagaz.

La persona religiosa no da pie a un debate cuando se niega a competir. Dice: «Creo en Dios; tengo fe en Dios; no tengo opiniones sobre Él, ni decisiones que tomar. Dios es mi sentimiento, no mi pensamiento. Dios está en mi corazón, no en mi cabeza; y el corazón guarda silencio». Una persona religiosa se queda siempre en silencio cuando se le pregunta sobre Dios. Si se le pregunta sobre la meditación, hablará, pero solo hasta donde sepa por experiencia propia.

Antiguamente, la gente era honesta. Hay un relato precioso sobre el Buddha y su búsqueda de la verdad.

Durante seis años, el Buddha había ido de gurú en gurú. Cuando uno le había enseñado todo lo que sabía, buscaba a otro; hasta que llegó un momento en que el Buddha sabía todo lo que sabían los gurúes. Al último, le preguntó:

—¿Y ahora qué voy a hacer?

—Yo te he enseñado cuanto sé —le contestó el gurú—. Tendrás que buscar a otro.

Se trataba de Alar-Kalam. Y cuando el Buddha estaba a punto de marchar, le dijo:

—Te he revelado todo el conocimiento que yo he alcanzado, y no tengo más que darte. Ve y busca a otro que pueda llevarte más lejos; ¡pero no te olvides de volver luego e impartirme ese conocimiento también a mí!

Esa es la razón por la que, en el pasado, muchos alcanzaban la sabiduría, pues la honestidad formaba parte de su naturaleza. En el mundo actual, ¿a quién le importa la honestidad? Si puedes impresionar a la gente con tus argumentos, da igual que en realidad no sepas de qué hablas, pues la gente está deseosa de arremolinarse a tu alrededor y seguirte; es solo cuestión de que sepas anunciarte, como cualquier producto del mercado. Si te anuncias bien, si consigues despertar la pasión y la codicia de la gente, atraerás una clientela formidable. ¡Es tan fácil entonces ser un gurú!

Por eso Nanak dice que debemos tener mucho cuidado con lo que decimos sobre la meditación, porque es la religión la que sostiene la Tierra. Unas pocas frases acertadas o erradas pueden alterar la vida de miles de personas; una frase errada puede sembrar en alguien una confusión que dure infinitos nacimientos. La religión no es cualquier cosa; es la base de tu vida, el sostén de toda la existencia. Si hablas sobre religión, di solo lo que sabes. Crear una concepción falsa de la religión significa perder todo lo que sostiene y sustenta tu ser. La religión sostiene y mantiene la Tierra. Nace de la compasión y la piedad, y establecer el contento crea su equilibrio.

Deja que estas línea te calen hasta lo más hondo:

La religión sostiene la Tierra y nace de la compasión.
Establece tú el contento y logra así el equilibrio.

La religión es la base de toda la vida, de toda la existencia. Sin ella, la existencia no puede mantenerse unida; sin ella, el mundo se haría pedazos. Constituye los cimientos sobre los que se asienta la mansión de la existencia. Todo lo demás es como el resto de los componentes del edificio: ladrillos, mortero, cemento. La religión es el fundamento, la cualidad innata de nuestra naturaleza. Está en la propia naturaleza del fuego dar calor; sin calor, no puede haber fuego. Es la naturaleza del Sol irradiar luz; si no irradia luz, no será el Sol, habrá perdido su cualidad, su carácter innato, su *dharma*.

Jesús dijo a menudo: «Si la sal pierde su salinidad, ¿cómo la harás salada de nuevo?». No hay manera. Cuando algo pierde su cualidad intrínseca deja de ser lo que era; era lo que era por su propia naturaleza, su cualidad.

El Sol es el Sol porque da luz; el fuego es fuego porque da calor. Y el ser humano es el ser humano debido a la meditación..., ¡esa es su naturaleza! La persona que pierde la cualidad de meditar es una persona solo de nombre. Aunque siga pareciendo un ser humano, en realidad es un animal, puesto que vive como un animal. Nunca criticamos a un animal que vive según su naturaleza. Nunca le decimos a un perro: «Te comportas como un perro»; para él eso no significaría nada. Pero a veces le decimos a alguien que se comporta como un perro, o: «¡No seas burro!».

Podemos decirle esto a un ser humano porque no es un ser humano verdadero a menos que se establezca realmente en la meditación; ese es su sí mismo natural. Un Buddha, un Kabir, un Nanak son seres humanos de verdad, pero el grueso de la humanidad ha caído tan bajo que a esas personas selectas las llamamos *avatara*, "encarnados". Naturalmente, no las consideramos simples seres humanos, pues entonces, ¿qué somos nosotros? Tendríamos que colocarnos en una categoría inferior; así que, para mantener nuestra condición humana, tenemos que crear un plano especial para ellos, justo por encima del nuestro, y es el plano de los "encarnados". Eso resuelve el problema, considerarlos divinos –si no dioses– y nosotros seguir siendo seres humanos. Pero *no* somos seres humanos.

Es necesario entender el significado de las palabras. *Manushya* significa "ser humano". Contiene la raíz *mana*, que significa "mente". Cuando una persona está profundamente establecida en la meditación, es *manushya*, puesto que es la naturaleza del ser humano que la consciencia y la atención constituyan un estado superior de la mente. Cuando adquieres consciencia, descubres que esa consciencia es el portal a la conciencia de la existencia entera. Por tanto, la única manera de que el ser humano llegue a Dios es descubrir la base más íntima de su naturaleza.

La religión sostiene la Tierra y nace de la compasión.
Establece tú el contento y logra así el equilibrio.

La religión es el sostén, la naturaleza, la base de la vida. Es hija de la compasión. Establece el contento y lograrás el equilibrio.

Compasión y contento son dos términos muy valiosos, ya que la vida entera del buscador está contenida en ellos. El contento interior y la compasión exterior deben estar equilibrados en la balanza. Estate siempre satisfecho en lo más profundo de tu ser, y sé siempre compasivo con los demás; nunca bases tu contento en otros, ni sientas compasión por ti mismo.

Fíjate en que hacemos justamente lo contrario. Vemos a un hombre muriéndose de hambre, o tendido en la calle retorciéndose de dolor, y decimos: «Todo es como ha de ser. Hay que tomar la vida según viene». Aunque quizá se nos haya enseñado que el contento es la satisfacción por que las cosas sean como han de ser, hacemos un uso indebido de esto. Debería haber contento por lo que uno tiene, pero compasión hacia los demás. En cambio, si sé que estoy donde debería estar, y que no hay necesidad alguna de cambiar nada, que lo que el destino me ha dado es suficiente, estoy satisfecho y me siento pleno tal como soy.

La confusión y el desasosiego son consecuencia directa de la insatisfacción: cuando considero que las cosas no suceden como me gustaría, que no soy como debería ser, que no se me ha dado lo que merezco, que Dios no parece estar satisfecho conmigo, que es injusta la manera en que se me trata, que no se me valora como debería valorárseme, que indudablemente merezco más fama, más riquezas..., en cuanto estos pensamientos de insatisfacción empiezan a agruparse en la mente, lo único que sientes es la carencia de todas esas cosas, que da lugar al desasosiego. Tu mente se concentrará solo en lo que no tienes y no verá más que insuficiencia y desdicha.

Cuando hay satisfacción con uno mismo, de inmediato eres consciente de todo lo que tienes; y cuando empiezas a darte cuenta de lo que tienes, rebosas de gratitud hacia Aquel que te ha dado tanto, y piensas que, sin duda, ¡no mereces todo lo que tienes!

Contento con uno mismo, y compasión hacia los demás. Debes hacer por los demás cuanto te sea posible..., y más; da paz y felicidad, tanto si los demás las reciben como si no, y, en este último caso, no te preocupes ni te dejes descontentar; has hecho lo que tenías que hacer. Así que, si has hecho todo lo posible y no has conseguido aliviar el dolor o el sufrimiento de una persona, guárdatelo para ti, y no dejes que te desaliente; no te hagas reproches, y mantén tu contento.

En cambio, tendemos a sentirnos satisfechos de la suerte que corren los demás y a compadecernos de nosotros mismos. Esto es lo que sucedió en la India y lo que causó su derrumbe; esta es la razón de que la India sea tan pobre, de que abunden hasta tal punto la enfermedad y la miseria. En lo que respecta a otros, decimos: «Es la voluntad de Dios», pero cuando se trata de nosotros, no estamos dispuestos a aceptar lo que nos llega, y luchamos contra ello hasta la muerte. Entonces no decimos: «Es la voluntad de Dios».

El egocentrismo y el egoísmo nos hacen proclamar: «Hágase Su voluntad», siempre que a mí me haya hecho rico y al otro, pobre. «Aquello que está escrito en nuestro destino es lo que nos toca», mientras yo sea el amo y los otros, los esclavos. No tenemos piedad de los desvalidos, pues la hemos derrochado toda en compadecernos de nosotros mismos.

Las palabras "compasión" y "contento" son inestimables; ahora bien, si cambias la dirección de una y de la otra, se vuelven muy peligrosas. Si estamos satisfechos con la suerte que nos ha tocado, disfrutamos de paz y tranquilidad infinitas en nuestra vida, de una absoluta plenitud. Si podemos ser compasivos y piadosos con los demás, borraremos nuestra pobreza y nuestra desdicha, pues la generosidad y la compasión crean un sentimiento de servicio a los demás que nos llena de oración y alabanza, ya que ese empieza a ser entonces el camino que nos conduce a Dios.

Ahora bien, si eres generoso con los demás pero estás insatisfecho contigo mismo, acabarás siendo un trabajador social; nunca serás religioso. Y si estás satisfecho contigo mismo pero no tienes compasión con los demás, serás un santón sin vida, una de esas personas que, tras haber perdido todo lo que es importante y valioso en la vida, huyen a la selva. Están satisfechas consigo mismas, pero no tienen ni un ápice de compasión. Han logrado encontrar su propia felicidad, pero son personas ultraegoístas; si las miras a los ojos, no hay en ellas la menor señal de piedad, solo una mirada inhumana.

Pregunta al *jain muni*, el monje jaina que está ocupado en conseguir su propio contento: «¿Y qué me dices de la generosidad y la compasión hacia los demás?», y te contestará: «Todos cosechamos los frutos de nuestras acciones. ¿Qué puedo hacer yo?». Así, mientras cultiva la satisfacción propia, su *sadhana* –su práctica espiritual– está incompleto, carece de equilibrio.

Y a la inversa, fíjate en el misionero cristiano. Cultiva la compasión y la generosidad: no le intimidan las selvas, ni vivir entre los *adavasis*, los seres humanos tribales y primitivos a los que sirve con tan fanático celo; ningún trabajo es demasiado denigrante para él. Pero está insatisfecho consigo mismo.

Todas estas personas están incompletas: el misionero cristiano tiene compasión, el monje jaina está satisfecho; pero no hay equilibrio. Y si uno de los platillos de la balanza pesa más que el otro, esta falta de equilibrio impide que el instrumento de la existencia se pueda afinar para que resuene con la melodía divina.

Por eso Nanak dice:

> La religión (...) nace de la compasión.
> Establece tú el contento y logra así el equilibrio.
> Pues aquel que comprende se convierte en la verdad...

Aquel que encarna a la vez la compasión y el contento –en su debida proporción y con la orientación correcta– logra la comprensión suprema de la vida. Sabrá entonces lo que es la religión; se convertirá entonces en la verdad encarnada. El ideal es: satisfacción dentro y compasión fuera; meditación dentro, y, fuera, amor y generosidad.

El Buddha define un ideal similar empleando las palabras "compasión" y "sabiduría": sabiduría dentro, compasión fuera. Mientras ambas no estén presentes, sea cual sea el conocimiento logrado, solo puede ser falso, pues la ausencia de cualquiera de las dos deja dicho conocimiento incompleto.

Siendo únicamente compasivo con los demás, no llegarás a ninguna parte; tienes que hacer algo dentro de ti también. Por muchas penalidades que soportes por servir a los enfermos y a los oprimidos, si no cultivas la contemplación dentro de ti, si no despiertas tu recuerdo y meditas, no puedes llegar a ningún sitio. Si no has encontrado al que reside dentro de los cinco sentidos, seguirás siendo tú mismo una persona enferma.

> (...) pues aquel que comprende se convierte en la verdad y sabe de la carga que soporta la religión.
> Hay muchos mundos, y muchos otros más allá de ellos;

Los científicos han admitido que hay al menos cincuenta mil mundos dentro de los confines de sus descubrimientos; ¿y cuántos otros habrá más allá de ellos? La vida no existe solamente en este planeta, sino probablemente en decenas de miles de planetas más. Pero ¿cómo podrías percibir una extensión tan enorme con tu mente limitada? Tendrás que dejarla a un lado.

En cuanto la mente se queda en silencio, la ventana se desvanece, y te encuentras de pronto bajo la inmensidad del cielo. Entonces empiezas a ver lo vasta que es la extensión de la existencia, ¡lo infinita que es! Y cuando percibes la gloria exquisita de la existencia, te preguntas cómo es posible que hayas estado enredado en nimiedades todo este tiempo: alguien te ofendió, tú lo insultaste, se te clavó un pincho en el pie o te dolía la cabeza... ¡Esa es la historia de tu vida! Mientras el grandioso fenómeno de la existencia sucede a tu alrededor a cada momento, tú estás ocupado en asuntos intrascendentes. Los cálculos que habías hecho estaban todos equivocados; mientras llovía por todas partes riqueza infinita, tú estabas agachado contando conchas.

> Hay muchos mundos, y muchos otros más allá de ellos;
> ¿Qué poder asume su peso?
> Por orden Suya se crean criaturas de todas las formas
>   y colores,
> pero solo unas pocas conocen la ley y pueden contarla.
> ¿Puede alguien escribir el relato de este misterio?
> Si llegara a escribirse, ¿qué dimensiones alcanzaría?
> ¡Qué fuerza, qué poder! ¡Qué bella es Su apariencia,
> qué inefable Su caridad!; ¿quién puede concebirla?
> Su sola palabra crea esta extensión ilimitada:
> infinitas montañas y ríos, lo animado y lo inanimado.
> ¿Cómo pensar en ello?
> Por mucho que me aplique, ¡jamás será suficiente!
> Lo que quiera que te agrade, Señor, es lo mejor para mí.
> ¡Tú eres el que no tiene forma, el todopoderoso...,
>   Tú que moras eternamente!

En cuanto dejes de lado tus ridículas ocupaciones, verás cuál es tu estado actual. Es como si cayeran del cielo rubíes y diamantes mientras tú estás encerrado en casa, apretando con fuerza contra el pecho tu chatarra y tus pedruscos por miedo a perderlos.

¿En qué lugar de tus pensamientos vives? ¿Qué acapara tu atención? ¿Qué conflictos y discusiones se producen dentro de ti? Si los examinas, verás que son asuntos mezquinos, insignificantes, tan triviales que no merecen ni la menor consideración; y sin embargo has desperdiciado tu vida entera dedicado a ellos.

Y Nanak dice: «Cuando la mente se deja de lado, cuando te hallas en el estado de no mente y el sonido de Omkar vibra dentro de ti, eres testigo de la gloria de la existencia, de su vastedad; percibes la vida infinita, el néctar desbordante, la belleza ilimitada y el inefable poder que no tiene principio ni fin. Todo esto ves cuando entras en Su corte. Y entonces te das cuenta de que ni siquiera hubieras podido imaginar tan vasta existencia ni adivinar su delicioso sabor. Pero ¡qué tontamente desperdiciamos toda oportunidad de vivir esta maravillosa experiencia!».

Nanak pregunta: «¿Cómo puedo pensar en ello? Es para quedarse boquiabierto, con los ojos llenos de sorpresa y admiración. El problema es que nunca elevamos la mirada, tan acostumbrados estamos a mantenerlos fijos en las piedras y guijarros».

¿Cómo puede uno pensar en la naturaleza? Incluso si me entrego mil veces en sacrificio no será más que un gesto trivial. Y ¿cómo podré pagar el fenómeno ilimitado que sucede a cada momento, el néctar infinito que me colma sin cesar? No puedo, no puedo aunque me ofrezca en el altar del sacrificio un millar de veces. Es tal el sentimiento de gratitud que nace; y ese agradecimiento es la verdadera oración.

Las palabras que Nanak usa para orar no tienen precio: «Lo que te agrade, Señor, es lo mejor para mí. ¡Hágase Tu voluntad!». En momentos como este, tus deseos se desvanecerán y solo habrá una oración en tus labios: «Señor, no satisfagas mis deseos, ¡hágase solo Tu voluntad!». Pues cualquier cosa que pidas será mezquina, intrascendente. Los niños siempre piden juguetes, y los tontos solo piden tonterías.

Entonces le dirás: «Que no se cumplan mis deseos, Señor, porque lo que Tú ordenes es lo mejor para mí. ¿Quién soy yo para decidir qué habría de suceder y qué no? Estoy seguro de que si algo no sucede, será mejor que no haya sucedido. Solo hay un criterio, una prueba: lo que Tú deseas es siempre lo mejor. ¡Tú eres el todopoderoso, el que no tiene forma, el que nunca ha nacido!».

El Señor está siempre conmigo. Soy yo el que existe en determinados momentos y me vuelvo inexistente en otros. Mi ser es como una burbuja de agua. Él es el océano, yo una ola, y ¿qué puede pedir una ola? Si vive solo unos instantes, ¿cómo pueden sus deseos ser reales? Las últimas palabras de Jesús son verdaderamente preciosas: «¡Hágase Tu voluntad, Señor!».

> Lo que quiera que te agrade, Señor, es lo mejor para mí.
> ¡Tú eres el que no tiene forma, el todopoderoso...,
> Tú que moras eternamente!

La duda asomó su siniestra cabeza incluso en la mente de Jesús cuando lo estaban colgando en la cruz. En el momento en que los clavos empezaron a atravesar sus miembros y la sangre empezó a manar, hubo un instante, un solo instante, que encierra un gran valor, pues demuestra lo débil que es el ser humano. La humanidad entera manifestó su sentimiento de desamparo absoluto a través de Jesús, y Jesús dijo entonces: «¡Dios mío!, ¿qué me haces? ¿Por qué me has abandonado?».

La pregunta surgió en su mente, y, aunque Jesús no dudara realmente de su Señor, hay en ella un ligero atisbo de duda. Es una pregunta muy personal la que hace Jesús: «¿Qué me haces?», y la duda acecha detrás de ella. Una cosa es cierta, que Jesús no estaba muy contento con lo que estaba ocurriendo. Le espantaba la cruz, le espantaban los clavos. Sentía que estaba sucediendo algo que no debía suceder.

Así que es una queja, de acuerdo; es la queja que manifestaba todas las quejas de la humanidad. Tú también experimentarás momentos como este en tu vida, en que toda tu fe se tambaleará, y tu mente gritará: «¡Qué está ocurriendo!». Dudarás de la bondad de Dios; habías depositado tanta fe en él y... ¿es este el resultado? Lo que esto demuestra en realidad es que no confiabas plenamente en Él, o, de lo contrario, habrías aceptado lo que quiera que hubiese ocurrido. Si tu aceptación contiene incluso una pequeña duda, no es aceptación total. Si aceptas quejándote, tu aceptación es incompleta. Tu fe debe ser absoluta: lo que quiera que Él desee.

Pero Jesús se repuso. Durante un solo instante, la humanidad entera tembló a través de Jesús; durante un solo instante, y luego levantó la cabeza y dijo: «¡Hágase Tu voluntad, Señor! Tu voluntad, no la mía». En ese momento, el hombre se desvaneció y nació el Cristo; Jesús desapareció y se manifestó el

Cristo en su lugar. Es tan pequeña la distancia entre Jesús y Cristo; es la distancia de un solo momento. ¡Qué colosal es la diferencia ente la ignorancia y el conocimiento, entre el Buddha y tú, entre Nanak y tú! Por mucho que asciendas, siempre hay un miedo que te corroe el corazón: ¿se está cumpliendo mi deseo? También el devoto vigila siempre a Dios: ¿se está cumpliendo Su voluntad? Y si no, se queja. Da igual lo amables que sean las palabras que use, una queja es una queja, y la espina sigue pinchándole dentro.

El perfecto devoto no tiene quejas; su confianza en Él es absoluta: cualquiera que sea Tu voluntad, es lo mejor para mí. Tú eres mi protección. Tú eres el eterno, el que no tiene forma, el todopoderoso, y yo soy una ola; ¿puede tener sentido alguno mi voluntad? Hágase Tu voluntad; Tu voluntad es la mía. El deseo de la ola no puede ser diferente al del océano; el deseo de la hoja no puede ser diferente al del árbol; el deseo de un brazo o de una pierna no puede ser diferente al del cuerpo. Así es como uno debería desprenderse de sí mismo, igual que una gota de agua en el mar.

No obstante, esto solo es posible cuando has descubierto al uno que se oculta en los cinco. Tal como eres ahora, no existes; ¿a quién buscarás entonces? En este momento estás tan dividido por dentro que vive en ti toda una multitud, y no un solo individuo íntegro. ¿Cómo darás el salto entonces, cuando algunas partes van a la derecha, otras a la izquierda y otras en otras direcciones? No existes como un solo individuo. Tu ser, dividido en tantos fragmentos desperdigados, no tiene sentido alguno.

Por eso lo primero que dice Nanak es: «Busca al uno detrás de los cinco... ¡Busca la atención, la consciencia, en la meditación!», y lo segundo es: «Y a medida que la meditación se fortalece, que haya contento dentro y compasión fuera; a medida que la compasión arraigue con firmeza, el contento será más profundo, y sentirás que amanece el sentimiento de gratitud, y dirás: "¡Tu voluntad, no la mía, Señor!"". Aquí culmina la perfección; esta es la culminación, la perfección suprema».

8. Incontables maneras

Hay incontables maneras de repetir Su nombre
    y expresar devoción,
incontables maneras de purificación y alabanza.
Hay incontables escrituras e incontables bocas
    para recitarlas,
incontables caminos del yoga para hacer a la mente
    desapasionada.
Hay incontables devotos que contemplan Sus virtudes
    y conocimiento,
y son incontables los que encarnan la virtud
    y la generosidad.
Son incontables las personas valientes que por Él
    arriesgan sus vidas,
e incontables las que hacen voto de silencio
    y meditan sobre Él.
Nanak dice: «¿Cómo he de alabarlo?
¡Por mucho que me ofrezca a mí mismo, nunca será
    suficiente!
Lo que quiera que te agrade, Señor, es lo mejor para mí.

¡Tú eres el que no tiene forma, el todopoderoso...,
    Tú que moras eternamente!».

Incontables son las personas ignorantes
    e incontables, las ciegas,
incontables los ladrones y los holgazanes.
Incontables son los que gobernaron haciendo uso
    de la fuerza antes de partir,
e incontables los asesinos que todo lo consiguen
    matando.
Hay incontables pecadores que no saben sino pecar,
incontables mentirosos cuya vida entera
    es una mentira.
Hay incontables bárbaros que se alimentan
    de inmundicia en vez de comida,
incontables sermoneadores que nos llenan la cabeza
    de escándalo.
Por eso Nanak cavila sobre los malvados
    y los abyectos.
¡Por mucho que me ofrezca a mí mismo, nunca será
    suficiente!
Lo que quiera que te agrade, Señor, es lo mejor para mí.
¡Tú eres el que no tiene forma, el todopoderoso...,
    Tú que moras eternamente!

Incontables son los nombres y los lugares donde
    moras,

incontables los mundos que nunca se han alcanzado.

Decir "incontables" es agobiar la mente.

Por la letra llega el nombre, y todas las oraciones.

Por la letra existe todo el conocimiento
   y las canciones en alabanza Suya.

Por la letra existe toda palabra escrita y hablada.

Por la letra se destinan todos los sucesos.

Todo destino está escrito de antemano,

pero El que lo escribe está más allá del destino.

Toda la creación es en Su nombre.

No hay lugar que no sea Su nombre.

Nanak dice: «¿Cómo he de alabarlo?

¡Por mucho que me ofrezca a mí mismo nunca será
   suficiente!

Lo que quiera que te agrade, Señor, es lo mejor para mí.

¡Tú eres el que no tiene forma, el todopoderoso...,
   Tú que moras eternamente!».

Al buscador se le abren infinitos caminos. ¿Cuál debería elegir? ¿Basándose en qué? ¿Hay algún criterio para hacer la elección? No solo hay infinitos caminos que conducen a la verdad, sino que son igual de infinitos los que conducen a la falsedad. ¿Y cómo puede uno protegerse de elegir los caminos errados y evitar así vagar inútilmente? El mayor problema para el buscador es cómo distinguir el camino correcto de los que no lo son. Una vez que reconocemos que un camino está errado empezamos a alejarnos de él, pues ¿cómo puede alguien seguir un camino que sabe que va en dirección equivocada? Por fuerza, uno lo rechazará. El conocimiento de la no verdad significa por sí mismo liberarse de ella. Pero ¿cómo decidir entre tal infinitud de opciones?

El momento en que se reconoce la verdad es también el primer salto a experimentarla. En cuanto se la reconoce, te imparte su color, y te crecen alas y el vuelo comienza. Pero, nuevamente, hay innumerables verdades. Se han descubierto a lo largo de los siglos infinitos caminos..., son tan numerosos y la cuestión es tan compleja e intrincada que desafía toda solución.

De modo que Nanak pregunta qué ha de hacer el buscador, y estos versos se ocupan del problema.

> Hay incontables maneras de repetir Su nombre y expresar
> devoción,
> incontables maneras de purificación y alabanza.
> Hay incontables escrituras e incontables bocas
> para recitarlas,
> incontables caminos del yoga para hacer a la mente
> desapasionada.
> Hay incontables devotos que contemplan Sus virtudes
> y conocimiento,
> y son incontables los que encarnan la virtud
> y la generosidad.
> Son incontables las personas valientes que por Él
> arriesgan sus vidas,
> e incontables las que hacen voto de silencio y meditan
> sobre Él.

¿Qué ha de hacer el buscador? ¿Cómo debe elegir su camino? «¿Cuál es el camino adecuado para mí? Soy ignorante, y por eso busco; y, desde mi ignorancia, no tengo forma de saber qué es oro, qué es solo tierra. ¿De qué servirá que aplique toda mi capacidad de discernimiento cuando soy tan ignorante y carezco de información?» Una persona que nunca haya visto el oro, aunque lo vea no sabrá si es oro o no. Quien solo ha conocido la mente toda su vida, puede tomar el oro por un aspecto más de la mente. Solo podemos reconocer lo que está dentro de nuestro campo de experiencia. No conocemos a Dios; no hemos llegado tan lejos. ¿Qué manera de obrar nos llevará hasta Él?

Parece haber una sola manera, a la que los científicos llaman "ensayo y error". Busca, experimenta, vaga una y otra vez, y, a base del ensayo y error constantes, encontrarás el camino verdadero.

Pero también es posible que, si aplicamos este método, no lleguemos nunca, porque la vida es muy corta y los caminos son muchos; apenas si tenemos tiempo de recorrer un solo camino completo en el curso de una vida. ¿Cómo hemos de adquirir experiencia? ¿Quién es el gurú? ¿Cómo podemos reconocerlo para, así, poder seguirlo?

El problema se hace cada vez más intrincado. Si fuera solo cuestión de elegir uno entre muchos caminos correctos, la situación no sería tan arriesgada, ya que cualquiera que eligiéramos nos conduciría en última instancia a la realidad. Pero hay tantos caminos falsos por cada camino correcto que solo una persona entre un millón llega a la verdad. Los demás vagan a ciegas creando sus propios senderos, escribiendo sus propias escrituras.

Todo era más fácil antiguamente, cuando los *Vedas* eran los únicos textos de ciencia espiritual; entonces no había ni musulmanes ni cristianos ni budistas. Cada vez que surgía una pregunta, los *Vedas* daban la respuesta. Era muy cómodo tener un solo libro de escrituras que ofreciera la verdad del evangelio. Ahora hay infinitos *Vedas*, infinitas escrituras; es imposible abrirse camino entre todas ellas. ¿Cuál de ellas consultarás? Los jainas

tienen sus escrituras y los musulmanes, los hindúes, los cató-
licos y los judíos, las suyas propias. El *Guru Granth Sabih* es
una escritura a la que se le han hecho adiciones muchas veces.
Y al haberse incrementado el número, también lo ha hecho
nuestro problema de cómo decidir qué camino tomar.

Quizá esta sea la razón de que la humanidad se haya vuelto atea. Es casi imposible elegir un camino, o incluso creer en
Dios, bajo la influencia de tantas filosofías contrarias entre sí,
cada una de ellas empeñada en invalidar las demás.

Pregunta a los jainas, y te dirán que los *Vedas* no dicen nada.
Pregunta a un budista y te dirá que los *Vedas* no tienen ningún
valor. Pregunta al estudioso del Vedanta, y te asegurará que,
aparte de los *Vedas*, todo es inútil y trivial, y solo sirve para
confundir a la gente. Pregunta al hindú y te dirá que los budistas y los jainas son ateos, y que si entra en tus oídos una sola
palabra suya, estás perdido. Los hindúes dicen que los *Vedas*
son las escrituras más antiguas y, por tanto, dignas de confianza; pero si preguntas a un musulmán, te dirá que el Corán es la
escritura más reciente, y por eso la más auténtica, ya que, cuando una nueva orden llega de arriba, reemplaza a todas las anteriores automáticamente.

El hindú dice que Dios envió los *Vedas* una sola vez, y que
no hay necesidad de escrituras nuevas, puesto que Dios no es
un ser humano que cometa errores ni necesite perfeccionar
su obra. Él es el conocimiento último, los *Vedas* son sus únicas
palabras verdaderas, y, por tanto, todo lo demás es falso. Una
vez que Dios dio a conocer su orden, todo lo posterior es un

mero artificio humano. Los cristianos y los musulmanes dicen, sin embargo, que el universo experimenta cambios constantes, y, puesto que el ser humano cambia, Dios ha de cambiar también; es decir, puesto que las situaciones cambian, las órdenes deben asimismo cambiar. Por consiguiente, se ha de creer en lo que es nuevo, no en lo que es viejo y ha quedado anticuado.

¿A quién harás caso? ¿A quién vas a creer? En última instancia, se te ha abandonado a tu propia comprensión; estás de pie, solo, con las piernas temblorosas, en medio de este inmenso enredo.

El ser humano ha optado por el ateísmo porque cada vez es más difícil tener fe en algo. No obstante, tiene que haber una manera de que el ser humano sencillo, inocente, pueda creer, pueda volver a ser teísta. Ahora bien, si los más excelsos filósofos han sido incapaces de decidirse entre las distintas opciones, ¿qué puede hacer un simple ser humano? No dispone de medios ni de tiempo, ni de la armadura del razonamiento y la lógica. ¿Qué camino debe elegir, y cómo?

Las sugerencias de Nanak son inestimables: Es inútil vagar por los infinitos caminos. Solo conozco una solución, y es:

Lo que quiera que te agrade, Señor, es lo mejor para mí.

Por tanto, me abandono enteramente a Tu placer. No puedo elegir por mí mismo, porque soy ignorante y estoy a oscuras, ciego. No tengo nada que me dé la fuerza necesaria para emprender la búsqueda, ni medios para verificar la autenticidad de ningún camino. ¿Qué puedo hacer? Me rindo a Tus pies. Hágase tu voluntad.

Hágase tu voluntad significa: estoy a tus órdenes; todo lo que hago es por orden Tuya; no intervengo. Si me haces vagar, vagaré; si me haces alcanzar el destino, será voluntad Tuya. No me quejaré si vago, ni me enorgulleceré si llego, porque todo es Tu voluntad. No seré yo quien decida.

Esto es exactamente a lo que se refiere Krishna cuando le dice a Arjuna en la *Gita*: «Deja de lado todos tus deberes religiosos y entrégate a mí». Son palabras pronunciadas en nombre de Dios.

Lo que Nanak dice son las palabras del devoto: «Lo que te agrade, Señor, es lo mejor para mí. El camino que elijas es el camino que me conviene. En Tu voluntad reside mi salvación. No voy a molestarme en elegir; llévame a donde te plazca. Si es Tu voluntad que vague, ese será entonces mi camino; si es Tu voluntad dejarme en la oscuridad, haré entonces de ello mi luz; si haces que el día sea noche, lo aceptaré como noche. ¡Tu camino, y no el mío, Señor!».

Hacer esto es dificilísimo, porque el ego interferirá una y otra vez. La mente preguntará de continuo: «¿Qué es todo esto? ¿Es posible que Dios haya cometido un error? ¿Me equivoco al depositar toda mi fe en Él?». Así que pondrás tu confianza en Él cuando todo vaya bien, pero, si las cosas no salen como tú quieres, empiezan los problemas; y esa es la auténtica prueba de fuego, ese es el momento en que puedes practicar.

O sea, cuando las flores se extiendan interminablemente delante de ti, por ejemplo, dirás con Nanak: «Tu voluntad es mi voluntad»; pero cuando estés en medio de una situación dolorosa, cuando no haya más que insultos y fracasos a tu alrededor, ese es verdaderamente el momento de poner a prueba tu fe, tu práctica. También en medio del sufrimiento y el dolor deberías ser capaz de decir con Nanak: «Tu voluntad, no la mía, Señor. ¡Estoy contento con lo que quiera que elijas para mí!». En la aflicción y el sufrimiento, también debes aceptar lo que te da.

Pero esta aceptación no puede ser una simulada exhibición de contento. Fíjate en que a veces asumimos un falso sentimiento de contento cuando nos sentimos desvalidos. Cuando estamos en medio del sufrimiento y la infelicidad y no vemos salida, entonces lo más fácil es decir: «Hágase Tu voluntad», pero detrás de esas palabras se oculta en nosotros la insatisfacción. Exteriormente aceptamos las circunstancias, ¡pero interiormente sentimos que las cosas no deberían ser así! Nada ha sido como queríamos que fuera, y no estaba en nuestra mano hacer nada al respecto. Nos sentimos desvalidos, impotentes..., luego lo mejor es aceptar la voluntad de Dios.

Si hubieras pronunciado esas palabras de Nanak en un estado de desvalimiento y resignación, no habrías entendido su auténtico significado. El contento no es un estado lastimero; es el estado de la más sublime bendición. No son palabras que uno dice para consolarse cuando nada se puede hacer, sino como manifestación de la verdad. Entiende bien que no deberían ser palabras para engañar y consolar al tú que sufre.

Por lo general, este sentimiento aflora después de que una persona lo haya intentado todo para salir de una situación difícil. Tras haber hecho pleno uso de su sensación de hacer, se encuentra derrotado de pronto por todos los lados, y entonces, en su desesperación, se vuelve hacia Dios y lo deja todo en sus manos; pero eso no es verdadera entrega. Deberías haberlo dejado todo en sus manos desde el principio, en vez de haberte esforzado por cambiar las circunstancias.

Para Nanak, la entrega absoluta es el camino espiritual supremo, la práctica más elevada de un devoto. Entonces ya no necesitas preocuparte por elegir un camino, un método o una escritura; no necesitas preocuparte por la lógica de ninguna filosofía, ni buscar ninguna prueba de su veracidad; ya no necesitas nada de esto. El devoto se libera de ello de golpe, en el acto mismo de la entrega. Lo deja todo de una vez, y exclama: «¡Tú voluntad, no la mía, Señor! ¡Hágase Tu voluntad!».

Experimenta un poco y lo entenderás. Nanak no es un filósofo. Él no fue autor de ninguna escritura, sino que sus palabras son expresión de sus más íntimos sentimientos; él da voz a su propia experiencia. De todos modos, encontrarás problemas a cada paso a causa del ego, cuya exclamación es: «*Yo* sé lo que está bien y cómo deberían ser las cosas».

Cuenta un breve relato de Tolstói que el dios de la muerte envió a su ángel a la Tierra como emisario para que recogiera el alma de una mujer que acababa de morir. El ángel se encontró en un dilema, porque la mujer había dado a luz a tres niñas trillizas: una seguía aún mamando de su madre, otra lloraba, y la tercera estaba tan exhausta que se había quedado dormida. Esa era la situación: las tres niñas, la madre que yacía muerta, y nadie que se ocupara de ellas, puesto que el padre había muerto anteriormente y no había nadie más en la familia.

El ángel regresó sin el alma de la mujer y le dijo al dios de la muerte:

—Perdóname, no he traído de vuelta el alma de la mujer. No sabes lo que acabo de presenciar: hay tres niñas recién nacidas a las que la mujer acababa de dar a luz, una de ellas mamando todavía de su pecho. No hay quien se ocupe de ellas. ¿No puedes darle un poco más de tiempo a la madre hasta que las niñas sean lo bastante mayores para cuidar de sí mismas?

—Parece que te has vuelto muy listo, muy sabio —contestó el dios de la muerte—, quizá más sabio que aquel que decide la vida y la muerte de todos los mortales. Has cometido el primer pecado por el que recibirás un castigo. Tendrás que volver a la Tierra y, hasta el momento en que te rías tres veces de tu necedad, no podrás regresar aquí.

(¿Entiendes lo que esto significa: reírse tres veces de la necedad propia? Porque el ego se ríe siempre de la necedad de los demás. Cuando eres capaz de reírte de tu propia estupidez, el ego se desintegra.)

El ángel accedió al instante a cumplir el castigo, aunque tenía la seguridad de que, dadas las circunstancias, había obrado como debía, y se preguntaba cómo encontraría la ocasión de reírse de sí mismo. En cualquier caso, fue expulsado del cielo.

Se acercaba el invierno, y un zapatero, que iba a comprar ropa de abrigo para sus hijos, se encontró con un pobre hombre, desnudo, demacrado y que temblaba de frío. No era otro que nuestro amigo el ángel. El zapatero sintió lástima de él y, en vez de comprar ropas para sus hijos con el dinero que tenía ahorrado, le compró ropas y una manta a aquel hombre desnudo. Cuando supo que, además, no tenía qué comer ni adónde ir, lo acogió en su casa. Sin embargo, le advirtió de que su esposa se enfadaría, pero le dijo que no debía preocuparse porque, con el tiempo, se arreglaría todo.

El zapatero llegó a casa con el ángel. Ni él ni su esposa tenían la menor idea de quién era aquel hombre en realidad, y, en cuanto entraron por la puerta, la esposa le lanzó una retahíla de insultos a su marido por lo que había hecho.

El ángel se rió por primera vez.

El zapatero le preguntó de qué se reía.

–Cuando me haya reído de nuevo, te lo diré –contestó, sabiendo que la esposa del zapatero no podía ni imaginarse que la sola presencia de un ángel, que era invitado suyo contra su voluntad, le reportaría un sinfín de beneficios.

Pero ¿hasta dónde es capaz de ver la mente humana? Para la esposa, lo único que significaba su presencia era que se había quedado sin ropa de abrigo para sus hijos. Solo era capaz de ver la pérdida, no lo que había encontrado –y, además, gratis–. Así que el ángel se rió, porque la mujer no sabía lo que de verdad pasaba a su alrededor.

Al cabo de siete días había aprendido el oficio de zapatero, y, en los meses siguientes, la fama del zapatero se extendió a los cuatro confines; incluso los reyes y los nobles le encargaban sus zapatos, y el dinero empezó a lloverle sin cesar.

Un día, el sirviente del rey llegó a la tienda con una pieza de cuero especial para que le hicieran con él un par de zapatos al rey.

–Ten cuidado de no equivocarte, ya que es el único trozo de esta clase de cuero –dijo el sirviente–. Y recuerda, también, que el rey quiere zapatos, no zapatillas.

En Rusia, la persona que muere lleva zapatillas en su último viaje. El zapatero le dio instrucciones al ángel para que fuera extremadamente cuidadoso con los encargos del rey, o, de lo contrario, tendrían problemas.

A pesar de la advertencia, el ángel le hizo al rey unas zapatillas. Al verlas, el zapatero enloqueció de ira, convencido de que lo colgarían por ello, y empezó a correr detrás del ángel amenazándolo con su bastón. El ángel estalló en una carcajada justo en el momento en que llegaba corriendo un hombre de la corte del rey diciendo: «El rey ha muerto. Por favor, en vez de zapatos, hazle unas zapatillas».

El futuro es desconocido, y solo Él sabe lo que será; las decisiones del ser humano se basan todas en el pasado. Cuando el rey estaba vivo, necesitaba zapatos; cuando murió, necesitaba zapatillas. El zapatero se arrodilló a los pies del ángel suplicándole perdón.

–No te preocupes –le respondió el ángel–, yo estoy cumpliendo mi propio castigo –y se rió de nuevo.

–¿Qué es lo que te hace reír?

–La segunda vez que me he reído ha sido porque no conocemos el futuro y, aun así, nos empeñamos en perseguir deseos que nunca se cumplen, porque el destino tiene diferentes planes. La ley cósmica está siempre vigente, el destino está escrito, y no tenemos ningún poder de decisión al respecto. Sin embargo, armamos un gran revuelo y lloramos por las cosas como si fuéramos nosotros los hacedores de nuestro destino. El rey está a punto de morir, ¡pero encarga un par de zapatos! La vida se acerca a su fin y seguimos haciendo planes para el futuro.

De repente, el ángel se acordó de las trillizas. «Yo no sabía cuál iba a ser su futuro –se dijo–; ¿por qué intervine entonces innecesariamente en sus asuntos?»

Pronto se produjo el tercer suceso. Tres jóvenes, acompañadas de una anciana rica, entraron en la tienda a encargar zapatos. El ángel las reconoció; supo que eran las hijas de la mujer muerta que habían sido la causa de su castigo. Eran muy guapas y se las veía felices. El ángel preguntó a la mujer por las muchachas.

–Son las tres hijas de mi vecina. La madre era muy pobre, y murió mientras las amamantaba de recién nacidas. Me dieron tanta pena que, como no tengo hijos propios, las adopté.

Si la madre hubiera seguido con vida, las niñas habrían crecido en la pobreza y el sufrimiento. La madre murió, y se criaron en la comodidad y la riqueza, y eran ahora las herederas de la fortuna de la anciana. Además, estaban a punto de contraer matrimonio con miembros de la realeza.

El ángel se rió por tercera vez, y le contó luego al zapatero:

–Esta vez me río por estas tres muchachas. Estaba equivocado. El destino es inmenso, mientras que nuestra visión está limitada a lo que vemos con nuestros ojos; pero lo que no vemos ¡es tan vasto! No podemos imaginar la enormidad de lo que no vemos y de lo que ha de ser. Ahora que me he reído de mi estupidez tres veces he cumplido el castigo y debo marcharme.

Lo que Nanak dice es que, si dejas de interferir y de interponerte en tu camino, encontrarás el sendero de los senderos, y entonces no necesitarás preocuparte por ningún sendero más. Déjaselo todo a Él, y estate agradecido por lo que quiera que Él haya hecho que te ocurra, por lo que quiera que haya decidido que hagas en este momento y que te haga llevar a cabo en el futuro. ¡Alaba al Señor! Ofrécele un cheque de gratitud en blanco. Sea lo que sea lo que Él haya decidido para ti y a través de ti, tanto si te ha gustado como si no, tanto si fue motivo de elogio o de culpa, tanto si a la gente le pareció tu fortuna o tu desgracia, que nunca haya ni la menor diferencia en tu agradecimiento.

Nanak ve un solo camino, y es: «Tú eres el que no tiene forma, el todopoderoso, tú que moras para siempre. Yo soy minúsculo, como una ola en el océano, y te lo dejo todo a Ti. ¡Me has dado tanto! Tu generosidad y tu gracia fluyen en todo lugar y momento; tanto que, si me ofreciera mil veces en sacrificio, sería aún insignificante. Nanak conoce un solo camino: Lo que quiera que te agrade es lo mejor para mí».

Hay incontables maneras de repetir Su nombre y expresar
devoción,
incontables maneras de purificación y alabanza.
Hay incontables escrituras e incontables bocas
para recitarlas,
incontables caminos del yoga para hacer a la mente
desapasionada.
Hay incontables devotos que contemplan Sus virtudes
y conocimiento,
y son incontables los que encarnan la virtud
y la generosidad.
Son incontables las personas valientes que por Él
arriesgan sus vidas,
e incontables las que hacen voto de silencio y meditan
sobre Él.
Nanak dice: «¿Cómo he de alabarlo?
¡Por mucho que me ofrezca a mí mismo, nunca será
suficiente!
Lo que quiera que te agrade, Señor, es lo mejor para mí.
¡Tú eres el que no tiene forma, el todopoderoso...,
Tú que moras eternamente!».

Por una parte está la congregación de santos y filósofos que,
con gran deliberación, han ideado incontables métodos para
encontrar la verdad; pero, por desgracia, debido precisamente
al número incontable de métodos, la verdad se perdió.

Incontables son las personas ignorantes e incontables,
   las ciegas,
incontables los ladrones y los holgazanes.
Incontables son los que gobernaron haciendo uso
   de la fuerza antes de partir,
e incontables los asesinos que todo lo consiguen
   matando.
Hay incontables pecadores que no saben sino pecar,
incontables mentirosos cuya vida entera es una mentira.
Hay incontables bárbaros que se alimentan
   de inmundicia en vez de comida,
incontables sermoneadores que nos llenan la cabeza
   de escándalo.
Por eso Nanak cavila sobre los malvados y los abyectos.
¡Por mucho que me ofrezca a mí mismo, nunca será
   suficiente!
Lo que quiera que te agrade, Señor, es lo mejor para mí.
¡Tú eres el que no tiene forma, el todopoderoso...,
   Tú que moras eternamente!

Por otra parte, está la multitud de los malvados, los pecadores, los asesinos y los lujuriosos. Ellos también, con toda la habilidad de sus egos, han encontrado incontables caminos para soslayar la verdad. Son creativos inventores de mentiras, grandes descubridores que han desvelado deliciosas falsedades y creado tentadores sueños maravillosos. Cualquiera puede caer en su hipnosis y dejarse confundir.

Uno puede extraviarse, bien por elegir un camino equivocado, o bien por quedarse indeciso sobre qué camino tomar; en ambos casos cometerás un error. Dice Nanak: «No me importa ni lo uno ni lo otro. Lo que Tú elijas es lo mejor para mí. No me importa lo que digan los virtuosos, ni me importa lo que digan los pecadores. No elijo ni el pecado ni la virtud, ni el camino correcto ni el erróneo. No elijo nada; Te lo dejo todo a Ti. Lo que quiera que me hagas hacer es auspicioso; adonde quiera que me lleves, me es favorable; cualquiera que sea el camino que me indiques, es mi camino. No importa si llego a la meta o no».

Hay una cosa que debes entender: si acecha en tu interior el deseo de alcanzar la meta, no serás capaz de dejárselo todo a Él. Entonces tendrás puesta toda tu atención en la meta, y estarás continuamente ansioso por comprobar tu progreso. Aunque te entregues a Él, lo harás a medias, lo cual es peor que no entregarse en absoluto.

¡No! Está completamente fuera de lugar la cuestión de llegar o no llegar al destino, puesto que ya no hay destino alguno. Abandonar todo pensamiento sobre el destino es en sí mismo el destino. Entregarse es la cualidad suprema del devoto. Después de esto, no queda nada. Entonces, si Él le hace al devoto hundirse hasta el fondo del abismo, el buscador se siente cada vez más elevado. Si Él lo arroja en un oscuro hoyo, el devoto siente el sol salir en un millar de direcciones. La cuestión no es adónde vas, ni qué logras, sino cuál es tu sentimiento más íntimo.

El método de Nanak es de principio a fin un método de entrega.

Incontables son los nombres y los lugares donde moras,
incontables los mundos que nunca se han alcanzado.
Decir "incontables" es agobiar la mente.
Por la letra llega el nombre, y todas las oraciones.
Por la letra existe todo el conocimiento y las canciones
en alabanza Suya.
Por la letra existe toda palabra escrita y hablada.
Por la letra se destinan todos los sucesos.
Todo destino está escrito de antemano,
pero Él que lo escribe está más allá del destino.
Toda la creación es en Su nombre.
No hay lugar que no sea Su nombre.
Nanak dice: «¿Cómo he de alabarle?
¡Por mucho que me ofrezca a mí mismo nunca será
suficiente!
Lo que quiera que te agrade, Señor, es lo mejor para mí.
¡Tú eres el que no tiene forma, el todopoderoso...,
Tú que moras eternamente!».

¡Su nombre! Casi se han inventado tantos como personas hay en el mundo. Cada una hace su elección. Hay una escritura hindú, *Vishnu Sahastranam*, que no es sino los nombres de Dios. Los musulmanes tienen sus propios nombres. Es una tradición tanto hindú como musulmana poner a los recién nacidos alguno de los nombres de Dios; así encontramos: Rehman, Rahim, Abdulla, que son nombres islámicos de Dios, y Ram, Krishna, Hari, que son nombres hindúes.

Si considiéraramos todos los diversos nombres, veríamos que son tan variados como lo son quienes los emplean; y, sin embargo, da igual: por muchos nombres que acuñemos, son todos producto de la mente humana. Así que cualquier nombre que Le demos servirá.

Por eso Nanak dice: «¿Cuál de tus nombres he de repetir? ¿Por qué nombre he de llamarte? ¿Qué nombre he de usar para que me oigas?». El buscador está siempre preocupado por cuál será el mejor nombre. Todos sabemos que, cuando escribimos una carta, tenemos que escribir también el nombre y la dirección de la persona, así que, en general, prestamos gran atención a estos datos.

Sucedió una vez que Mulla Nasruddin trabajaba para un hombre que tenía la debilidad de escribir cartas anónimas. Las enviaba a los ministros, a los editores de los periódicos, y también a los intelectuales de la ciudad. Un día escribió una carta y se la dio a Nasruddin, que fue rápidamente a echarla al correo.

–¿Dónde está la carta? ¿La has enviado? –preguntó el hombre.

–Sí –contestó Nasruddin.

–Pero todavía no había escrito la dirección en el sobre. ¿Es que no lo has visto?

–Sí, me he dado cuenta –dijo el Mulla –, pero he pensado que esta vez quería usted mantener la dirección también en el anonimato.

Si mantienes la dirección en secreto, ¿cómo llegará la carta? Y si Le escribes una carta a Él, a quién la dirigirás? Por eso el nombre ha adquirido tal importancia, y hay una búsqueda constante de un nombre apropiado, un nombre que suscite en Él una respuesta. Dice Nanak: «O todos los nombres son Suyos, o ninguno lo es». El *Akshara* es la letra, *es* Su nombre. Pero, además de letra, *akshara* significa aquello que no se puede borrar –a diferencia de las letras *A, B, C, D*, que se pueden borrar después de escritas–. Y la razón por la que se llama a las letras así es muy reveladora. *Akshara* se refiere a aquello que es significativo, a aquello que es auténtico e inexpresable, y de lo cual lo escrito es solo un reflejo.

Es como sigue: hay la luna en el cielo, y debajo hay un lago en el que se refleja la luna. Si agitas el agua, el reflejo de la luna se rompe en mil pedazos, porque es perecedero, pero por mucho que agites el agua, no tendrá ningún efecto sobre la luna, que es indestructible. Nuestro lenguaje es un eco del lenguaje de Dios. Lo que sea que escribamos en los libros o en una pizarra es un mero reflejo que se puede borrar en cualquier momento; pero la fuente de la que provienen las palabras está más allá de la posibilidad de extinguirse. Tú que hablas eres destructible, pero lo que habla a través de ti está más allá de la destrucción.

Por eso dice Nanak que *akshara* es su nombre, y la letra no puede ni escribirse ni borrarse. Aparte de *akshara*, todos los nombres son obra del ser humano. Pero ¿qué es esta *akshara*, esta letra, esta palabra?

Tenemos un eco muy cercano de *akshara* en Omkar. Todo el sistema filosófico de Nanak está basado en este único punto: *Ek Omkar Satnam*; eso es todo. Conoce estas tres palabras y conocerás la totalidad del *Japuji*; entenderás entonces a Nanak en su plenitud, porque esa es la esencia de su verso. *Akshara*, según Nanak, es Omkar, la única resonancia que vibra aunque no se exprese ni se escriba, y que está más allá de la aniquilación, pues, siendo la música misma de la existencia, no hay manera de destruirla. Cuando todo lo demás se destruya, seguirá sonando.

Se dice en la Biblia lo que siempre se repite en todas las escrituras: *En el principio existía el verbo*. Eso a lo que la Biblia se refiere por "el verbo", la palabra, *logos*, es Omkar. En el principio era la palabra, y todo lo demás le siguió después; y cuando todo lo demás haya dejado de existir, la palabra seguirá resonando y todo quedará absorbido en ella.

La India ha desarrollado varios métodos de *shabd yoga*, el yoga de la palabra, en el que toda la práctica está basada en ella. Consiste en que el sí mismo elimine cualquier palabra para que la persona se quede en silencio, y entonces se oye la voz de Dios. De esto trata este método yóguico.

Nanak dice: *Incontables son los nombres y los lugares donde moras*, e incontables los ámbitos en los que nadie ha estado aún. ¿Qué sentido tiene decir incontables nombres cuando solo aumentan la carga de la mente? La verdad es que hablar sobre Dios solo sirve para incrementar el cargamento de palabras; lo que quiera que digas, solo conseguirá magnificar la carga que ya soporta tu mente, porque, digas lo que digas, estará básicamente equivocado.

Supón que un hombre se halla en la orilla del océano y dice: «Este océano es ilimitado». Si no lo ha medido, y está simplemente dando voz a una idea, ¿de qué sirve? Se dice que el océano Pacífico tiene una profundidad de ocho kilómetros; no obstante, no se puede decir que sea ilimitado, pues ilimitado es aquello que en verdad no tiene límites.

Si le preguntamos qué quería decir, tal vez conteste: «Simplemente estaba en la orilla, contemplándolo, y me produjo esa sensación». De acuerdo, en ese caso, las palabras que ha empleado no son las apropiadas. Y si hubiera dicho: «Me sumergí hacia las profundidades pero no logré divisar el fondo», tampoco sería correcto decir que, solo porque buceó hasta cierta profundidad y no llegó al fondo, el océano sea ilimitado; es posible que, de haber bajado un poco más, lo hubiera encontrado. Lo que habría debido decir es: «Descendí ocho kilómetros desde la superficie y no encontré el fondo del mar»; pero no habría sido cierto decir que había descendido todo cuanto era posible y no había llegado al fondo, porque, cuando uno se sumerge hasta lo más profundo, por fuerza ha de encontrarse con el fondo, ya que es ahí donde el océano termina.

¿Qué se puede decir sobre Dios? Para decir que es ilimitado, deberías conocerlo en su totalidad; pero, cuando llega ese momento, todas las palabras son insignificantes, pues se ha llegado a lo más profundo, se ha alcanzado la realidad última. Podrías decir que has llegado muy lejos pero no hasta el fondo; tampoco en ese caso deberías usar la palabra "ilimitado", pues, ¿quién sabe?, es posible que, de haber viajado un poco más lejos, hubieras llegado al punto de destino.

¿Cómo se puede decir *innumerable*? ¿Es que has terminado de contar? Si es así, por más imponente que sea el personaje, no está más allá del cómputo. Y si dices que todavía estás contando, entonces espera; no tengas prisa por hacer declaraciones, porque aún es posible que tus cálculos se completen.

Así que decir que Dios es innumerable es llamar a lo innumerable por el nombre de Dios, y lo único que consigues con ello es aumentar el peso de tus pensamientos. Lo llames como lo llames –insondable, infinito, ilimitado–, no cambia nada. Es inútil y sin sentido, cualquier cosa que digas sobre Dios; lo que digas, hablará solamente de ti mismo. La persona que dice que Dios es insondable, lo único que hace es admitir que Dios está más allá de su capacidad de medición.

Las distintas personas del mundo utilizan medidas diferentes para determinar que es lo innumerable. Hay una tribu africana cuyo cómputo no va más allá del número tres, y, no habiendo un número mayor de tres, para ellos todo lo que supera esa cifra es innumerable. De hecho, esta tribu cuenta solo hasta dos; el tres es ya "demasiado". Y más allá de tres está lo infinito.

¿Es Dios de verdad incontable, o es que, llegado un punto, nuestro cómputo se detiene? ¿Es inconmensurable, o es que nuestros instrumentos de medición se agotan? ¿Es ilimitado, o es que las piernas nos flojean en determinado momento y no podemos seguir avanzando? Digamos lo que digamos, es sobre nosotros mismos; no podemos decir absolutamente nada acerca de Él. Así que lo mejor sería que limitáramos nuestra charla a hablar sobre nosotros mismos, porque eso puede ser verdad.

Ante Él, nos volvemos absolutamente incapaces e incompetentes; ninguno de nuestros métodos ni estrategias funciona. Completamente vencidos, con ese sentimiento de derrota exclamamos: «¡Eres ilimitado, infinito, insondable!», pero lo que expresamos en realidad es nuestra incapacidad para abarcarlo y comprenderlo; y si al hablar así creemos que hemos dicho algo sobre Él, lo único que hacemos es incrementar nuestra carga de pensamientos.

No puedes –es imposible– decir nada sobre Dios. Solo puedes quedarte en silencio, ya que solo el completo silencio puede ofrecernos un atisbo de Él. Por eso dice Nanak que incluso llamarlo incontable o insondable es únicamente aumentar el cargamento de palabras que llevamos a cuestas. No digas nada, ¡absolutamente nada! Transfórmate, pero no digas una palabra. Cuando tu personalidad experimente una transformación, estarás más cerca de Dios, mientras que un laberinto de palabras sirve solo para aumentar tu confusión, no para acercarte lo más mínimo a Él.

Cuando Nanak empezó a ir a la escuela, la primera pregunta que le hizo a su profesor fue:

–Lo que usted me enseñe ¿me ayudará a conocer a Dios?

El profesor se quedó perplejo, porque jamás había imaginado que un niño pudiera hacer una pregunta así.

–Aprendiendo llegarás a saber mucho –le contestó el profesor–, pero esta enseñanza no te hará conocer a Dios.

–Entonces enséñeme el método por el que puedo conocerlo. ¿De qué me servirá saber tantas cosas. Si conozco esa sola, lo sabré todo. ¿La ha conocido usted, profesor?

El maestro debía de ser una persona honesta. Acompañó a Nanak a su casa y le dijo a su padre:

–Perdóneme, pero no hay nada que pueda enseñar a este niño. Sabe ya tanto que hace preguntas a las que no sé responder. Este niño es sobrehumano y está destinado a ser alguien importante. No podemos enseñarle nada; más valdría que aprendiéramos nosotros algo de él.

¿Cómo se explica esto? En la India tenemos explicaciones filosóficas específicas para tales casos: el cuerpo de Nanak es el de un niño, pero la conciencia que habita su cuerpo es muy antigua. Durante innumerables nacimientos, su conciencia buscó y se esforzó hasta que llegó a comprender que a Él no se le puede conocer por medio de ningún conocimiento. No se puede establecer contacto con Él mediante la palabra; solo puede uno confiar en comunicarse con él desde el silencio. Lo que el niño Nanak dice es resultado del saber que su conciencia ha adquirido a lo largo de infinitos nacimientos.

Ningún niño es completamente un niño, pues ningún niño nace en blanco, sino que trae consigo las impresiones de todo lo que ha recolectado durante infinitas vidas. Por tanto, has de dar al niño el debido respeto; quién sabe, ¡quizá sepa más que tú! Tu cuerpo tiene más años, pero la edad de sus experiencias tal vez sea muy superior a la tuya. Muchas veces las preguntas que nos hacen los niños nos dejan perplejos, y no sabemos qué responder; pero como somos mayores y más fuertes, creemos que deberíamos saber, así que asfixiamos su curiosidad con mano dura.

Nanak tuvo suerte de que su tutor fuera una persona honesta y lo llevara de vuelta a casa, porque para él estaba muy claro que lo que el niño decía era verdad. Se daba cuenta de que, si haber estudiado todas las escrituras no le había hecho sabio, ¿qué sentido tenía enseñar los mismos conceptos inútiles a un niño? Solo aumentaría con ello la carga de su mente.

Cuando se conoce al Uno, todas las cargas se desprenden. Saber todo lo demás no es sino cargar la mente; decir "incontable" es un peso más. La palabra, la letra, es el nombre.

Omkar es Su nombre, y solo eso es Su alabanza y Su oración. No digas nada, ¡absolutamente nada! Llénate simplemente de la resonancia de Omkar, y la oración habrá comenzado. No digas nada. No digas: soy un pecador, soy despreciable. ¡Tú eres el redentor! Ni hay tampoco necesidad de que te arrodilles, de que te eches al suelo, llorando y gimiendo...; nada de eso es señal de oración.

El ser humano ha inventado esas oraciones a Dios para alabarlo como alabaría y halagaría a una persona egotista. Si vas a ver a un rey, te arrojas a sus pies, juntas las manos y le dices que él es tu redentor, tu salvador, estará encantado; y con esa misma idea has creado oraciones para Dios.

Nanak dice: «Eso no es una oración. Dios no es un ególatra, así que ¿a quién intentas halagar? ¿A quién intentas engañar? Algo debes de querer de Él cuando le cantas Sus alabanzas; ¿por qué lo harías si no? No, oración no significa elogio. ¿Qué valor tiene el elogio? Por eso Nanak repite una y otra vez: ¿qué se puede decir sobre la creación o sobre la naturaleza? ¿Cómo se puede expresar la admiración ante lo que es? No hay palabras para describirlo».

¿Qué otro sentido puede tener la oración que no sea llenarse de Omkar? No hay oración ni alabanza aparte de la resonancia de Omkar. Los templos se han diseñado de tal modo que su cúpula devuelva el eco de la resonancia de Om y te envíe de vuelta las vibraciones. Cuando se construía un templo, se ponía especial cuidado en que, si uno pronunciaba el Om de la manera correcta, rebotara una sola resonancia y le llegara de vuelta amplificada mil veces.

Occidente ha introducido recientemente una nueva técnica científica, la biorretroalimentación, que podría ser muy útil en el futuro. Es un método de formación que puede ayudar a calmar la mente al mostrarle lo que está ocurriendo en su interior. Cuando la mente está ocupada y excitada en exceso, se producen corrientes eléctricas que reflejan el nivel de actividad. Por medio de pequeños alambres, esa corriente se puede transmitir a una máquina de retroalimentación, que, para mostrar a la persona lo ocupada que está su mente, mide la corriente y la convierte en un sonido que esa persona pueda oír. Cuando la mente está abarrotada de pensamientos y el cuerpo está tenso, se repite con rapidez un tono agudo. Cuando la mente está más calmada, el sonido se ralentiza y tiene un tono más bajo. Muy poco a poco, le ayuda a uno a darse cuenta de los cambios que se dan en su interior, hasta que llega un momento en que uno es capaz de controlar los sonidos, y crear por tanto un estado interior de relajación total y quietud. Finalmente, cuando se ha enseñado al cuerpo a oírse a sí mismo, ya no es necesaria la máquina. Esta técnica de biorretroalimentación puede usarse también para aprender a meditar.

El mundo oriental estaba muy versado en técnicas de retroalimentación hace ya siglos, y una prueba de ello es la cúpula de los templos, que recoge la resonancia del Om y la envía de vuelta al centro en el que se ha originado. El sonido lo creas tú, y desciende luego sobre ti. Después, a medida que la resonancia de Omkar se va acercando cada vez más al Omkar verdadero, la frecuencia de la retroalimentación va creciendo, además de su intensidad. Cuando hayas avanzado en la práctica, sentirás cómo se forma la resonancia dentro de ti; entonces tu Omkar procederá más de tu corazón que de la garganta, y, simultáneamente, cambiará de tono el eco que resuena en el templo. Notarás que su cualidad es más tranquila.

Al ir profundizando más en tu corazón la resonancia de Omkar, sentirás más placer al recibir el eco del templo. Cuando el sonido sale de la boca, parece al principio un simple ruido. Cuando empiece a salir del corazón, empezarás a percibir música en la resonancia. Cuando el sonido sea absolutamente perfecto, descubrirás que la resonancia se produce por sí misma; no eres tú ya el que la produce. Entonces cada átomo del templo derrama dicha sobre ti.

El templo es como una pequeña piscina a la que vas a practicar; es como aprender a nadar en aguas poco profundas. Cuando domines plenamente el arte de pronunciar Omkar, sal a la inmensidad del espacio abierto; entonces el mundo entero es un gran templo, y los cielos azules en lo alto son su bóveda. Dondequiera que estés y pronuncies Omkar, la vasta cúpula de los cielos responderá a tu sonido, y la lluvia descenderá sobre ti desde todas las direcciones.

Dice Nanak:« Solo desde la letra, desde la palabra, se Le puede alabar. Solo desde *akshara* se obtiene todo conocimiento. De *akshara* nace toda escritura y lenguaje. Desde *akshara* se hace realidad todo destino».

Hace falta gran sutileza para entender este aspecto. Nanak dice que, solo a través de la letra, se destinan todos los sucesos. Al abrirse la palabra dentro de ti, tu destino cambia. La clave para cambiar tu vida reside en la forma de Omkar. Cuanto más te alejas de Omkar, más se sume tu vida en la desdicha, mientras que al desarrollarse tu coalición con el sonido, con la palabra, con el nombre, en la misma proporción la buena fortuna te sonríe.

Apartarse de Omkar es estar en el séptimo círculo del infierno; aproximarse a Omkar es estar más cerca del cielo, y ser uno con Omkar es realizar la salvación. Estas son las tres direcciones que puede tomar tu destino, y no hay otra forma de cambiar tu suerte. Por muchas riquezas que consigas, si estás en el infierno seguirás estando en el infierno –solo que el tuyo será el infierno de los ricos–. Si tu sino es el sufrimiento, seguirás sufriendo por mucho que te construyas un palacio; habrás conseguido convertir en palacio tu choza, pero no en felicidad tu desdicha. El sufrimiento seguirá siendo igual. Tu destino no cambia, ya que la longitud de onda de las vibraciones que determinan tu destino no ha cambiado.

Hay dos clases de personas en este mundo. Algunas se empeñan constantemente en cambiar las condiciones de sus vidas: el pobre se esfuerza por hacerse rico, el oficinista anónimo lucha por ocupar el puesto de gerente de la compañía, la persona que vive en un piso alquilado quiere tener una casa en propiedad, otro quiere una esposa más bella..., y así sucesivamente. Intentan cambiar su situación, pero la longitud de onda de sus corrientes vitales continúa igual; pese a sus esfuerzos, no han cambiado lo más mínimo.

La otra clase de personas son los buscadores. Ellos no se molestan en intentar cambiar las condiciones que los rodean, lo que les importa es cambiar la longitud de onda de su vibración en la vida; porque, en cuanto la longitud de onda cambia, tanto si vive en una cabaña o en un palacio, la persona se encuentra en el más alto reino.

Aunque la envíes al infierno, solo experimentará el cielo. La resonancia de Omkar la llena de dicha y gratitud. ¡No podrías arrebatarle esa felicidad aunque lo lanzaras a la hoguera!

Había una mujer, una faquir zen, que antes de morir les dijo a sus discípulos:

—Quiero sentarme en mi pira funeraria mientras estoy todavía viva. No es manera de marcharse de este mundo ir a hombros de la gente; no quiero que se diga que otros tuvieron que cargar conmigo. Jamás en mi vida he aceptado ayuda de nadie. El Uno ha sido mi única ayuda, así que no veo por qué habría de pedir nada ahora.

Como no atendía a razones, sus discípulos tuvieron que construir su pira. Cuando estuvo terminada, se sentó sobre ella y ordenó que la prendieran. El calor era tan insoportable que todos tuvieron que alejarse, pero ella permaneció sentada sobre ella, imperturbable.

—¿Cómo te sientes? –preguntó alguien de la multitud.

La mujer abrió los ojos y dijo:

—Solo tú podías hacer una pregunta tan estúpida.

La expresión de su rostro no se alteró en ningún momento. Ya se tratara de un lecho de flores o de un lecho de llamas, le era indiferente por completo.

Una vez ajustada la longitud de onda, ninguna hoguera puede consumirla, ni hay flor alguna que pueda incrementarla. Es a esa corriente interior a la que Nanak llama "destino". No es que lleves escrito en la frente tu destino; tu destino está escrito en la longitud de onda de tu corriente vital, de tu vibración, que solo podrás cambiar por medio de Omkar.

Por la letra existe toda palabra escrita y hablada.

Por la letra se destinan todos los sucesos.

Todo destino está escrito de antemano,

pero El que lo escribe está más allá del destino.

Dios no tiene destino, no tiene sino; Dios no tiene motivos ni deseos: está más allá del destino. No tiene adonde ir, no intenta alcanzar ninguna meta. De ahí que los hindúes hablen del *leela*, el juego, de Dios. Dios juega con su creación igual que un niño con sus juguetes; un niño juega sin otro motivo que el placer de jugar. Está siempre feliz, exultante.

¿Para qué se abren las flores? ¿Para qué brilla la luna y centellean las estrellas? ¿Hay alguna razón para amar? ¿Por qué fluyen los ríos y los arroyos?

Dios es. No va a ninguna parte. Y el día que tu corriente vital se ajuste a la longitud de onda correcta, descubrirás que todo propósito desaparece de tu vida. Por eso consideramos la narración de las vidas de Rama y Krishna un *leela*, y no una biografía. Sus vidas son juego, regocijo, jolgorio, ¡son un festival!

El que escribe está más allá del destino, y nosotros recibimos solo aquello que Él ordena; todas las creaciones son su nombre. ¿Por qué buscarle un nombre entonces? En los árboles, en las plantas, en las piedras y en los guijarros está su firma. Jesús solía decir: «Levanta una piedra y me encontrarás oculto en ella. Rompe una rama y me encontrarás en su interior». Su nombre está en todas partes; vibra en cada sonido, y todas las vibraciones son formas del Uno: Omkar. Su intensidad y sutileza son origen de todos los sonidos.

El Uno está oculto en los muchos. La creación entera es Su nombre; no hay lugar donde Su nombre no esté... ¿Cómo lo alabaré, entonces, al creador de la creación? Nanak rebosa de admiración y asombro. Una y otra vez se llena de gratitud y embeleso... ¿Cómo expresar lo que provoca en él la naturaleza?

> Nanak dice: «¿Cómo he de alabarlo?
> ¡Por mucho que me ofrezca a mí mismo, nunca será
>   suficiente!
> Lo que quiera que te agrade, Señor, es lo mejor para mí.
> ¡Tú eres el que no tiene forma, el todopoderoso...,
>   Tú que moras eternamente!».

Déjaselo todo a Él. Lo único que has de aflojar es el control que ejerces sobre ti mismo, y todo se resolverá. Tu único problema es que haces caso a tus propios consejos; te has aceptado a ti mismo como gurú. La solución es solo una: haz de Él tu gurú, y deja de interferir en tus asuntos; hazte a un lado, deja que Él tome las riendas de tu destino. Entonces, no juzgues ni saques conclusiones de lo que ocurra, porque nada de lo que ocurre es contra Su voluntad. Lo que sucede, sucede para bien. Lo que a Él le agrada es lo más auspicioso. *¡Hágase Su voluntad!*

9. Teñido de Su color

Si el cuerpo está cubierto de suciedad,
el agua la puede lavar.
Si las ropas están sucias, llenas de polvo,
el agua y el jabón pueden devolverles la limpieza.
E incluso si la mente está llena de maldad,
el Amor a Su nombre puede teñirte de Su color.
Santo o pecador no son palabras huecas;
todas las acciones quedan grabadas.
El ser humano siembra, y él mismo recoge la cosecha.
Nanak dice: «Por orden divina se salvan unos
    y renacen otros».

Si visitas lugares sagrados, practicas austeridades,
    muestras compasión y haces buenas obras,
obtendrás el respeto de los demás;
pero aquel que escucha a Dios y medita sobre
    Su nombre
tiene el corazón lleno de amor y se purifica hasta
    lo más profundo.

Todas las virtudes son Tuyas, Señor. Nada hay en mí.

Sin acciones virtuosas, no existe verdadera devoción.

Tuya es la única palabra verdadera. Tú eres el sonido.

Eres Brahma, lo Absoluto. Tu poder es magnífico
    y autodirigido.

¿Cuál fue la hora, la fecha, la estación,

el mes en que adoptaste forma y la creación
    comenzó?

Los eruditos no lo sabían,

o lo habrían escrito en los libros sagrados,

ni lo sabían los cadíes,

o lo habrían incluido en el Corán,

ni tampoco los yoguis sabían el día y la hora,

la estación y el mes en que sucedió.

El creador que crea la creación entera,

solo Él lo sabe.

¿Cómo habría de alabarlo y expresar Su grandeza?

¿Cómo puedo conocerlo?

Él es supremo. Su nombre es grandioso.

Todo sucede como Él ordena.

Aquel que se atribuya cualquier mérito

no obtendrá ningún honor ante Él.

La religión es un baño interior. Cuando viajamos de un lugar a otro, las ropas se ensucian y se llenan de polvo; lavándolas, la suciedad desaparece con facilidad. Pero en el viaje a través del tiempo, el polvo se acumula en la mente, y no es tan fácil de eliminar como el polvo de las ropas. Dado que el cuerpo es externo, el agua que se necesita para lavarlo está disponible en nuestro entorno; pero la mente y su polvo están dentro, y necesitamos encontrar, por tanto, un limpiador en nuestro interior.

El polvo sigue acumulándose dentro, un instante tras otro, incluso si no haces nada más que estar sentado. Aunque una persona se dé el gusto de no realizar ninguna actividad, su cuerpo necesita bañarse cada día. Y la mente nunca está inactiva, siempre está haciendo algo; es raro disfrutar de tranquilidad mental. Así que el polvo se acumula en tu mente a cada momento, un polvo que, por muchas veces que te bañes al día, el agua exterior no puede limpiar.

Este *sutra* está relacionado con el agua interior. Es inestimable. Si lo entiendes lo bastante bien como para reconocer el lago interior, habrás dado con la clave para transformar tu vida.

Sean cuales sean las llaves que tienes en este momento, ninguna de ellas sirve para nada; si una sola de ellas hubiera funcionado, no tendrías necesidad de entender a Nanak. Pero, aunque tienes muchas, el ego no te permitirá admitir que son inútiles.

Mulla Nasruddin era sirviente en la casa de un hombre rico. Un día le dijo a su señor:

—Quiero retirarme. Ya no puedo seguir sirviéndote; el aguante tiene un límite. No tienes fe en mí, y ya no puedo soportarlo más.

—¿Cómo puedes decir que no confío en ti, Nasruddin? –le preguntó el señor–. ¿No están siempre sobre la mesa las llaves de mi caja fuerte?

—Sí –respondió el Mulla–, pero ninguna de ellas entra en la cerradura.

Tú también tienes muchas llaves, ¡es tanta la información que has recopilado! Pero solo cuando la información es útil se obtiene con ella conocimiento; de lo contrario, no es más que una carga que llevas a cuestas.

Ya que cargas con el peso de tantas llaves, tienes que preguntarte si alguna de ellas funciona: «¿Sirve alguna para abrir la puerta de la vida? ¿Se han encendido las luces, me siento dichoso, oigo las embelesadoras notas de la música divina?», o, más sencillo aún: «¿Expreso alegría y gratitud al Señor que me ha hecho nacer? ¿Exclamo: "Grande es tu compasión, ¡me has dado la vida!"».

Nuestras quejas son muchas; nuestra gratitud, nula. Pero ¿cómo puedes estar agradecido cuando ninguna llave sirve para su función? Tíralas todas y escucha a Nanak, que habla de la llave que sí funciona; y no ha sido solo Nanak quien ha hablado de esta llave, sino también Mahavira, el Buddha y Jesús. ¿No es extraño que cargues con tal manojo de llaves inútiles y desprecies la única llave que funciona?... Y no me refiero a una llave concreta que abre una cerradura concreta; esta es una llave maestra que puede abrir todas las puertas de la vida. Pero desde tiempos inmemoriales, el ser humano se ha dedicado a hablar sobre las llaves que no sirven para nada, y nunca le ha prestado atención a la única que de verdad importa.

La razón de esto está muy clara: las llaves que estás dispuesto a usar no exigen que se produzca en ti una transformación. Con ellas, permaneces igual; no corres peligro de tener que cambiar tus creencias, ni de perderte. Además, oír el tintineo de las llaves, los ruidos estridentes que hacen, te da mucho placer; así que estás encantado de tenerlas, por esto y porque no te verás obligado a pasar por el difícil trance de la transformación.

No escuchas ni a Nanak ni al Buddha ni a Mahavira porque la llave que ellos te ofrecen es peligrosa..., ¡funciona!, y en cuanto la metas en la cerradura, el cerrojo se abrirá y ya no serás el mismo. Has invertido mucho en ser como eres, luego es mucho lo que está en juego; si cambias, todo el trabajo habrá sido en balde. Las mansiones que has levantado se vendrán abajo como un castillo de naipes; todos los barcos a los que has puesto en rumbo se volcarán; todo lo que has atesorado en tu mente, los sueños que has soñado, resultarán ser falsos.

Tu ego se niega a aceptar que es así. Tu ego dice: «Es posible que no sea un sabio excepcional, pero soy sabio. Puede que haya cometido algunos errores, pero ¡no puede ser que todo lo que he hecho sea un error! Y además, errar alguna vez es de humanos, ¿a quién no le pasa?». Saltas con toda esta retahíla, y te consuelas. Errar es de humanos, dices.

Lo que no estás dispuesto a admitir bajo ningún concepto es que seas un ignorante. Si te equivocaste..., ¡sucedió, simplemente! ¿No se equivocan también los sabios a veces? Incluso la persona bien informada puede extraviarse, o caer en un hoyo, o golpearse la cabeza contra la pared... No estás dispuesto a admitir que estás ciego.

Trata de entender esto: cada vez que cometes un error, te refieres a él como si fuera un lamentable suceso que se ha producido a pesar de ti. Proteges al hacedor y culpas a la acción. Te enfureces, y dices: «¡Es terrible que la ira se haya apoderado de mí!», como si la ira fuera algo que te ha sucedido, como si las condiciones la hubieran hecho inevitable, en vez de reconocer que eres una persona iracunda. Si has perdido los estribos, dices que, de no haberlo hecho, alguien habría sufrido, o que te encolerizaste por el bien de quien fuere, sin admitir nunca que tienes un temperamento violento. O a veces admites que tienes tendencia a enfadarte y que es un error. Pero, incluso entonces, consigues salvar al hacedor y culpar a la acción.

Admites la equivocación del acto, pero jamás de la persona que está detrás de él.

Eso es tu ego exactamente. Y por ese ego te proteges de la llave auténtica, porque, en cuanto la llave maestra gira y el cerrojo se abre, lo primero que cae en picado es el ego. Entonces te conviertes de pronto en un don nadie; todo lo que hayas conseguido y las fortunas que hayas amasado demuestran de repente no ser nada, no tener ningún sentido. Todo esto cae, y tú caes con ello. Cuando se aniquila el ego sabes que la llave ha funcionado; así que mantente a kilómetros de distancia de la llave.

Hay un precioso poema de Rabindranath Tagore que dice así: «Llevo miles de vidas buscando a Dios. No sé cuántos caminos he andado, cuántas órdenes religiosas he conocido; solo Dios sabe a cuántas puertas he llamado, a cuántos maestros he servido y cuántos yogas y sacrificios he hecho. A veces Lo vislumbraba a lo lejos, a la distancia de una estrella lejana, pero, para cuando llegaba, la estrella siempre se había ido. Hasta que finalmente un día llegué a su puerta, y en la puerta había un cartel: "Esta es la casa de Dios". Subo las escaleras, exultante por haber llegado a mi destino. Agarro la aldaba, y cuando estoy a punto de tocar...

»¡El miedo se apodera de mí!: "¿Y si la puerta se abre y sale Dios...? ¿Luego, qué? Hasta ahora, encontrarlo ha sido la única meta de mi vida, mi única ocupación, mi única obsesión. Pero, si Lo conozco, todo habrá terminado: ya no tendré nada que hacer; ya no habrá peregrinaciones, ni viajes, ni sueños..., ¡será el fin!"».

»Temblando de miedo, solté la aldaba con mucho cuidado, por miedo a que, al menor sonido, la puerta se abriera. Después me quité los zapatos para no hacer ruido al bajar las escaleras; y cuando llegué abajo, ¡corrí, corrí como si la vida me fuera en ello!, sin mirar atrás ni una sola vez».

En la última estrofa, el poeta dice: «Sigo buscándolo. Me verás recorrer distintos caminos en su busca, aunque ahora sé muy bien dónde vive. Sin embargo, sigo preguntando a otros dónde Lo puedo encontrar. En la distancia, cerca de la luna y las estrellas, percibo un vislumbre de Él; pero ahora estoy tranquilo, porque sé que, para cuando llegue, Él se habrá marchado. Ahora Lo busco en todos los sitios salvo uno: la casa donde vive; ni me acerco a ella. Ahora me cuido... ¡solo de él!».

Este poema tiene un significado muy profundo, y describe exactamente nuestra condición. No digas jamás que no sabes dónde está Dios. Está en todas partes, así que ¿cómo puedes no saber dónde está? No digas nunca que la puerta está cerrada y que no sabes nada de la llave, porque la llave se te ha dado mil veces, solo que siempre olvidas dónde la guardaste. La dejas en cualquier parte, y tu yo consciente intenta escapar de ella. Hasta que no despejes tus dudas, seguirás buscándolo por un lado y perdiéndolo por otro. Levantarás un pie para avanzar en dirección a Él y el otro, en dirección contraria.

Mantienes vivo el mito de que eres un buscador, puesto que eso te satisface y aplaca la conciencia. Te da un sentimiento de importancia pensar que no eres una persona común, zafia, que solo persigue la posición y el dinero. Te sientes por encima de los demás porque tú buscas a Dios, buscas la religión, la verdad. Mientras otros viven inmersos en trivialidades, tú has optado por la vasta existencia universal.

Así, continúas proclamando que buscas a Dios, y secretamente, en tu interior, intentas escapar de Él. Pero si no reconoces y resuelves esta dualidad que hay dentro de ti, nunca podrás buscarlo.

En la actualidad, eres como el hombre que construye una casa durante el día y la destruye por la noche, y repite el mismo proceso día tras día; o como el que pone un ladrillo con una mano y lo quita con la otra; o como el que contrata a dos albañiles, uno para que ponga los ladrillos y otro para que los quite. ¿Crees que terminará su casa alguna vez? Llevas infinitas vidas intentando construir una casa y todavía está sin terminar. ¡Tiene que haber un serio error de base para que continuamente te hagas dos cosas opuestas a la vez!

Llevas contigo tus llaves falsas, las que no funcionan. Te bañas en los ríos sagrados, pero tu mente sigue llena de polvo. Haces rituales en los templos, pero eso no es alabanza de ninguna clase. Ofreces flores, pero no te ofreces a ti mismo. Haces obras de caridad y das de comer a los pobres, y te escondes detrás de estos actos religiosos insignificantes.

Recuerda, te purificarás solo cuando estés preparado para la aniquilación; así que necesitas aguas que te hagan extinguirte, que destruyan cada milímetro de ti. Nanak habla aquí de esas aguas. Trata de comprender:

Si el cuerpo está cubierto de suciedad,
el agua la puede lavar.
Si las ropas están sucias, llenas de polvo,
el agua y el jabón pueden devolverles la limpieza.
E incluso si la mente está llena de maldad,
el Amor a Su nombre puede teñirte de Su color.

El color del amor. Después de los nombres de Dios, no hay palabra más significativa, con un significado más profundo que la palabra "amor", así que intenta entenderla.

Todos conocemos la palabra. Podrías decir que todos conocemos el amor. ¿Qué tiene entonces de especial, que haga de él la llave? Aunque conocemos la palabra "amor", el conocimiento superficial de las palabras no es suficiente. Has aprendido las palabras de los diccionarios de la lengua, no del diccionario de la existencia. El diccionario da distintas definiciones de la palabra "amor", pero el amor no tiene nada que ver con ninguna de ellas. Cuando el amor aparece en tu libro de la existencia, la experiencia inunda el mundo de vida..., algo muy diferente de lo que ocurre cuando lees palabras inertes en un libro. Por ejemplo, el diccionario dice que el fuego es "la materia encendida en brasa o llama", pero ese fuego no te quema, como tampoco te sacia la sed el agua del diccionario. Si tratas de entender el amor de esa misma manera, nunca se purificarán tus pecados.

El amor es fuego. El oro se purifica pasándolo por un fuego que hace que todo lo que no es oro se queme y quede solo aquello que es digno de conservarse. Del mismo modo, cuando tú pasas por el fuego del amor, todo lo que carece de valor, todo lo inútil, arde en llamas; todos los pecados se convierten en cenizas, y solo el tú esencial y con sentido permanece. Te purificas, y eres entonces perfecta virtud.

Por eso, es importante que entiendas lo que significa el amor. En primer lugar, y por encima de todo, distingue claramente entre el amor y el pecado, pues solo entonces podrás erradicar este último. Es posible que no te hayas dado cuenta de la relación que existe entre estas dos condiciones que habitan en tu interior: únicamente puedes pecar cuando el amor está ausente. Los pecados se originan en la ausencia de amor. Donde hay amor es imposible pecar.

Mahavira utiliza el término "no violencia", pues no violencia significa amor; el Buddha habla de la compasión, que es asimismo amor, y las palabras de Jesús son claras y directas: ¡él dice que el amor es Dios!

Le preguntaron a san Agustín: «¿Cuál es la esencia de la religión? Por favor, dime en pocas palabras cómo puedo salvarme del pecado. Los pecados son tantos y la vida es tan corta...».

Lo que preguntaba esta persona era si, siendo la vida tan corta y tantos los pecados, tendría tiempo de librarse de ellos uno por uno; y suplicaba entonces que se le diera la llave maestra que abre todos los candados.

Puedes robar a alguien si no sientes ningún amor hacia la persona de cuyas posesiones te estás adueñando. Puedes matar solo si no sientes ningún amor hacia la persona a la que matas.

Puedes hacer trampas, engañar, y cometer todos los demás pecados solo cuando dentro de ti el amor está ausente. Los pecados nacen únicamente cuando no existe la presencia del amor. Es como una casa a oscuras, que atrae a los ladrones, los escorpiones y las serpientes; las arañas tejen sus redes en los rincones, y hacen de ella su casa los murciélagos; pero cuando se enciende la luz, todos se baten en retirada.

El amor es luz. En tu vida no se ha encendido nunca la lámpara del amor, y esa es la razón de tus pecados. El pecado no tiene energía positiva propia; es una negación, una no presencia. Solo puedes pecar cuando lo que debería haber en ti está ausente.

Intenta comprenderlo: te enfureces, aunque todos los libros religiosos te exhortan a que no lo hagas; pero si tu energía vital no fluye hacia el amor, ¿qué puedes hacer sino enfadarte? Tendrás que enfadarte, pues la ira –si la entiendes bien– es ese mismo amor que ha perdido el rumbo; es la misma energía, que no pudiendo convertirse en flor, se convirtió en espina. El amor es creación, y, si no hay creatividad en tu vida, la energía vital se vuelve destructiva.

La diferencia entre un santo y un pecador está solo en que la energía vital de uno es creativa y la del otro es destructiva. Por eso, la persona que crea no puede cometer actos satánicos, y la persona que no crea no puede ser un santo, por mucho que se engañe imaginando que lo es. La energía interior tiene que utilizarse, ya sea de una manera o de la otra, pues la energía no puede permanecer estancada, tiene que fluir. Si amas, abres nuevos canales para que tu energía fluya hacia el amor; y si no hay amor en ti, ¿qué hará tu energía? Solo podrá desbaratarlo, destruirlo todo. Si no eres capaz de crear, destruirás. La virtud es el estado positivo de la energía vital, y el pecado es el estado negativo de esa misma energía.

Muchos que vienen a verme me hablan de la ira que hay en su interior y me preguntan qué hacer al respecto. Les digo que dejen de pensar en la ira. Cuanto más piensas en la ira, más energía le das, ya que la energía fluye en la dirección de los pensamientos, que son sus canales. Igual que hay canales que dirigen el agua de los pantanos a los campos, el canal de la energía vital es la atención. Cada vez que estás atento, tu vida fluye. Si tu atención señala en la dirección equivocada, la energía fluye en esa misma dirección, y si señala en la dirección correcta, tu vida fluye en la dirección correcta; y la atención correcta es amor.

Nanak dice que el día que tu amor esté dirigido hacia Su nombre, te teñirás de Su mismo color; serás puro. No solo desaparecerán tus pecados, sino también la posibilidad de pecar en el futuro; el amor te lavará incluso antes de que te ensucies, será un baño purificador a cada momento.

Es un sentimiento que se capta al estar en presencia de un santo; una sensación de frescor como la del rocío de la mañana; parece que acabara de salir de la bañera. Y la razón es simplemente que la presencia del amor no permite que el polvo se acumule sobre él. El amor incesante arrastra toda la suciedad, incluso antes de que pueda tocarlo.

Así que, con respecto al amor, lo más importante es que tu energía vital no se vuelva destructiva. La destrucción es pecado cuando no se persigue con ella ningún fin. Hay otro tipo de destrucción: la de la persona que echa su casa abajo para construir una nueva; eso no es destruir, sino una parte del construir. Pero cuando rompes por romper, es pecado.

Si tienes un hijo pequeño al que quieres mucho, a veces le das uno o dos azotes; debido a tu amor por él, le has pegado por su bien, para que mejore. Si no lo quisieras, te habría dado igual lo que hubiera hecho o no hubiera hecho; te habría resultado indiferente. Pero lo amas lo suficiente como para no permitirle que siga haciendo lo que se le antoje; no le dejarás acercarse al fuego, y, si no te escucha, le pegarás si es necesario. Ese pegar no es pecado, es un pegar creativo. Quieres hacer de él un ser humano.

En cambio, cuando pegas a un oponente, aunque la mano sea la misma, y sea la misma bofetada y la misma energía, el sentimiento de enemistad que hay en ti, el pegar para destruir y no para crear, lo convierte en pecado. El acto en sí no lo es. Ningún acto es pecado si el sentimiento que hay en ti es positivo y creativo, pero si el sentimiento interior es destructivo, sí lo es.

Hay un cuento sufí sobre un viajero que, de camino hacia un templo sufí escondido en algún lugar de las montañas, llegó a una aldea. Se acercó a un puesto de té que había al borde de la carretera y preguntó:

–¿Podría decirme quién es el hombre más veraz y quién el más mentiroso de la aldea?

El vendedor le dio los dos nombres. En un pueblo pequeño, todo el mundo lo sabe todo sobre los demás, de modo que no fue difícil dirigirlo hacia ellos.

El viajero sufí fue a la casa del hombre veraz y le preguntó el camino para llegar al templo. El hombre lo miró y le dijo:

–El camino más fácil es por las montañas –y a continuación le dio información detallada para que llegara al templo.

Luego, el sufí fue a ver al hombre más mentiroso, le hizo la misma pregunta, y se quedó perplejo cuando el hombre describió la misma ruta que le había explicado el hombre veraz. ¡No sabía qué creer! Volvió a la plaza del pueblo y preguntó si había algún sufí en el lugar.

Condujeron al viajero a ver a un santo sufí. Una persona veraz y una mentirosa son los dos extremos, mientras que quien ha alcanzado la santidad está más allá de ambos. El faquir oyó el problema.

–La respuesta es la misma, pero el ángulo de visión es diferente –dijo–. El hombre veraz y virtuoso te ha enviado por las montañas, aunque es más fácil llegar al otro lado cruzando el río. Pero él tuvo en cuenta que no dispones de una barca ni otro medio para cruzar, y, como además viajas en burro, ¿cómo llevarías al animal hasta la otra orilla? En las montañas, el burro podría serte útil, mientras que, aun en el caso de que consiguieras una barca, en el río el burro te causaría problemas. Tras considerar todo esto sugirió lo que le pareció mejor para ti dadas las circunstancias. El hombre malvado, en cambio, aunque te indicó el mismo camino, tenía intenciones poco honrosas. Quería crearte problemas. Disfrutaba pensando que te acosarían por el camino.

La respuesta era la misma; la intención, diferente. Puede que las acciones sean similares y tú no seas, por tanto, capaz de distinguirlas, pero el factor decisivo es el sentimiento que se oculta tras ellas.

De ahí que no llevemos la cuenta de las veces que castigan a un niño su padre o su madre. La verdad es, según dicen los psiquiatras, que si una madre nunca ha pegado a su hijo, no puede haber una conexión profunda entre ellos; demuestra que la madre no lo reconoce realmente como suyo; hay una distancia, una brecha entre ellos.

Un hijo nunca perdona al padre que accede a todos sus caprichos. Más adelante en su vida se da cuenta de que su padre le hizo daño. El niño no tiene experiencia, luego sus exigencias poseen menos valor. El padre ha de pensar y decidir lo que es bueno para él, porque tiene más experiencia de la vida. Si de verdad ama a su hijo, decidirá basándose en sus propias experiencias más que en lo que el niño pide. Si un padre da a su hijo plena libertad, el hijo nunca podrá perdonarlo.

En ningún lugar del mundo se ha dado a los niños tanta libertad como en Occidente en los últimos años. Eso es lo que durante el siglo xx los psicólogos occidentales han dicho que se debía hacer, y el resultado ha sido una brecha insalvable entre padres e hijos. Anteriormente, los hijos temían al padre; hoy día, en Occidente es el padre quien teme al hijo. En el pasado, se reverenciaba y respetaba a los padres; en Occidente, hoy día el niño no sabe lo que es el respeto hacia sus mayores, no sabe lo que es el amor, el afecto. ¿Por qué? Pues porque, al hacerse mayor, el niño empieza a darse cuenta del daño que le han hecho sus padres al dejarlo suelto para que hiciera lo que le viniera en gana. Deberían haberle parado los pies cuando hacía cosas disparatadas; era el deber de su padre y de su madre impedirle que se extraviara, puesto que ellos tenían experiencia, y él no. No deberían haberle hecho caso; no deberían haber cedido a sus deseos. El niño se da cuenta de ello, pero ya es demasiado tarde.

Recuerda esto: ¡al amor le importan las cosas! El amor se ocupa de que tengas una vida buena, bella, veraz, de que alcances la gloria suprema. La indiferencia es señal de que no hay relación, de que el haber nacido de unos padres determinados es una mera coincidencia para ellos y para ti. No hay reciprocidad; no hay sentimiento de unidad, de pertenencia a una relación, lo cual está teniendo como resultado que en Occidente todas las relaciones esenciales se estén rompiendo.

El amor puede castigar también, porque es tan fuerte y seguro que es capaz de provocar creación por medio de la destrucción. Lo importante es que la meta sea siempre la creación. Si la destrucción es necesaria, la meta de la creación ha de estar detrás de ella.

El gurú mata al discípulo... ¡completamente! Lo mata de manera absoluta –no es la bofetada del padre, que cae exclusivamente en el cuerpo–. Al igual que el agua lava el cuerpo desde el exterior, el padre limpia superficialmente a su hijo, pero el gurú lo golpea con dureza y en lo más profundo. Penetra hasta las profundidades últimas de tu ser, y no descansará hasta que el ego se haya desecho por completo. Mientras no encuentres un gurú como este, debes saber que a cualquier maestro al que sigas serás incapaz de perdonarlo, pues, más tarde o más temprano, te darás cuenta de que ha estado haciéndote perder el tiempo.

El sello del amor es la creatividad. Mientras seas creativo en tus relaciones, no podrás cometer ningún pecado. ¿Cómo puedo pecar cuando estoy rebosante de amor? El amor se va expandiendo poco a poco, y un día descubres que estás oculto en cada ser humano. Entonces, ¿a quién vas a robar, a quién vas a embaucar, en qué bolsillo meterás la mano con sigilo? Al ir incrementándose el amor, descubres que todos los bolsillos son tuyos, y cuando haces daño a alguien, te das cuenta de que te has hecho daño a ti mismo.

La vida es como un eco: lo que hagas te vendrá de vuelta. La persona cuyo amor aumenta se torna consciente de que no hay extraños en este mundo. Todos sabemos que, cuando amas a alguien, te haces uno con él.

No querrás hacer daño a tu esposa cuando comprendas que, al herirla, en última instancia te hieres a ti mismo, ya que, si ella es desgraciada, tú también acabas siéndolo. Entonces querrás que sea feliz, puesto que su felicidad aumenta tu felicidad potencial. Una día comprendes que la aflicción que causamos a los demás nos deja a nosotros igual de tristes, y que la alegría que les damos nos hace igual de felices.

Pero solemos pensar lo contrario: nos guardamos la alegría para nosotros, y a los demás les deseamos desdichas; nos parece que, tal vez, de esa manera nuestra cuota de felicidad será mayor. El resultado final es que descubres que tu vida está llena de infelicidad, porque lo que das, vuelve a ti. Si has sembrado espinas para que los demás se pinchen, tu vida se rodea de espinas, y si has sembrado flores, sin preocuparte de lo que hagan o no hagan los demás, tu vida se llena de flores. Recoges lo que siembras. Sin embargo, parece que no acabemos de entender esta fórmula de la vida.

Vino a verme una mujer que quería divorciarse de su marido. Nunca olvidaré lo que me preguntó; dijo: «Enséñeme una manera de conseguir el divorcio que haga desgraciado a mi marido el resto de su vida». Ella sabía de sobra que su marido sería la persona más feliz del mundo el día que ella se divorciara de él; lo había atormentado sin fin. Y ahora quería que fuera infeliz incluso después de que ella se fuera.

Cuando estamos juntos, queremos que el otro sufra, y, cuando estamos separados, también. Pero si nuestra meta en la vida, ya estemos juntos o separados, es causar dolor y aflicción a los demás, por fuerza eso ha de ir creando una dolorosa herida en nosotros, una herida que es creación nuestra, que es consecuencia de tener la atención puesta constantemente en provocar dolor.

Esto es a lo que llamamos karma, el proceso de las acciones. El sino, el destino significan simplemente que lo que hagas vuelve siempre a ti; aunque quizá haya de pasar algún tiempo, finalmente las acciones rebotan y te afectan. Por tanto, haz solo aquello que quieras para ti. Si tu vida es un auténtico infierno, no dudes de que es obra tuya: el fruto de lo que has hecho durante incontables vidas.

La gente viene a verme y me pide: «Bendíganos para que seamos felices». No habría ningún problema si fuera así de fácil, si bastara con que alguien bendijera a todo el mundo para que todo el mundo fuera feliz. Pero piensa: ¿cómo podrían mis bendiciones limpiar tu desdicha? Intenta entender lo que digo y no me pidas que te bendiga, porque sería solo un engaño. Si has causado dolor y sufrimiento a otros, ahora debes recoger el fruto de tus acciones; ¿y vienes pidiéndome una bendición? Tienes la sensación de que sufres porque yo no te la doy... ¡No hay bendición que pueda erradicar tu sufrimiento! Si la bendición de alguien te ayuda a ser más consciente y siembra semillas de amor en ti, eso ya es mucho; porque el amor es lo único que lava los pecados, y el sufrimiento no terminará hasta el día en que hagas felices a los demás.

Nanak dice: «Si la mente está llena de pecado, solo el amor a Su nombre puede purificarla». Cuando empiezas a amar a una persona, te parece imposible hacerle daño, ya que en ese momento la felicidad del otro es tu felicidad, y el dolor del otro es tu dolor. No existe una barrera entre tu vida y la de la persona amada; fluis el uno en el otro.

Cuando eso mismo sucede entre una persona y Dios, se le llama oración, alabanza, devoción; es la forma suprema de amor.

Cuando da tanta alegría hacer a alguien feliz, y tanto dolor hacer a alguien desgraciado, lo mismo pasa entre tú y Dios. Si la relación es de amor, estás en el cielo, y si el amor está ausente, te encuentras en las profundidades del infierno.

Dios significa totalidad. Tienes que amar esa vasta extensión, el universo entero, todo lo que existe, como si fuera una persona. Quedarás limpio de todos tus pecados el día que te enamores desesperadamente de todo cuanto existe. Ese día, ¿a quién podrás engañar? Dondequiera que mires, estará Él; Lo encontrarás en cada mirada en la que se posen tus ojos.

La devoción es un proceso revolucionario. Significa que ya no existe más que Él. Tu vida de repente se ha vuelto sencilla, se han acabado las complicaciones. Ya no tienes necesidad de pecar más, no tienes necesidad de engañar a nadie. No pienses que la devoción es ir al templo a ofrecer alabanzas. Recitar el *Japuji* por la mañana temprano no es devoción, ni es devoción ir a la mezquita o a la iglesia. Nada de esto te llevará a ninguna parte.

Hay llaves falsas. La auténtica llave es enamorarse de lo infinito. Entonces cada partícula de polvo de esta Tierra tiene derecho a recibir mi amor; cada centímetro de esta Tierra es mi amado; cada hoja lleva el nombre de mi amado escrito; me mira a través de cada ojo que veo. Todo es Suyo, en todas partes.

Cuando comprendes esto profundamente, lleves la vida que lleves la vivirás desde la devoción, que transformará tu forma de vivir y cada aspecto de tu vida: te sentarás de modo diferente, andarás de modo diferente, porque ves Su presencia en todo; hablarás de modo diferente si cada persona con la que hablas es Él. Ahora ya no puedes enfadarte, o mentir respecto a alguien; ¿cómo podrías insultar a nadie?, ¡cómo podrías no servir a los demás, cuando en los pies de cada persona Lo encuentras oculto!

Cuando comprendas esto, vivirás en un perpetuo éxtasis —eso es a lo que Nanak llama "teñirte de Su color"–. No tendrás nada, y sin embargo lo tendrás todo. Estarás completamente solo, y sin embargo el mundo entero estará contigo. Habrá un ritmo, una armonía entre tú y la existencia, pues habrás establecido un contacto íntimo con ella.

Nanak dice que solo un amor así puede limpiarte del pecado. Sin él, ni todas las alabanzas, recitaciones, cánticos y sacrificios servirán de nada, puesto que estará ausente el factor esencial.

Viajaba una vez en tren cuando, en una estación, se subió una mujer acompañada de unos diez niños, que, en cuanto llegaron, empezaron a correr de un lado a otro del compartimento derribando a su paso los equipajes, molestando a todo el mundo; era un completo caos. Al final, uno de los pasajeros estalló, cuando los niños volcaron su bolsa y le rompieron el periódico. Se volvió hacia la mujer y le dijo:

–Hermana, sería mucho mejor que no viajara con tantos niños. Si tiene que viajar, sería mucho más cómodo para todos que dejara a la mitad de ellos en casa.

–¿Me toma por idiota? –contestó la mujer, indignada–. ¡Ya he dejado a la mitad en casa!

Cuando falta la comprensión básica, da igual a cuántos niños hayas dejado atrás. Si aquella mujer no había hecho uso del discernimiento cuando procreó veinte niños, ¿cómo se puede esperar que haga uso de él cuando viajan?

Pecados hay miles; virtud, solo una. Miles de enfermedades, pero solo una salud; no es que tú tengas tu tipo de salud y yo el mío. Puedes enfermar de tuberculosis, de cáncer o de cualquier otro mal; puede haber diferentes enfermedades, hay cabida para la originalidad. Una enfermedad puede llevar tu sello individual, ya que la enfermedad forma parte del ego: para los distintos egos, hay distintas clases de enfermedades. Pero la salud es una. La virtud es una, porque Dios es uno. En este contexto, no puedes diferenciarte de nadie.

¿Y qué es ese bienestar, esa salud, de la que solo hay una? Es el sentimiento de amor. Intenta zambullirte en la vida, sumérgete en ella poco a poco. Cuando te levantes de la silla, actúa como si el amado estuviera presente; incluso cuando entres en una habitación vacía, actúa como si Dios estuviera presente a tu alrededor.

Había un faquir sufí llamado Junnaid que solía decirles a sus discípulos: «Cuando estéis en medio de una multitud, recordad vuestra soledad, entonces el recuerdo de Dios estará con vosotros. Cuando estéis en soledad, estad como si Dios estuviera presente a vuestro alrededor».

Tiene razón. Si consigues recordar tu soledad cuando estás en medio de una multitud, puedes mantener el recuerdo de Dios; si no, la multitud captará por completo tu atención y hará que te extravíes. Y si no mantienes vivo el recuerdo de Dios cuando estás solo, tú solo te extraviarás.

Hay dos peligros: que te pierdas en los demás, o que te pierdas en ti mismo. Dios está más allá de ambos. Si recuerdas tu soledad en medio de la multitud y eres consciente de Su presencia cuando estés en soledad, nunca te perderás.

Nanak dice: «Quien se tiñe del color del amor se vuelve puro; es como un baño interior».

Decir que te esfuerzas lo indecible por ser virtuoso no genera en ti ningún cambio. No ocurre nada, por mucho que pienses o hables de ello. No es de extrañar que hablemos tanto de la virtud y las buenas obras y pensemos o hablemos tan poco de los pecados; nos limitamos a cometerlos. Si se te aconseja que te contengas un minuto cuando la ira empieza a apoderarse de ti, contestas que es imposible, que la ira no se puede posponer. Claro, ¿cómo vas a contener la ira si el que podría contenerla no está presente cuando la ira llega? ¿Dónde estamos en ese momento?

Si se te aconseja que medites, contestas: «Hoy no, hoy no tengo tiempo». Además piensas: «¿Por qué tanta prisa? Todavía nos queda tanto camino por recorrer en la vida, y el momento indicado para estas cosas es al final, cuando la muerte está ya cerca». Recuerda que no oirás a la muerte llegar; ni siquiera el moribundo percibe la llegada de la muerte.

Había muerto un político, y se le pidió a Mulla Nasruddin que hiciera un discurso de condolencia.

El Mulla dijo algo muy interesante: «La bondad de Dios no tiene límites. Cuando morimos, lo hacemos siempre al final de la vida. ¡Imaginen qué desastre sería si la muerte llegara al principio de la vida, o a la mitad!».

Y nos pasamos la vida posponiendo el final. Parece que nunca llegará, hasta que llega. Desde fuera, los demás perciben cuándo a alguien le ha llegado el fin; pero uno mismo no, ¡el que se muere no ha tenido tiempo ni de darse cuenta!

Lo que quiero decir es que uno nunca muere; en sus pensamientos está vivo siempre. La muerte es algo que les sucede a los demás, nunca a uno mismo. Incluso en el momento de morir está uno tejiendo planes para la vida. Posponemos siempre la idea de la muerte para mañana. Todo lo que es auspicioso lo vamos posponiendo; en cambio, aquello que no lo es, lo hacemos al instante.

El día que hagas lo contrario, te teñirás del color de Su nombre. Entonces postergarás lo que no te es favorable y llevarás a cabo lo favorable inmediatamente. Cuando surja en ti el sentimiento de dar, da de inmediato. No confíes demasiado en ti mismo, pues la mente ideará en un segundo mil trucos para que lo olvides.

Mark Twain escribió que una vez fue a una convención a oír hablar a un pastor protestante. Al cabo de cinco minutos, impresionado y conmovido, decidió donar a la causa del pastor los cien dólares que llevaba encima. Diez minutos después le surgió el pensamiento de que cien dólares era demasiado; con cincuenta bastaría. Pero en el momento en que apareció el pensamiento de los cien dólares, perdió toda conexión con el clérigo, pues el diálogo interior le tenía ocupado por entero. Antes de que transcurriese media hora, la donación había bajado a cinco dólares. Cuando la conferencia terminó, pensó: «Nadie sabe que tenía la intención de donar cien dólares. Además, ¿quién da tanto? La gente por lo general no da nada. Yo creo que con un dólar es más que suficiente». Cuando le pasaron la cesta, escribe: «En vez de sacar un dólar del bolsillo, lo que hice fue tomar uno de la bandeja... No me vio nadie, absolutamente nadie. Nadie lo sabrá jamás».

No confíes demasiado en que harás lo correcto; con frecuencia, es muy difícil. En ciertos momentos, cuando te sientes pletórico, surge en ti el impulso de hacer el bien; pero si pierdes esa oportunidad, quizá no vuelva nunca. Nunca cedas a los pensamientos de superioridad moral, pues lo auspicioso es precisamente algo sobre lo que no se puede pensar, solo se puede actuar en consonancia con ello. Cuando tengas ganas de dar, ¡da! Cuando tengas ganas de compartir, ¡comparte! Cuando tengas ganas de renunciar, ¡renuncia! Cuando tengas ganas de hacer los votos de *sannyas*, ¡hazlos! No pierdas un momento, porque nadie sabe cuándo volverá a presentarse ese momento en tu vida, o ni tan siquiera si se presentará jamás.

Y cuando lo desfavorable, lo perverso, surja dentro de ti, ¡párate! Posponlo durante veinticuatro horas. Tómalo como norma: si quieres hacer daño a alguien, hazlo un día después. ¿Qué prisa tienes? La muerte no está esperándote en la puerta; y aunque lo estuviera, ¿qué mas da? Como mucho, podría ser que el enemigo no llegara a recibir el daño, ¡eso es todo!

Si puedes posponer un acto negativo tan solo un día, no serás capaz de llevarlo a cabo, porque el ímpetu de hacer daño es momentáneo. Lo mismo que el impulso de hacer el bien llega de repente, también el de hacer el mal dura solo un momento, y, si eres capaz de no actuar en ese momento, pronto te darás cuenta de lo absurda que habría sido tu acción. Refrena a un asesino durante un segundo, y no podrá matar. Si un hombre va a saltar de un puente, interrúmpelo durante unos momentos y ya no intentará suicidarse. Ciertos actos son posibles solo en ciertos momentos. Dentro de ti hay momentos tanto de burda insensibilidad como de intensa consciencia.

En los momentos de mayor consciencia te sientes lleno de amor y creatividad; en los momentos de intensa insensibilidad eres presa de la destrucción sin sentido. En tu estado de agitación, solo quieres destruir; luego te arrepientes, pero no sirve de nada. Si has de arrepentirte, que sea después de haber hecho algo bueno. ¿Qué sentido tiene arrepentirse después de pecar? Sin embargo, eso es lo que haces siempre: primero pecas y luego te arrepientes. ¿Y las buenas obras?... Como nunca las haces, la cuestión del arrepentimiento ni se plantea.

Nanak dice que ni los pensamientos ni las palabras hacen que suceda nada. El pecado y la virtud no tienen relación con las palabras, sino con los actos. Son obras y no palabras lo que has de presentar ante Dios. Él te juzga por tus acciones, por lo que eres. Lo que hayas dicho, lo que hayas aprendido y lo que hayas pensado no tienen relevancia alguna para Él. El resultado final depende de tus acciones. Nanak dice que el ser humano siembra y recoge él mismo su cosecha.

Por lo general, decimos que nuestros problemas los causan los demás; los éxitos, sin embargo, los conseguimos nosotros. Los fracasos se deben a que otros han interferido, pero todo lo que nos sale bien es logro nuestro. Es una forma de pensar totalmente equivocada. Lo que ocurra en tu vida forma parte de la cadena de tus acciones, forma parte de tu karma. Eres responsable de todo el bien y todo el mal de tu vida, de lo que te es favorable y desfavorable, de las flores y las espinas. El día que una persona asume y experimenta la responsabilidad total de sí misma, empieza a producirse una transformación en su interior.

Mientras culpes a los demás, no puede haber transformación alguna. Si los demás son la causa de tu desdicha, ¿qué puedes hacer tú? Hasta que los demás no cambien, tu desdicha continuará, ¿no? Pues ¿cómo vas a cambiar a los demás? No tienes manera de hacerlo, así que tendrás que seguir sufriendo... No hay más alquimia que la religión para transformar la desdicha.

Las semillas tardan tiempo en dar fruto, y, por eso, cuando los frutos empiezan a aparecer te has olvidado ya completamente de lo que sembraste. Es por este olvido por lo que echas la culpa de tus males a los demás. Recuerda, a nadie le preocupas; cada persona se preocupa de sí misma: los demás están plagados de sus propios males, y tú de los tuyos. Cada persona debe buscar el hilo de sus propias acciones. Reconoce este hecho, y entonces, y solo entonces, podrá producirse en ti una transformación radical. En cuanto entiendas que tú eres el responsable, es posible hacer algo. Lo primero que debes hacer es reconocer y aceptar en silencio las reacciones y resultados de tus acciones pasadas; y como no tendría sentido que, mientras recoges los frutos de esas acciones, generaras nuevos conflictos, esta es la única forma en que las acciones pasadas pueden neutralizarse.

Un hombre le escupió al Buddha. El Buddha, sin alterarse, se limpió la cara con el manto. El hombre estaba furioso, y también los discípulos del Buddha cuando esto ocurrió. Después de marcharse el hombre, Ananda no se pudo contener.

—¡Esto es un sacrilegio! —gritó—. Practicar la moderación no significa que cualquiera pueda hacerte lo que le venga en gana sin consecuencia alguna. Dejar que sucedan cosas como esta inspirará a otros a hacer lo mismo. ¡Tenemos el corazón inflamado! No podemos aguantar este insulto.

—No os alteréis innecesariamente, o se convertirá en un eslabón más de vuestra cadena de karma. Debí de ofender a este hombre en algún momento, y ahora ha saldado la deuda. Quizá lo insulté de algún modo, y ahora estamos en paz. Vine a esta aldea expresamente por él. Si no me hubiera escupido, me habría quedado en la incertidumbre; pero él ha resuelto mi dilema. Ahora la cuenta está saldada. Este hombre me ha liberado de alguna acción pasada que cometí, y le estoy agradecido... Pero ¿por qué estáis todos tan nerviosos? No tenía nada que ver con vosotros. Si, llevados por la ira, le hubierais hecho algo a este hombre, habríais creado un nuevo eslabón en la cadena de vuestros karmas. Mi cadena se ha roto; la vuestra se formaría de nuevo, y sin razón alguna. ¿Por qué intervenís? Tengo que recoger el resultado de aquel a quien he agraviado. Antes de la aniquilación total, de la aniquilación suprema, antes de fusionarme completamente con lo infinito, debo saldar las cuentas con todas las personas y todas las cosas, con todas las relaciones que se formaron debido a la ira, la insolencia, el odio, el apego, la codicia..., pues solo aquel cuyas acciones han quedado igualadas es un ser completamente liberado.

Así que recuerda, deja que tus acciones pasadas se salden en paz. Acepta con alegría lo que venga, y estate contento. Recuerda que estás saldando las cuentas, y no crees nuevos eslabones; entonces, poco a poco, tu conexión con el pasado se va debilitando y acaba por desintegrarse.

Lo segundo que debes recordar es no hacer más daño a nadie, o te estarás atando nuevamente a tus acciones. Las cadenas interiores las creamos nosotros, así que recuerda que tienes que romper los viejos eslabones y no crear otros nuevos.

Mahavira utilizó dos palabras preciosas para referirse a esto: *asrava*, que significa no permitir que lo nuevo entre, y *jirjara*, permitir que lo viejo se desprenda. Poco a poco llega entonces el momento en que no queda ya nada viejo, y nada nuevo se ha formado. Entonces eres libre. Y la dicha suprema ocurre solo en este estado.

> El ser humano siembra, y él mismo recoge la cosecha.
> Nanak dice: «Por orden divina se salvan unos y renacen otros».

> Si visitas lugares sagrados, practicas austeridades,
>   muestras compasión y haces buenas obras,
> obtendrás el respeto de los demás;
> pero aquel que escucha a Dios y medita sobre Su nombre
> tiene el corazón lleno de amor y se purifica hasta lo más profundo.

Ninguna ablución externa provoca una transformación. Como mucho te hará una persona respetable a los ojos de los demás. Pero esa reverencia puede ser peligrosa, porque tu ego intentará hacer una montaña de ella; no parará de contar cuántas peregrinaciones has hecho, cuántos ayunos.

Bodhidharma hizo un viaje de la India a China, donde el emperador fue a su encuentro. El rey se había convertido al budismo y, a continuación, había construido miles de monasterios, *ashrams* y templos. Había hecho imprimir y distribuir miles de tratados budistas; había alimentado a millones de mendigos a diario, y todo esto se lo contó a Bodhidharma, así como las numerosas imágenes del Buddha que había hecho esculpir –de hecho, todavía existe un templo mandado construir por él en el que hay diez mil estatuas del Buddha, para lo cual hizo excavar montañas enteras–. Su caridad era inmensa, y todo esto quiso contárselo a Bodhidharma.

Bodhidharma le escuchó inmutable, y, finalmente, el rey no se pudo contener más.

–Dime –le preguntó–, ¿cuál será el fruto de todas estas buenas obras?

–Ninguno –contestó Bodhidharma–. Te pudrirás en el infierno.

–¿Qué dices? –el rey estaba consternado–. ¿Yo en el infierno?

–Las obras en sí no son la cuestión. Son buenas obras, sin duda; el problema es tu sentimiento de haberlas hecho. Las buenas obras han sucedido; déjalo así, no te atribuyas la autoría. Si presumes de haberlas hecho, toda la virtud de tus acciones se convierte en polvo; la medicina se convertirá en veneno. Y la realidad es que las medicinas se hacen con venenos.

En los tiempos en que todavía estaban en uso las rupias, las annas y las paisas, Mulla Nasruddin fue al médico porque su esposa sufría de insomnio.

–Ayúdeme, doctor. Mi esposa se pasa la noche entera riñéndome, como si no fuera suficiente lo que aguanto durante el día.

–Llévate estos polvos –le dijo el médico– y, cada noche, dale la cantidad equivalente a una moneda de cuatro annas.

Al cabo de una semana, el médico se encontró con Nasruddin en la carretera.

–¿Cómo está tu esposa? –le preguntó.

–La medicina que me dio ha obrado maravillas, doctor. ¡Todavía sigue dormida!

–Pero ¿cuánto le diste de aquel polvo? –dijo el médico preocupado.

–Bueno, como no tenía una moneda de cuatro annas, junté cuatro monedas de un anna, las cubrí con el polvo y se lo di. ¡Qué paz hay en la casa! Una medicina maravillosa...

La medicina puede convertirse en veneno si te descuidas con la cantidad, y la virtud puede convertirse también en veneno a partir de cierta proporción. Recuerda, mientras la virtud sea únicamente una acción, no hay problema, pero cuando el hacedor está implicado, la proporción puede ser peligrosa. Si las buenas obras se realizan para contrarrestar las malas obras que uno ha hecho, perfecto; ahora bien, si se hacen con la idea de obtener o acumular virtud, es peligroso. Lo más que puedes ganar con ellas es respeto, pero no creas que eso es religión.

Una vez viajábamos Nasruddin y yo en autobús.

De repente, Mulla se levantó en medio del autobús en marcha y empezó a exclamar:

–Hermanos, ¿ha perdido alguno de vosotros un fajo de billetes atados con una cuerda?

Muchos dijeron que el fajo era suyo, y se cortaban el paso unos a otros para llegar hasta Mulla.

–¡Paz, que haya paz! –gritó Mulla–. Hasta el momento solo he encontrado la cuerda.

La religión es como el fajo de billetes; las buenas obras son la cuerda. No te enorgullezcas de ellas. La cuerda en sí no vale nada, asume su valor solo cuando está atada alrededor de los billetes de rupia. ¿Qué valor tiene una cuerda que esté atada alrededor de una piedra? Cuando las buenas obras se unen a una actitud desinteresada son la barca que te lleva hasta la otra orilla; cuando están atadas al ego son la roca que te ha caído en el pecho y que siempre te ahogará. Por tanto, hay personas que se ahogan en sus malas obras, y personas que se ahogan en las buenas.

Por eso ha ocurrido tantas veces que un pecador haya llegado a la otra orilla mientras que el hombre virtuoso se ha quedado atrás. El malhechor se desprende de su ego más fácilmente porque sabe que es un pecador; sabe que es poco menos que imposible que llegue a Dios. Está convencido de que no hay nada bueno en su interior, de que es únicamente un depósito de maldad. No se atreve ni a pensar siquiera que su voz pudiera llegar a Él. Pero cuando el ego está ausente, incluso el pecador puede llegar; mientras que, si el ego está presente, se ahogará incluso la persona virtuosa.

> Si visitas lugares sagrados, practicas austeridades,
>   muestras compasión y haces buenas obras,
> obtendrás el respeto de los demás;
>   pero aquel que escucha a Dios y medita sobre Su nombre
> tiene el corazón lleno de amor y se purifica hasta lo más
> profundo.

Esa actitud deberías tener. No permitas que el orgullo se infiltre en el hecho de ser un renunciante, en las obras de caridad, en hacer cualquier cosa. No dejes que el orgullo del emperador encuentre en ti donde poner el pie, o, como dice Bodhidharma, «Te pudrirás en el infierno».

> Todas las virtudes son Tuyas, Señor. Nada hay en mí.
> Sin acciones virtuosas, no existe verdadera devoción.

«Ni siquiera soy digno de adorarte. No tengo derecho ni capacidad.» Por eso, dice Nanak, todas las cosas se obtienen por Su gracia. ¿Qué podemos hacer nosotros? Todos los devotos han dicho lo mismo: «Cualquier cosa que logremos es siempre por Su gracia, ya que solos no somos capaces de lograr nada».

Sentirte capaz implica que Él por fuerza tiene que darte. Si a pesar de tu capacidad Él no te da, entonces tienes razón para quejarte, y, si te da, no hay razón para que te sientas agradecido, ¿no es cierto?, porque lo que hayas conseguido habrá sido por mérito propio. Ahora bien, si te consideras capaz de algo y no lo logras, surge dentro de ti la queja.

Por el contrario, la mente del devoto está siempre llena de gratitud, pues él no se considera digno de nada de lo que ha logrado. Su manera de pensar es totalmente distinta. Pero no te equivoques, entonar cánticos no hace a nadie devoto; es tu actitud hacia la vida la que ha de cambiar, has de poder decir: «No soy digno de nada, ¡y Él me ha dado tanto!». La oración del devoto rebosa siempre de reconocimiento y gratitud, nunca de queja.

Nanak dice: «No tengo ningún talento, y, sin talentos, no puedo realizar acciones dignas; ¿cómo adorarte entonces? Lo único que puedo hacer es cantar Tus alabanzas, Señor. ¡Tuya es la gloria! Eso es cuanto puedo decir. No soy digno, no merezco nada. Soy tan indigno que lo único que puedo hacer es cantar Tu gloria; nada más».

> Tuya es la única palabra verdadera. Tú eres el sonido.
> Eres Brahma, lo Absoluto. Tu poder es magnífico
>   y autodirigido.
> ¿Cuál fue la hora, la fecha, la estación,
> el mes en que adoptaste forma y la creación comenzó?
> Los eruditos no lo sabían,
> o lo habrían escrito en los libros sagrados,
> ni lo sabían los cadíes,
> o lo habrían incluido en el Corán,
> ni tampoco los yoguis sabían el día y la hora,
> la estación y el mes en que sucedió.
> El creador que crea la creación entera,
> solo Él lo sabe.

¿Y yo? Carezco de cualquier talento. Los eruditos no lo saben, ni lo saben los cadíes –los jueces musulmanes–, y las escrituras no dan ninguna información. Si ningún sabio sabe quién eres, dónde estás, cómo adoptaste forma visible, cómo realizaste la creación, ¿cómo puedo yo, un pobre ignorante, saber qué hacer?

El devoto nunca se preocupa por saber lo que es Dios; es el erudito, el estudioso, el que lo hace. El hombre culto intenta buscarlo mediante el análisis; trata de poner todo a la vista para llegar a Él. Mientras tanto, el devoto sigue dichoso en Su gracia, pues su argumento es: «¿Cómo puede alguien salvo Tú saber cómo se originó todo? Solo Tú lo sabes, todo lo demás son especulaciones sin sentido». Por eso el devoto nunca pretende hacer ver que sabe; su única pretensión es el amor. Recuerda, afirmar que uno sabe es la afirmación del ego; en la afirmación del amor, el ego está ausente.

> ¿Cómo habría de alabarlo y expresar Su grandeza?
> ¿Cómo puedo conocerlo?

Nanak dice: «Solo Tú sabes. ¿Cómo he de llamarte? ¡No conozco ningún saludo de bienvenida! ¿Qué palabras he de usar? Tengo miedo de no decir lo correcto. ¿Qué aspecto de ti he de glorificar? ¿Qué alabanza será la apropiada? ¿Qué palabras son dignas de Ti? No lo sé. Los estudiosos han expresado alabanzas en Tu honor, y cada uno ha hecho lo posible por desbancar a los demás».

Pero todas las expresiones están incompletas. La persona verdaderamente inteligente se ha dado cuenta de que no se Le puede expresar, pues ningún nombre será capaz de contenerlo, y parecerá hueco e insignificante cuando se compare con Su gloria.

> Él es supremo. Su nombre es grandioso.
> Todo sucede como Él ordena.
> Aquel que se atribuya cualquier mérito
> no obtendrá ningún honor ante Él.

Aquel que se considere algo no podrá encontrarlo, ya que solo puede haber uno: o Él o tú. En una vaina solo hay sitio para una espada, no para dos.

Hay un famoso poema sufí del poeta Rumi que dice:

> El amante llama a la puerta del Amado
> «¿Quién eres?», pregunta el Amado.
> «Soy yo». Y la puerta no se abre.
> El Amado repite la pregunta y el amante sigue
>   contestando «soy yo».

El amante gritó una y otra vez: «Ábreme la puerta. Soy yo, tu amante», pero no hubo respuesta. Finalmente, una voz salió de dentro: «No caben dos en esta casa. Esta es la casa del amor, y no hay en ella sitio para dos». Después, volvió a haber silencio.

El amante se dio la vuelta. Vagó por las selvas durante años. Hizo ayunos y prácticas, rituales y obras santas. Se purificó y purificó su mente. Se hizo más consciente; empezó a entender las condiciones. Después de muchos años, regresó y llamó a la puerta de nuevo. Se oyó la misma pregunta:

«¿Quién eres», preguntó el Amado.

El amante respondió: «Soy Tú».

Y, dice Rumi, la puerta se abrió.

Si te acercas a la puerta de Dios siendo alguien –incluso un *sannyasin*, un renunciante, un sabio, lo que sea–, no podrás entrar. La puerta se abre solo a quienes no son nada, nadie, a quienes se han aniquilado a sí mismos por completo.

En la vida ordinaria sucede lo mismo; el amor solo abre sus puertas cuando tú no estás, cuando te has fundido totalmente con el otro y la voz del yo se ha detenido. Entonces, cuando ese yo es menos importante que el tú, y cuando el tú es tu vida entera, entonces eres capaz de destruirte a ti mismo por el amado; voluntaria y alegremente entras en la muerte. Solo entonces florece el amor. En la vida cotidiana conseguimos así un vislumbre del Uno al ver desvanecerse la individualidad de dos personas que se aman.

Para que surja el amor supremo, no debe quedar rastro de ti: ni tu nombre, ni tus títulos, ni nada que te defina; tu propio ser debe convertirse en polvo. Solo cuando te has aniquilado a ti mismo totalmente puede sobrevenir ese amor. Recuerda las palabras de Jesús: «Quien se salva se perderá; quien se pierde será salvado. En Su reino, aquel que se destruya lo conseguirá todo, y aquel que se salve lo perderá todo».

Nanak dice que quien se considera algo no es digno de estar en Su presencia. La verdad es que ni siquiera llega a acercarse a Él.

Los ojos orgullosos son ojos ciegos. Quien tiene siquiera la más leve idea de que es algo, tiene una personalidad sorda, inerte; está ya muerto. No puede aparecer ante Dios. Dios está siempre ante ti, pero mientras tú existas, no podrás verlo. Tú eres la obstrucción, el obstáculo. Cuando este impedimento deja de existir, tus ojos se vuelven puros, se abren, se vacían de yoidad. Es como si no fueras nada, mero vacío; y en ese vacío, Él entra de inmediato.

Kabir decía que el invitado llega a la casa del que está vacío. En cuanto te vacías, el invitado llega; mientras estás lleno de ti mismo, no hay cabida para Él. El día que te vacías, Él te llena.

10. La atracción de lo infinito

Hay millones de inframundos
e infinitos cielos en lo alto.
Los Vedas dicen que son millones los que han buscado
    y buscado,
solo para acabar exhaustos.
Los libros sagrados hablan de dieciocho mil
    mundos,
pero de un solo poder detrás de toda la creación.
Si pudiera escribirse algo, llevaríamos la cuenta,
pero todas las estimaciones son perecederas.
Nanak dice: «Él es el más grande entre
    los grandes.
Solo Él puede conocerse a Sí mismo».

Quienes Le rinden culto Lo alaban,
pero no tienen recuerdo de Él,
como tampoco los ríos y arroyos conocen
    el océano
en cuya vastedad desembocan.

Ni siquiera los reyes y emperadores de grandes
    dominios,
que poseen enormes tesoros,
pueden compararse a la hormiga diminuta
que recuerda a Dios en su corazón.

Hubo un incidente en un instituto de investigación en el que se estaban estudiando varios tipos de veneno. El instituto se infectó de ratas, que crecían en número de día en día, y ninguno de los métodos que se empleaban era capaz de exterminarlas. Fuera cual fuese el veneno que les ponían, las ratas se lo comían alegremente. Habían aprendido a alimentarse de veneno y su comunidad seguía creciendo, pues era lo único que tenían a su alcance y se habían vuelto inmunes a él.

Entonces a alguien se le ocurrió la idea de emplear el viejo método de las trampas, como se hace con los ratones. Se colocaron por doquier, con trozos de pan y queso, ¡pero las ratas las ignoraban por completo! Hasta tal punto se habían acostumbrado al veneno que ya no les gustaba nada más. No consiguieron atrapar ni una sola rata.

Finalmente, otra persona dio con la solución obvia, que era cubrir de veneno el pan y el queso. Así, las atraparon de inmediato a todas.

Aunque suene extraño, ocurrió de verdad, en un instituto de investigación. El estado en el que se encuentra el ser humano es casi el mismo. Se ha acostumbrado tanto a las palabras que, incluso si se le ofrece silencio, trata por todos los medios de encontrar un respiro en las palabras, lo mismo que las ratas se sentían atraídas solo por la comida que estaba cubierta de veneno.

Cuando queremos explicar lo infinito tenemos que ayudarnos de palabras de lo más lamentables; incluso para conducir a un ser humano al vacío necesitamos hacer uso del innoble lenguaje verbal. Y si queremos explicar lo que es el océano, podemos hablar solamente de la gota de agua, pero debatir sobre la gota de agua no puede darnos ni siquiera una pista de lo que el océano es en realidad. Es imposible: fíjate en el poderoso océano y en la gota de agua, diminuta e insignificante. Del mismo modo, ¿dónde quedan las palabras en comparación con el vacío?, ¿dónde queda la inteligencia de un miserable ser humano en comparación con el espacio inconmensurable? Hay espacio y más espacio, mundos e inframundos, todos sin fin.

Pero todo ello se ha de medir en función del débil entendimiento humano, ¡porque el ser humano se ha hecho tan adicto a la mente!, y cuesta mucho romper cualquier adicción. La verdad no está tan lejos, pero nuestros hábitos nos impiden llegar a ella. La verdad está muy cerca, más cerca incluso que los latidos de nuestro corazón, más cerca que el propio aliento. Dios está más cerca de ti que tú mismo. Pero hemos tejido una intrincada red de hábitos, la cual nos impide ver. La mente no es sino un cúmulo de hábitos. Por eso todos los santos se han esforzado por erradicar la mente, a fin de crear el estado de no mente.

En cuanto te desprendes de la mente, en cuanto dejas atrás la orilla, entras en el océano. No hay otra manera de conocer el océano que siendo uno con él, ninguna otra. Mientras estés en la orilla, por mucho que especules o te explayes sobre el océano, no será más que un balbuceo inútil. El hecho en sí de que estés en la orilla demuestra que no tienes una relación directa con él; una vez que la tienes, ¿por qué seguir en la orilla? Una vez que una persona conoce lo infinito, no hay poder terrenal lo bastante fuerte como para encadenarle a la orilla. La atracción de lo infinito tirará de él. No hay fuerza más magnética que la seducción de lo infinito; todas las demás atracciones se desvanecen cuando ella tira.

Pero preferimos sentarnos a hablar. Nos recluimos en una habitación y hablamos sobre el ancho cielo... ¡exterior! Nos encerramos en nuestras jaulas y hablamos de libertad. Vivimos prisioneros en la red de nuestras palabras, y hablamos de lo que no tiene forma.

Son preciosos estos versos de Nanak:

> Hay millones de inframundos
> e infinitos cielos en lo alto.

Hay espacio... y espacio... y nada más que espacio. Es un solo cielo que se hace infinito, porque el espacio no tiene límites. Es un solo espacio ilimitado. Dice Nanak: «Hay cielo, y cielo, y solo cielo..., infinitas veces infinito».

No hay un único infinito, sino infinitos sin fin. Dondequiera que vayas, encontrarás espacio; en cualquier dirección que tomes, encontrarás espacio ilimitado; lo que quiera que toques, verás que es espacio. Lo ilimitado abunda por todas partes.

¿Y en medio de este espacio ilimitado intentas atrapar a Dios en tu pequeña jaula de palabras? Tratas de aprisionarlo en libros como los Vedas y el Corán; es como intentar aprisionar el ancho cielo en la palma de la mano. Lo maravilloso de esto es que, cuando tu mano está abierta, hay espacio en ella, pero en cuanto la cierras, el espacio que había se evapora, y, cuanto más aprietas el puño, más vacío está.

Usa las palabras como una mano abierta, no como un puño; el problema es que las palabras que son como una mano abierta dejan de ser lógicas. Cuanto más lógica quieres hacer una expresión, más la cierras; cuanto más sublime es la definición, más constreñida es la expresión, necesariamente. Cada vez que defines algo con precisión absoluta, lo limitas, creas un muro a su alrededor.

Cuanto más racionales son las palabras, menos son indicativo de Dios. Parece que digan mucho, pero en realidad no dicen nada; la mano se ha convertido en puño. Luego hay palabras carentes de lógica que parecen decir poco y que, sin embargo, lo dicen todo. Ten presente esta diferencia.

Las palabras de Nanak no son las palabras de un lógico, sino las de un poeta, las de un bardo. Son las palabras de un amante de la belleza. Nanak no da con sus palabras una definición de Dios. Son palabras abiertas, como la palma de la mano, que apuntan a algo, que no dicen nada...; apuntan a algo que no se puede decir. No te quedes en las palabras, o se te escapará por completo el mensaje de Nanak.

Si señalo la Luna con el dedo y tú me agarras el dedo y te niegas a mirar más allá de él, ¿cómo verás la Luna? El dedo en sí no significa nada, es solo el instrumento que apunta. Para ver la Luna, tienes que olvidarte del dedo; pero la gente se queda enganchada al dedo.

Por eso se reverencian los libros. Unos reverencian los Vedas, otros el Corán y otros el *Guru Granth*. Dirigen su atención al libro, y se quedan sin ver aquello a lo que el libro apunta. Cuanto más te aferras al libro, más te apartas de la verdad...; el puño está cada vez más prieto. Entonces lo más importante son las palabras, cuando, en realidad, la grandeza reside, no en las palabras sino en el silencio, pues solo en silencio se puede saber.

> Los Vedas dicen que son millones los que han buscado
>   y buscado,
> solo para acabar exhaustos.

El ser humano es un incompetente cuando busca con su inteligencia. Todos los que han salido en busca de Sus profundidades han acabado disolviéndose, mientras que Aquel a quien buscaban ha seguido para ellos igual de oculto. Los Vedas son una larga historia de la incapacidad humana. Todas las escrituras coinciden en que, haga lo que haga el ser humano, su campo de acción es tan pequeño que no podrá nunca atrapar a Dios en la red de sus maniobras. Cuanto más intentas atraparlo, más vacías tienes las manos.

La manera de encontrar a Dios es otra. Tu método de agarre no va a funcionar; tienes que hacer todo lo contrario, abrir la mano, aflojar los dedos por completo. Ni tampoco va a servirte de nada pensar y cavilar; esto también tienes que desecharlo, ya que el razonamiento y la lógica serán más un estorbo que una ayuda, y tu inteligencia hará más de muro que de escalón. En este sendero, cuanto más dependas de tu entendimiento, más te extraviarás. Tienes que dejárselo todo a Él.

Confiar en la inteligencia es propio del ego; significa que has asumido la tarea de encontrarlo. ¿Te has dado cuenta alguna vez de que aquello que buscamos, sea lo que sea, ha de ser menor, más pequeño que nosotros? Lo que consigas o adquieras tiene que ser lo bastante pequeño como para que tu puño pueda sujetarlo. Y si consigues atrapar a Dios en tu puño, es que no es Dios.

¿Cómo encontrará uno a Dios entonces? Haciendo justamente lo contrario: quien está dispuesto a perderlo, Lo encuentra. La única manera es poniéndote tú en la palma de Su mano. Lo que habitualmente queremos es hacer un fardo con Él, atarlo fuerte y llevárnoslo a casa para presumir delante de los demás: «¡Mirad, Lo he encontrado!». Es un intento que, por supuesto, ha de fracasar: no se puede embalar una extensión tan vasta; el espacio no se puede envolver en un paquete. Si lo intentas, los paquetes y los fardos llegarán a casa contigo, pero el espacio no. Si quieres encontrarlo, ponte en Sus manos.

Nanak no se cansa de decir: «Por mucho que me sacrifique, no es suficiente», «Lo que te agrade es lo mejor para mí», «Lo que me hagas hacer, ese es mi camino», «Lo que Tú me enseñes, es la verdad».

Todas estas frases indican una sola cosa: me he quitado de en medio; no voy a interferir con Tus designios; no tengo ni deseo, ni meta, ni motivo; fluiré contigo.

Por eso suelo decir que la fe es inestimable, y el razonamiento es fatal. Razonar significa decir: «Yo soy quien decide; yo soy el juez». Fe significa: el juez eres Tú.

> Hay millones de inframundos
> e infinitos cielos en lo alto.
> Los Vedas dicen que son millones los que han buscado
> y buscado,
> solo para acabar exhaustos.

Veda no se refiere solo a los cuatro libros de los hindúes; se refiere a las palabras de los sabios, de todos los que han sabido. El término *veda* se deriva de *vid*, que significa "saber". Se refiere a las palabras de aquellos que han alcanzado el conocimiento –los *buddhas*, los jainas, los *rishis*–, lo mismo que los Vedas originales –el *Rig Veda*, el *Atharv Veda*, etcétera–, eran las palabras de los sabios de antaño, gente que supo. Cuando una persona alcanza el conocimiento, cuando sabe, sus palabras se hacen Vedas, como lo serán las tuyas el día que tú llegues. Los Vedas no tienen límite; las palabras de aquellos que supieron en el pasado, de los que saben hoy y de los que sabrán en el futuro son Vedas. Los Vedas son la quintaesencia del conocimiento, de la verdad.

Nanak dice: «Declaran los Vedas que todos los que emprendieron la búsqueda se rindieron finalmente, exhaustos y frustrados». Es importante comprender esto, porque la extenuación y la fatiga son decisivas en la vida del buscador. No estarás preparado para aniquilarte a ti mismo hasta que no estés completamente agotado, consumido por la extenuación. Llega al final un momento en que te das cuenta de que todos tus esfuerzos son en vano, de que intentes lo que intentes no servirá de nada. Cuando tu actitud de hacedor llega a los últimos estadios y entiendes que cualquier cosa que hagas es inútil, encuentres lo que encuentres y consigas lo que consigas te resultará insignificante. El deseo sigue hostigándote, pero incluso el éxito demuestra ser insulso y absurdo. Entonces se apodera de ti una profunda tristeza, una melancolía, porque, tras todos tus esfuerzos, no tienes nada. Este es el punto al que debes llegar antes de poder desprenderte del ego; antes no podrás.

¿Cómo podrías desprenderte de él mientras todavía quede esperanza de conseguir algo?... Quizá el problema sea que necesitas esforzarte un poco más, o que has seguido el camino equivocado, y la solución es, por tanto, cambiar de método, o de gurú, sustituir el templo por la mezquita, o la iglesia por el *gurudwara*. No. Hasta que no estés completamente exhausto y frustrado, hasta que tu abatimiento no sea total, no podrás soltarte del ego.

El Buddha buscó durante seis largos años. Quizá ningún ser humano haya vivido la búsqueda con tal intensidad. Lo dio todo en cada intento, hizo siempre exhaustivamente lo que se le dijo; ningún gurú hubiera podido reprocharle una falta de esfuerzo o de determinación.

Un gurú le dijo que comiera solo un grano de arroz al día durante tres meses, y el Buddha siguió sus instrucciones. Se quedó en los huesos; el abdomen y la espalda se le hicieron uno. Estaba tan débil que apenas podía respirar. Pero no logró el conocimiento, porque el conocimiento nunca se logra haciendo nada.

El Buddha lo hizo todo, pero el sentimiento de yoidad persistía. Ayunó, repitió mantras indefinidamente, hizo penitencia, se aplicó con tesón a otras prácticas, pero en lo más profundo de sí, el ego, muy sutil, seguía apareciendo: «Estoy haciendo esto». El puño estaba cerrado, el yo estaba presente.

La única condición para llegar a Él es que el yo desaparezca. ¿Qué más da si regentas una tienda o te dedicas a rezar? Si en ambos casos interviene el ego, eres tú el que trabaja o el que rinde culto. De hecho, ambos son la tienda, porque seguirás en ella mientras el ego exista; hay una vocación, un empleo... Ese es el mundo laboral cotidiano de *samsara*. Cuando el ego termina, Dios empieza; en cuanto tú caes y desapareces, aparece Él. Mientras tanto, tú estás fuera, Él está dentro. Lo uno y lo otro no pueden existir juntos; aquí no tiene cabida la dualidad. Solo hay sitio para uno: o tú o Él.

Al final, el Buddha se cansó de todo. Había hecho todo lo humanamente posible, para nada. Tenía las manos igual de vacías que al principio. Entró en el río Niranjana a bañarse y, cuando terminó, estaba tan débil que no podía salir del agua. La corriente lo empezó a arrastrar y no tenía fuerzas para nadar. Se agarró a la rama de un árbol que se inclinaba sobre el río, y allí, colgado de aquella rama, se dio cuenta de la inutilidad de todos sus esfuerzos. Había hecho cuanto se podía hacer, y no había conseguido nada; eso sí, había perdido en el intento toda su fuerza, se había quedado tan débil que no era capaz ni de cruzar un pequeño río como el Niranjana. ¿Cómo pretendía cruzar entonces el océano de la existencia? «Todo lo que me he esforzado me ha dado solo esto. Ya no necesito el mundo; ni el palacio ni todas las riquezas del reino tienen más significado a mis ojos que un montón de polvo. Y, ahora, estoy tan tremendamente cansado y descorazonado que la búsqueda espiritual tampoco tiene ningún sentido; incluso la liberación es absurda.» En aquel momento, el Buddha comprendió que no había nada que valiera la pena conseguir ni en el mundo ni el ámbito espiritual. Todo es una farsa; todo el afán es un completo sinsentido.

Al final consiguió salir del río y fue a sentarse bajo un árbol. En ese instante dejó definitivamente de intentar nada, dejó de esforzarse, puesto que no había nada que lograr; todos los pequeños logros lo habían conducido al desengaño y la desesperación. Sentía una frustración absoluta; no había en él ni un ápice de esperanza. Mientras haya esperanza, el ego sigue presente. El Buddha durmió bajo un árbol aquella noche. Después de infinitos nacimientos era la primera noche que no tenía una meta, que no había nada que alcanzar, ningún lugar adonde ir; no quedaba nada. Si la muerte se le hubiera acercado en aquel momento, el Buddha no le habría pedido que esperara, porque ya no era necesario; la vida había echado por tierra todas sus esperanzas.

Era un cansancio absoluto. El arco iris de la esperanza se había quedado sin colores, se habían roto todos los sueños. Aquella noche durmió profundamente sin que ningún sueño lo perturbara. Los sueños cesan cuando ya no queda nada por conseguir, pues los sueños van pegados a los talones del deseo. Los deseos marchan a la cabeza, y los sueños los siguen como sombras, porque son esclavos de los deseos. Si no hay deseos, no hay sueños.

El Buddha se despertó cuando estaba a punto de desvanecerse la última estrella. Era un día diferente, no había nada que hacer; todo se había vuelto insignificante. Hasta el día anterior había bullido en él una actividad frenética: la necesidad de encontrar su alma, de alcanzar la religión, a Dios, tantas cosas... Y hoy, ¡nada! No quedaba nada por hacer. Y estando allí sentado, contemplando aquella estrella que se apagaba, cuenta la leyenda que en aquel momento alcanzó la iluminación.

¿Qué sucedió en aquel momento? ¿Qué sucedió aquella noche que no había sucedido durante los seis largos años que se esforzó con cada fibra de su cuerpo? ¿Cuál fue el singular acontecimiento que hizo al Buddha alcanzar el conocimiento supremo aquella mañana? La respuesta está en la extenuación absoluta de la que habla Nanak. El Buddha no podía hacer más. Había llegado al límite de su fuerza corporal sin obtener ningún resultado. El ego estaba machacado, totalmente vencido. Toda actividad le habían abandonado.

En cuanto los esfuerzos cesan por completo, desciende la gracia; en cuanto las esperanzas se desbaratan, en cuanto desaparece toda actividad y la lucha termina, el ego cae y la mano es abre.

¿Te das cuenta de que no requiere ningún esfuerzo abrir la mano, mientras que sí has de esforzarte para cerrar el puño? Cuando no haces nada, la mano se abre ella sola, porque es su posición natural; no necesitas hacer nada para abrir el puño; simplemente con no cerrarlo, la mano permanece abierta. Aquella mañana, el Buddha no hizo nada, y la mano se abrió.

Kabir decía: «Las cosas suceden sin necesidad de hacerlas». En aquel momento, el Buddha no hizo absolutamente nada, ¡y sucedió todo! Estaba tan cansado, tan frustrado, que se había rendido; y el ego se desintegró. Y en cuanto desapareció el ego, apareció Dios.

Nanak dice que todos los Vedas proclaman que cuantos se esforzaron por penetrar en Sus profundidades acabaron totalmente frustrados y exhaustos, y que solo cuando el agotamiento fue absoluto alcanzaron la iluminación. Solo cuando estás cansado de todo hasta no poder más, llegas a Él.

La meta de todo yoga, por tanto, es cansarte. No se llega a Dios por medio del yoga, pero el ego se cansa. Ningún método conduce a Dios; todos conducen al agotamiento, para que puedas alcanzar así un estado de pura relajación, para que, cuando la mano se abre, no tengas fuerzas para volverla a cerrar.

Son muchos los que han acabado exhaustos y desilusionados tras su búsqueda. Los Vedas dicen que el esfuerzo ha de llevar a ese estado, y que entonces sobreviene la realización. Los *satgurus*, los maestros perfectos, dicen que a Dios se llega solo por la gracia, y no por nuestros esfuerzos. Dios sería pequeño en comparación contigo si pudieras alcanzarlo con tu fuerza de voluntad. Es infinitamente más grande que tú. Por eso, en cuanto te vacías, Él te llena.

Cuando llega la lluvia, llueve igual en las montañas que en los valles; los valles se llenan y las montañas siguen secas. Las montañas ya están llenas y no hay cabida en ellas para el agua, mientras que los valles están vacíos, y el agua los puede llenar y formar lagos.

Dios se derrama sobre todos nosotros por igual; no hace discriminación alguna. La existencia es igual para todo el mundo, sin la menor distinción. La existencia no entiende de personas dignas e indignas, santas o pecadoras. Dios derrama Su gracia sobre todos por igual, lo mismo que los cielos cubren todo lo que hay debajo de ellos; solo que quienes están llenos de sí mismos se quedan sin Su gracia porque no hay sitio para ella en su interior. Quienes están interiormente vacíos se llenan, porque en ellos hay espacio suficiente.

Cuando la yoidad se desvanece, Él llega; y la yoidad persiste mientras haya esperanza de encontrarlo.

Los libros sagrados hablan de dieciocho mil mundos,
pero de un solo poder detrás de toda la creación.

En esa extensión infinita de formas infinitas, hay una sola fuerza oculta tras la multiplicidad. Si te concentras en los muchos, vagarás sin rumbo por el mundo; si te concentras en el Uno, alcanzarás a Dios.

Míralo así: hay un rosario, un *mala*, con muchas cuentas, pero la cuerda que las une es una. Si te aferras a las cuentas, vagarás; si te agarras a la cuerda, llegarás a Dios.

Hay infinitas olas en la superficie del océano. Si en lugar de concentrarte en el océano pones tu atención en las olas, vagarás sin fin, pues las olas se formarán y desintegrarán interminablemente; una ola te llevará a otra, luego a otra, y a otra... Serás como un frágil barco de papel, saltando de ola en ola, sumergiéndote en una, luego en la siguiente, sufriendo aquí y allá. No llegarás a tu destino porque las olas no tienen destino; solo saben de cambio, y el destino es eterno, imperecedero. No puedes descansar en las olas; no podrás descansar hasta que las olas se aquieten. Entonces alcanzarás aquello que nunca cambia.

¿Te das cuenta de que, cuantos más cambios hay en tu vida, mayor es tu desasosiego? Esto explica que haya tal agitación en el mundo actual, puesto que el cambio es constante. Los científicos dicen que los cambios de esta época equivalen a los que se produjeron a lo largo de todo el primer milenio después de Cristo, y estos, a su vez, a los que se produjeron durante los cinco mil años anteriores. En los doscientos años siguientes, hubo tanto cambio como en los mil años previos, y, así, para cuando llegamos al siglo xx, el ritmo del cambio es vertiginoso: ¡los cambios sucedidos durante cinco años equivalen a los

de un período de cinco mil años antes de Cristo! Y para cuando
termine el siglo XX, ese mismo volumen de cambios se produ-
cirá en cinco meses. Es tal la velocidad que a duras penas consigues llegar a una ola cuando ya llega la siguiente.

Pregunta a un anciano de cualquier aldea, y te dirá que allí
todo sigue casi igual que cuando él nació. Fíjate en las ciuda-
des, sin embargo; son un continuo proyecto de futuro; nada permanece igual dos días seguidos. En Occidente, el cambio está
alcanzando un ritmo alarmante.

En Estados Unidos, la gente no se queda mucho tiempo en
un lugar. El promedio de ocupación es de tres años; y si este
es el promedio, significa que hay personas que se quedan más
tiempo, pero hay otras que cambian de lugar de residencia cada
dos o tres meses. Imagina lo que es cambiar cada dos meses de
lugar, de atmósfera, de alimentación, de vestimenta. Con cada
cambio de estación cambian los coches, cambia la ropa. Las olas
van en aumento a un ritmo vertiginoso, y ellos creen que, a mayor cambio, mayor disfrute, cuando la realidad es que, a mayor
cambio, mayor sufrimiento. Es como si sacaras de la tierra un
arbusto cada dos días y lo plantaras en un lugar distinto. No
tienes tiempo ni de encontrar tus raíces antes de volverte a
trasladar.

Cuanto mayor es el cambio, más infernal es la vida; de ahí
que el infierno se haya vuelto más acusado en Occidente. Antiguamente, el mundo oriental era muy tranquilo porque apenas
había cambios. Todo era estático, y en aquella estabilidad era
más fácil ahondar en el océano, ya que las raíces estaban fir-

memente asentadas y cada persona era capaz de reunir el valor suficiente para bucear hasta lo más hondo.

Recuérdalo, si te quedas flotando entre las olas, serás una persona mundana. Si empiezas a buscar el océano dentro de las olas, poco a poco te harás un *sannyasin*. Buscar lo eterno en lo cambiante es *sannyas*; captar lo inmutable en lo mutable es el arte de *sannyas*. Solo eso es religión.

Dice Nanak que los autores de los libros sagrados aseguraban que había dieciocho mil mundos. Hay dieciocho mil existencias, pero el poder que hay detrás de ellas es esencialmente uno. Depende de lo que elijas; se presentan ante ti ambas posibilidades: puedes elegir lo cambiante, lo que viene y va, o puedes elegir lo inalterable, lo que nunca viene y nunca se va, sino que está siempre, en cuyo seno se producen todos los cambios, pero que existe eternamente inmutable.

Quien elige esta última opción descubre que su vida se llena de dicha. Quien opta por lo infinitamente cambiante se encuentra pasando de un sufrimiento a otro. Nunca es feliz; lo más que llega a experimentar es una sombra de la felicidad en el proceso de cambiar entre un estado de sufrimiento y el siguiente.

¿Cuántas veces has cambiado de casa? ¿Cuántas veces has cambiado de coche? Cuando cambias tu coche viejo por uno nuevo, el proceso del cambio te da una felicidad momentánea; pero así es como te sentiste cuando te compraste el coche anterior, y así es como te sentirás cuando cambies este por un nuevo modelo. Y ese mismo vislumbre de felicidad es el que sientes cuando cambias una esposa por otra, o un marido por el siguiente. Hay un momentáneo rayo de esperanza.

Quienes llevan un cadáver al cementerio van cambiando de hombro cuando uno se les cansa por el peso. Durante un momento sienten cierto alivio, pero el peso es el mismo, y muy pronto es el otro hombro el que se cansa, y hace falta cambiar de posición otra vez.

Eso es lo que haces al cambiar una ola por otra: cambiar de hombro. La manera de alcanzar la felicidad es deslizarse en el océano a través de la ola. Las olas son muchas; el océano es uno. Puede haber muchas existencias, pero es uno el poder que las mueve; el Uno que se esconde dentro de cada uno de nosotros. El arte de la vida se esconde en este breve verso: busca el Uno, agarra la cuerda que se oculta en el *mala*.

> Si pudiera escribirse algo, llevaríamos la cuenta,
> pero todas las estimaciones son perecederas.
> Nanak dice: «Él es el más grande entre los grandes.
> Solo Él puede conocerse a Sí mismo».

Nada se puede escribir sobre Él, porque cualquier cosa que se escriba perecerá, mientras que Él vivirá para siempre. ¿Cómo puede lo perecedero dar testimonio de lo imperecedero? Todos los escritos se pierden. ¿Cuántas escrituras se han perdido ya?, y las que aún existen se perderán. ¿Cuántas palabras han nacido y cuántas se han disuelto en el vacío? Pero la verdad ha sido siempre la misma.

Así que la calidad de lo uno y lo otro es diferente. Lo que se puede escribir, se puede eliminar, pero si aprendes el arte de leer aquello que no está escrito –si aprendes el arte de leer un papel en blanco–, podrás comprender a Dios.

Una vez, en el Estado indio de Maharashtra, había tres sabios: uno era Eknath; otro, Nivruttinath, y el último, una mujer faquir llamada Muktabai. Eknath envió una carta a Nivruttinath que contenía una hoja de papel en blanco. Nivruttinath la abrió, la leyó con mucho interés, y se la pasó a Muktabai. Ella también la leyó con atención absoluta. Luego, ambos se sumieron en una dicha extática. Nivruttinath entregó la misma carta al mensajero y le dijo: «Llévale la respuesta a Eknath».

El mensajero estaba desconcertado. Cuando trajo la carta, no sabía lo que contenía, y, por supuesto, no imaginaba que se tratara de un trozo de papel en blanco, pero ahora, al ver que la misma hoja en blanco que había salido de ella se enviaba como respuesta, se quedó perplejo. Juntó las manos y se volvió hacia Nivruttinah.

–*Maharaj*, antes de que me vaya, ¿serías tan amable de satisfacer mi curiosidad? –preguntó–. Si no había nada escrito, ¿qué leíste? Y no solo tú, sino que Muktabai leyó también la carta con interés, y era obvio vuestro gran regocijo. Leíais con tanta atención que parecía que hubiera realmente algo escrito. ¿Qué leíais? ¡Y ahora devuelves el mismo pedazo de papel sin escribir en él ni una sola palabra!

–Eknath nos decía –le explicó Nivruttinath– que, si quieres

leer a Dios, has de leer un papel en blanco, pues lo que leas en un papel escrito no es Él. Estamos de acuerdo con esto. Hemos entendido el mensaje, y este es el nuestro: que hemos entendido. Lo que Eknath dice es absolutamente cierto.

Se han escrito muchos libros, pero no se puede describir a Dios. ¿Cómo pueden hablar de Él los libros? Es lo que no está escrito lo que has de leer. Cuando leas los Vedas, el *Guru Granth*, el Corán, deja las palabras escritas y atiende a lo que no está escrito; lee el espacio entre las líneas, entre las palabras, y recuerda lo que has leído.

Si lees la palabra escrita y te concentras en ella, llegarás a ser un erudito o un sacerdote; si lees lo que no está escrito, serás un sabio. Si te concentras en la palabra escrita, adquirirás mucha información; si recuerdas lo que no está escrito, volverás a ser un niño: inocente, sin doblez. Recuerda, lo que no está escrito es la puerta.

Por tanto, pregunta Nanak, ¿hay algún dato o estimación sobre Él que pueda escribirse? ¿Alguien ha conocido algo de Él que pueda contar? Ninguna información puede ser información de Él. Quienes saben guardan silencio. Si alguna vez dicen algo, es siempre en calidad de flecha que apunta hacia el silencio. Si alguna vez han escrito algo, ha sido siempre con la intención de que leas lo que no está escrito.

No se puede escribir una descripción de Él. Lo que esté escrito, se desintegrará un día. Por mucho que protejas los libros, un día desaparecerán. Después de todo, están hechos de papel y las palabras, de tinta; ¿y qué puede haber más perecedero que eso? Considéralos barcos de papel. Quienes viajan a bordo del barco de las escrituras e intentan alcanzar a Dios no se dan cuenta de que navegan en un barco de papel que, por fuerza, un día se volcará, y ellos se ahogarán. No navegues en barcos de papel. Los barcos de papel están bien para que los niños jueguen, pero no son un transporte seguro en el que emprender un viaje. Y este viaje es un gran viaje, tal vez el mayor viaje en el que un ser humano se embarca jamás, ya que ningún océano es mayor que el océano de la existencia.

No, las escrituras no sirven. Comprende su mensaje, la indicación que hacen. Y esa indicación es: vacíate.

Pero la estupidez humana no tiene límites. Nos falta tiempo para llenar nuestro ser precisamente de aquel que nos dice que nos vaciemos, y nos abarrotamos el cráneo con sus palabras y las de aquellos que han dicho lo mismo, iniciando así, una vez más, el ciclo de cambios. Nuestras esperanzas, expectativas, nuestro intelecto, no nos aportan ni sabiduría ni comprensión.

Voy a contarte una famosa leyenda sobre la vida de Alejandro Magno. Se dice que iba en busca del elixir de la vida, que, una vez ingerido, mantenía alejada a la muerte. Sus planes de conquistar el mundo entero se debían principalmente al deseo de encontrar ese néctar.

Cuenta la leyenda que finalmente encontró el manantial de las aguas de la inmortalidad dentro de una cueva. Alejandro entró en ella lleno de alegría, pues su deseo de toda una vida estaba a punto de cumplirse. Posó la mirada por un momento en el arroyo borboteante que manaba ante él, y justo cuando estaba a punto de beber el agua, un cuervo que había en un rincón de la cueva lo llamó.

—¡Espera, no te vayas a equivocar! —le dijo.

Alejandro miró al cuervo. Tenía un aspecto desastroso; costaba hasta reconocer que fuera un cuervo. Se le habían caído las alas, estaba ciego, el cuerpo entero se encontraba en estado de desintegración. Era un puro esqueleto.

—¿Quién eres tú para detenerme? —le preguntó Alejandro—. ¿Tienes algún motivo?

—Deja, rey, que te cuente mi historia primero, y luego haz lo que creas oportuno —contestó el cuervo—. Yo también buscaba este manantial. Yo también descubrí la cueva y bebí de esta agua. Ahora no me puedo morir, ¡y no sabes cuánto quiero morirme! Mira en qué estado me encuentro: estoy ciego, tengo un cuerpo viejo y ajado, se me han roto las alas y no puedo volar, se me han desintegrado las patas..., pero da igual, ¡no me puedo morir! Mírame una vez más y luego haz lo que te plazca. Mi único deseo es que alguien me mate, pero nadie me puede matar porque bebí de ese néctar. Ruego a Dios día y noche que me conceda la muerte. ¡Quiero morir como sea!

Se dice que Alejandro se detuvo y reflexionó. Después, en silencio salió de la cueva sin probar el agua.

Si tus deseos se cumplen, te encuentras con tantos problemas como si no se cumplen. No quieres morir. Si encontraras esa cueva y bebieras de su manantial, te encontrarías en un aprieto: ¿qué hacer ahora con tu vida? Cuando tenías la vida en tus manos, cuando de verdad podías haber vivido, estabas ocupado buscando el néctar para escapar de la muerte. ¡Qué dilema! No puedes vivir con el elixir ni puedes vivir con la muerte, no puedes vivir en la pobreza ni puedes vivir en la riqueza, no puedes vivir en el infierno ni puedes vivir en el cielo, y, no obstante, ¡piensas que eres sabio!

Bayazid era un místico sufí que le dijo a Dios en sus oraciones: «Señor, no escuches mis plegarias; no cumplas mis peticiones, pues ¿tengo sabiduría alguna para pedir lo que me conviene?».

El ser humano carece de toda inteligencia. Se queda atrapado en la red de sus deseos y luego deambula dentro de ellos. Si sus deseos no se cumplen, tiene problemas; si se cumplen, tiene problemas también. Piensa un poco; regresa a tu pasado y haz balance de tu vida. ¿Qué has deseado que se haya cumplido en parte? ¿Y te ha hecho feliz? Otros deseos que tenías no se han cumplido, ¿te ha dado eso felicidad? Tanto si se han cumplido como si no, solo has conocido la aflicción y el sufrimiento. Vives preso de los deseos que se cumplieron, y preso de los que aún no se han cumplido.

¿Qué es la comprensión? ¿Qué puede caracterizar a la sabiduría sino el pedir algo que, cuando se consiga, pondrá fin a todo el sufrimiento, a todas las desdichas? Desde esta perspectiva, nadie en el mundo, salvo la persona religiosa, es sabia. Solo el que desea a Dios no se arrepiente nunca; cualquier otra cosa que pidas, acabas lamentándola.

Ten presente que todos tus deseos terminan en pesar y arrepentimiento, excepto el deseo de Dios. Nada menor que eso te servirá, puesto que la meta es la vida.

¿Puedes llegar a Él por las escrituras? Nanak dice que no Lo encontrarás en ellas, que ahí no encontrarás más que palabras y doctrinas, no la verdad. ¿Dónde encontrarás la verdad? La respuesta que da Nanak es: «Él es el más grande entre los grandes, y solo Él puede conocerse a Sí mismo. Significa que no puedes estar separado de Él y conocerlo. Solo cuando te ahogues en Él Lo podrás conocer. El único sendero que conduce a la verdad exige que seas uno con Dios».

Podemos obtener información sobre el tema; esa es la base de la ciencia. El científico examina e investiga la materia desde fuera y logra un conocimiento de ella. Pero, sobre Dios, no se puede saber nada de esta manera. Tienes que entrar en ti, tienes que profundizar en ti mismo tanto que la frontera entre Él y tú se disuelva, que tú seas Su latido y Él, el tuyo. Y allí donde existe tal unidad reside la sabiduría.

¿Cómo podrías llegar a esto leyendo las escrituras, simples palabras? Esto solo puede suceder por amor. De ahí que Nanak diga: «El amor es la clave. Si el amor a Su nombre brota en ti, si empieza a sonar dentro de ti Su melodía y enloqueces de amor, solo entonces puedes saber».

En las escrituras encontrarás abundante material sobre el que disertar y debatir; pero no confundas eso con la sabiduría, o se te escapará lo que es el verdadero saber. Entonces, ni conocerás a Dios ni te conocerás a ti mismo, ya que la manera de conocer a ambos es la misma. Para conocerte a ti mismo, sé uno con Dios, pues únicamente entonces alcanzarás la sabiduría. Y para conocer a Dios, sé uno con Él. Tienes que saborearlo; esa es la única manera. Sin esa experiencia, todas tus disertaciones y debates serán infantiles y ridículos.

Cuando Nasruddin llegó a la avanzada edad de ochenta años hizo llamar a su hijo mayor, que tenía alrededor de sesenta. Le dijo que, como hacía ya varios meses que su esposa había muerto y él no podía seguir sin una mujer, había decidido volver a casarse.

El hijo se quedó preocupado al oír esto. ¿Casarse a esa edad?

–¿Y con quién has decidido casarte? –le preguntó.

–Con la chica de al lado –respondió Nasruddin.

El hijo soltó una carcajada.

–¡Estás de broma! ¿Te has vuelto loco? ¡Esa muchacha no tiene más de dieciocho años!

–¿Me llamas loco? –le gritó el Mulla a su hijo–. ¡Eres tonto! Tu madre apenas había cumplido los dieciocho cuando me casé con ella. ¿Por qué habría de ser un problema esta vez?

Todo el razonamiento humano en relación con Dios es así; siempre está fuera de los hechos. A todos los efectos, la muchacha está en edad de casarse, pero el Mulla se olvida de cuántos años tiene él. De la misma manera, intentas dar caza a Dios desde el exterior, con la ayuda de razonamientos y doctrinas, pero nunca se te ocurre ni pensar siquiera que, para encontrar a Dios, tienes que entrar en ti, tienes que ser parte verdadera de la doctrina.

El erudito, el eclesiástico culto, siempre se queda fuera. El fruto de su trabajo son los conocimientos que obtiene, pero se queda fuera de ellos. Es muy listo, muy astuto; no quiere arriesgarse a penetrar en sí mismo, por si eso pudiera desestabilizarlo, y se dedica a calcular desde el exterior. Pero su sagacidad demuestra ser, en última instancia, una gran insensatez, ya que no hay otra manera de conocer a Dios.

Es igual que si alguien leyera un tratado de amor y diera por hecho que sabe lo que es el amor, o leyera sobre el amanecer y creyera conocer la belleza del cielo al rayar el alba, o leyera sobre flores y se considerara una autoridad en la materia. Eso no es más que información; ¡el encuentro real es el que se da con el sol naciente y con las flores llenas de rocío! Entonces el sol no está fuera de ti; durante ese instante, el sol y tú sois uno, y vuestros corazones laten al unísono.

Y cuando te encuentras con las flores, cuando su fragancia y tu existencia misma se entremezclan, os fundís por completo, sois uno. ¡Qué dicha! Ese es el momento en que tu ser y el de las flores danzan juntos, se mecen en la brisa; ¿podrías obtener jamás de un libro un momento así? ¡Imposible! Y si la experiencia con una flor común no se puede obtener de ningún libro, ¿cómo podría obtenerse la experiencia de Dios, que es la flor suprema de la vida?

¿Cómo esperas entablar una relación con Él por medio de doctrinas? Tendrás que penetrar en tu interior, y solo quienes están locos pueden entrar, no los inteligentes; ellos se quedan fuera, pues su inteligencia, su perspicacia, no es genuina. Siempre ha sido así: los locos han alcanzado a Dios, y los eruditos se han quedado atrás.

Nanak dice que solo hay una manera de conocerlo. Él es el más grande entre los grandes, y solo Él puede conocerse a Sí mismo. Nunca Lo podrás conocer a menos que te hagas uno con Él y te fundas con su poder omnipresente. ¡Para conocer a Dios, tienes que ser Dios! No hay otro modo. Llega a las cimas más altas y a los más profundos abismos; solo entonces Lo puedes conocer. Tienes que ser uno con Él.

Quienes Lo alaban, eso es cuanto hacen, alabarlo, pero de ello no obtendrán conciencia. Por mucho que cantes Sus alabanzas, sigues estando fuera de Él, sigue habiendo una distancia: Él siempre sigue siendo Dios y tú, el devoto. Repetirás palabras y palabras, pero no servirán para salvar la distancia; al contrario, la aumentarán. Las oraciones no deberían pronunciarse, sino oírse. Escucha, no hables. Estate en silencio para que Él pueda hablar y tú Lo puedas oír.

Pero tú hablas..., ¡y no solo hablas, sino que gritas! Kabir tuvo que decir: «¿Está sordo tu Dios? ¿Es que no oye, que tienes que gritar tanto? ¿No tiene oídos? ¿A quién gritas? ¿Crees que tu voz llegara a Él antes que tú?».

Quienes Le rinden culto Lo alaban,
pero no tienen recuerdo de Él,

La palabra *surati*, "recuerdo", es la quintaesencia de la práctica de Nanak. Todos los santos se funden en *surati*. El concepto nos ha llegado del Buddha, que utiliza el término sánscrito *smriti*. Gurdjieff lo llama "recuerdo de sí", y Krishnamurti se refiere a ello con la expresión "darse cuenta", un estado de consciencia absoluta.

El recuerdo es algo muy sutil; conviene que expliquemos lo que es con un ejemplo. Una madre está ocupada cocinando. Su hijo pequeño está jugando cerca de ella. A todos los efectos, parece que esté concentrada en la cocina, pero su *surati* está en el niño, por si el niño se cae, o se acerca demasiado a la escalera, o se lleva a la boca algo que pueda suponer un peligro. Está ocupada en sus tareas, pero en todo lo que hace hay un recuerdo permanente del hijo. Por la noche, cuando está dormida, ni un trueno es capaz de romperle el sueño, pero si el niño se mueve lo más mínimo, su mano se extiende al instante hacia él. *Surati* persiste incluso durante el sueño; el recuerdo del niño.

Surati significa un recuerdo continuo, como el hilo que une las cuentas. Haz todo lo que el mundo te exija, pero deja que tu mente esté siempre con Él. Siéntate, duerme, camina, come; no sirve de nada escapar del mundo. Vete a trabajar a la oficina, a la tienda o a la fábrica. Cava hoyos, porque el dinero hay que ganarlo; y ocúpate de tus hijos. Todas estas redes del mundo material existen en tu vida, pero mientras te afanas en todo lo que has de hacer, mantén vivo Su recuerdo. Deja que en el exterior la vida siga como siempre, ¡pero haz que dentro solo exista Él! Cuida de que tu relación con Él sea siempre nueva, mantenla siempre viva.

Nanak dice que no es necesario escapar del mundo. Si logras *surati*, eres un *sannyasin*. Una vez que descubres el recuerdo, todo se pone en orden. ¿De qué te sirve huir al bosque si tu *surati* está saturado de las cosas del mundo? Sin embargo, esto es lo que suele ocurrir. La gente abandona el mundo y escapa a la selva, y cuando está allí, ¡piensa en su casa! Es una de las características de la mente, no poner la atención allí donde está, sino donde no está. Cuando estás aquí, piensas en lo maravilloso que debe de ser estar en el Himalaya. Entonces te vas al Himalaya y empiezas a pensar: «Quizá debería haberme quedado en Pune. Quizá no sea este el camino. El resto del mundo se ha quedado donde estaba; no puede ser que todos estén equivocados. ¿Qué hago aquí, sentado debajo de este árbol?».

Incluso en medio de las montañas seguirás contando tu dinero y llevando las cuentas. Los rostros de tu esposa y de tus hijos flotarán a tu alrededor. Sí, es cierto que estás en el Himalaya, pero tu *surati* está en casa con tu familia.

Nanak dice: «Estate donde quieras, pero que tu recuerdo esté en Dios. Nada se consigue cantando alabanzas; con el *surati*, en cambio, se consigue todo, porque tus cánticos son superficiales, mientras que el recuerdo es interior. No hay necesidad de exclamar a gritos: "Eres grande, Señor, yo soy un pecador. Tú eres el redentor y yo soy un mendigo". ¿Por qué gritas así? ¿A quién se lo estás diciendo? No hay necesidad de hacer sonar las campanas ni de entonar salmos; lo que se necesita es el recuerdo.

Mantén el recuerdo de Dios; no Lo olvides ni por un instante. Alimenta Su recuerdo».

Si encontraras un diamante, lo pondrías rápidamente a salvo en tu bolsillo. Quizá incluso lo ataras con un nudo dentro del pañuelo por miedo a que pudiera caérsete. Luego, tanto si fueras al mercado a hacer tus compras o te reunieras con tus amigos, tu recuerdo estaría en todo momento con el diamante. Un leve sonido repetiría una y otra vez: «El diamante está en el bolsillo, el diamante está en el bolsillo...», y, cada poco, lo palparías con los dedos para asegurarte de que sigue ahí.

Alimenta el recuerdo de Dios de la misma manera. Cada poco, tócalo dentro de ti para saber con seguridad que sigue presente. Mientras caminas por la carretera, párate y mira dentro. ¿Está intacto el hilo del recuerdo? ¿Es un flujo continuo? Mientras comes, detente un segundo para comprobarlo; cierra los ojos y mira si el recuerdo sigue fluyendo.

Poco a poco, la experiencia irá haciéndose más y más profunda. Después, el flujo del recuerdo continuará incluso mientras duermes. Cuando finalmente fluya las veinticuatro horas del día, habrás tendido un puente entre tú y Él. Ahora puedes cerrar los ojos y fundirte con Él cuando quieras, porque el camino está hecho; en el instante en que cierras los ojos te disuelves en Él. Y cuando retornes al mundo después de tu encuentro con Él, volverás renovado, rebosante de energía pura, limpio y ligero como si acabaras de darte un baño. Por eso Nanak dice que, en el *surati*, uno se baña en todos los lugares sagrados.

Quienes Le rinden culto Lo alaban,
pero no tienen recuerdo de Él,
como tampoco los ríos y arroyos conocen el océano
en cuya vastedad desembocan.

Los ríos y los arroyos van a parar al océano, pero eso no basta para conocerlo. Los ríos y canales no tienen consciencia; por tanto, aunque desembocan en el océano, no son conscientes de él. Nosotros también vamos a parar a Dios todo el día, y, aunque tenemos la posibilidad de ser conscientes, tampoco lo somos. Damos vueltas y vueltas a Su alrededor, pero no lo sabemos. Una y otra vez caemos en Él. Con cada muerte vamos a parar a Él, y con cada nacimiento nacemos de Él; pero nos falta el recuerdo.

Como los ríos y los riachuelos nos unimos al océano, pero, al no darnos cuenta del hecho, no sentimos, vivimos en la inconsciencia; nos movemos como si estuviéramos en trance, bajo el efecto de alguna droga, como sonámbulos, o como si fuéramos presas de un profundo cansancio. Los ríos y los arroyos desembocan en el océano, pero siguen siendo inferiores, porque no se dan cuenta de lo que ha sucedido.

Entramos en Él y salimos de Él a cada momento. Si prestas atención a medida que el recuerdo vaya cobrando fuerza en ti, te darás cuenta de que cada aliento que tomas va a Él, y luego vuelve a ti desde Él. Cuando el aire sale de ti, entras en Dios; cuando el aire entra, Dios entra en ti. A cada instante, con cada aliento, se expande por todo tu interior. Y tu dicha entonces no tiene límites.

Esta experiencia despertará en ti el primer sentimiento de gratitud, de profundo agradecimiento. Solo entonces podrás decir: «Tu gracia es ilimitada». Solo entonces podrás decir: «Bienaventurado soy», y entonces, por primera vez, la luz y el esplendor de la fe en Él descenderán sobre ti. Cantar las alabanzas de Dios no le hace a uno creer en Dios, pero su recuerdo sí.

> Ni siquiera los reyes y emperadores de grandes dominios,
> que poseen enormes tesoros,
> pueden compararse a la hormiga diminuta
> que recuerda a Dios en su corazón.

Ni los grandes emperadores, poseedores de riquezas tan vastas como el océano y ostentadores de un poder y esplendor inenarrables, pueden igualar a la humilde y diminuta hormiga que ha experimentado la alquimia del recuerdo, que piensa siempre en Él. El más humilde entre los humildes será el más grande entre los grandes al adquirir *surati*, mientras que el más poderoso entre los reyes será un pobre desgraciado si carece de recuerdo.

Solo hay una indigencia, y es olvidar a Dios. Solo hay una riqueza, y es alcanzar Su recuerdo. Aquel en quien despierta el *surati* ha obtenido todo cuanto vale la pena obtener, ha logrado cuanto vale la pena lograr. Entonces da igual que no tenga nada con que cubrirse ni un techo bajo el que guarecerse. Y al contrario, da igual cuántas riquezas poseas, cuántos palacios y títulos, si el *surati* está ausente, en tu interior te sentirás un miserable mendigo; el dolor y la angustia de la pobreza te corroerán siempre el corazón.

Nanak dice que la única riqueza es el recuerdo, y la única pobreza es olvidarlo. Reflexiona sobre esto. ¿Eres rico o pobre? No pienses en el saldo de tu cuenta bancaria, que es un engaño; abre tu cuenta interior y comprueba cuántas entradas hay en la columna denominada "recuerdo"; ese es el único criterio válido para evaluar tu riqueza. Si la columna está vacía, significa que todavía no has empezado a hacer fortuna; da igual lo acaudalado que seas en el mundo exterior.

Cuando Alejandro Magno estaba a punto de morir indicó a sus ministros que le dejaran las manos colgando fuera del ataúd. Protestaron diciendo que aquella no era la costumbre, y que querían saber el motivo. Les dijo: «Quiero que la gente vea que, a pesar de todas mis conquistas, me voy de este mundo con las manos vacías».

La gente como Alejandro Magno muere en la pobreza más absoluta. El más poderoso resulta ser impotente, mientras que, si una simple hormiga está henchida de Su recuerdo, todos los Alejandros parecen insignificantes ante ella.

¿Quién era Nanak? ¿Qué era? No tenía riquezas ni estatus ni reino, pero ¡cuántos reyes se volvieron insignificantes en su presencia! Nanak fue único por su *surati*. Los reyes nacerán y morirán, y habrá otros que los sustituyan, pero Nanak permanecerá para siempre. La fama y el honor se crean y se destruyen, pero no es posible destruir a Nanak, porque quien encuentra refugio en Él, que es indestructible, no puede perecer.

Aunque seas una humilde hormiga, no importa; únicamente, deja que Su recuerdo exista en ti para siempre. No cedas a la locura de adquirir vastos reinos, pues siempre ocurre que, cuanto más te afanas en acumular riquezas externas, más te olvidas de recordarlo; y sin Su recuerdo, ¿qué triunfo será el tuyo? Si Lo recuerdas, las riquezas exteriores te parecerán insignificantes; la fama y el honor mundanos no tendrán ni la menor importancia.

Cuando los niños recogen piedras de colores, intenta explicarles que no son más que guijarros sin ningún valor; igualmente, se los llevarán a casa a escondidas, y la madre encontrará sus bolsillos llenos de lo que para ella no es más que basura. Esos mismos niños, cuando se hacen mayores y se desarrolla su entendimiento, dejan de recoger piedras; y luego, a su vez, les dirán a sus hijos que no jueguen a esa tontería. Pero ¿qué hay de todas las cosas inútiles que ellos seguirán coleccionando?

Lo que recoges en el mundo tiene significado y valor para ti mientras no despiertan tu entendimiento o tu recuerdo. En cuanto el recuerdo despierta, maduras; entonces se enciende la llama de la comprensión, a cuya luz te das cuenta de que todo lo que considerabas valioso no eran más que escombros, y te preguntas por qué era para ti tan importante tenerlo, por qué estabas tan entusiasmado con ello; te preguntas qué te ha dado en realidad.

Todo lo que antes tenía tal importancia se vuelve banal y absurdo a tus ojos. La vida se transforma en el momento en que el *surati* despierta. Se produce una revolución en tu interior. Tu vieja personalidad muere, y nace una nueva.

La búsqueda de ese nuevo nacimiento es religión. Piensa en esto. Mira en tu interior: ¿ocupa el *surati* un lugar dentro de ti, aunque sea un lugar minúsculo? ¿Hay algún pequeño rincón? ¿Hay un templo en ti donde vibre el recuerdo? ¿Oyes sonar la melodía que canta Su recuerdo, aunque sea muy levemente? ¿Está ese recuerdo siempre dentro de ti, o te olvidas de él continuamente? O... ¿te acuerdas de Él alguna vez?

Si contemplas estas líneas, el simple hecho de pensar en ellas provocará el nacimiento del recuerdo dentro de ti, porque, en cuanto empieces a pensar, empezarás naturalmente a pensar en Él. Incluso el pensamiento de que no llevo Su recuerdo dentro de mí despertará Su recuerdo.

A medida que el recuerdo vaya apareciendo cada vez con más frecuencia, igual que cuando el martillo golpea, la marca se irá haciendo más y más profunda. El martilleo constante acaba dejando una marca incluso en un piedra; luego en tu corazón, la marca crecerá inevitablemente.

Kabir decía que la cuerda que roza contra el brocal del pozo al subir y bajar el agua deja una marca en la piedra. Cuando la cuerda de *surati* roce contra tu corazón, ten por seguro que dejará una marca; y la marca se formará muy pronto, porque nada hay tan tierno como el corazón. Lo único que se necesita es que la cuerda siga rozando contra ti.

Sobre el autor

Las enseñanzas de Osho desafían toda clasificación y lo abarcan todo, desde la búsqueda individual de sentido hasta los más urgentes temas sociales y políticos de la sociedad actual. Sus libros no han sido escritos sino transcritos de grabaciones sonoras y vídeos de charlas improvisadas ofrecidas en respuesta a preguntas de discípulos y visitantes, a lo largo de un período de 35 años. El *Sunday Times* de Londres ha descrito a Osho como uno de los «mil artífices del siglo XX», y el autor norteamericano Tom Robbins le ha calificado como «el hombre más peligroso desde Jesucristo». Acerca de su propia obra, Osho ha dicho que está ayudando a crear las condiciones para el nacimiento de un nuevo tipo de ser humano. Suele tipificar a este nuevo ser humano como «Zorba el Buda», capaz de disfrutar tanto de los placeres terrenales como un Zorba el griego, como de la silenciosa serenidad de un Gautama el Buda. Discurriendo como un hilo conductor, a lo largo de la obra de Osho hay una visión que abarca la sabiduría eterna de Oriente y el potencial más elevado de la ciencia y tecnología occidentales.

Osho también es famoso por su revolucionaria contribución a la ciencia de la transformación interior, con un enfoque de la meditación que tiene en cuenta el ritmo acelerado de la vida contemporánea. Sus incomparables «Meditaciones Activas» están diseñadas para, en primer lugar, liberar las tensiones acumuladas en cuerpo y mente, de manera que resulte más fácil experimentar el estado relajado y libre de pensamientos de la meditación.

Sobre el autor existe una obra autobiográfica disponible: *Autobiografía de un místico espiritualmente incorrecto* (Kairós, 2001).

OSHO International Meditation Resort

El Resort de Meditación fue creado por Osho con el fin de que las personas puedan tener una experiencia directa y personal con una nueva manera de vivir, con una actitud más atenta, relajada y divertida. Situado a unos 160 kilómetros al sudeste de Mumbai (antigua Bombay) en Pune, India, el Resort ofrece una amplia variedad de programas para los miles de visitantes anuales, procedentes de más de cien países de todo el mundo. En principio desarrollado como lugar de retiro veraniego para los marajás y los colonialistas británicos, Pune es actualmente una moderna y vibrante ciudad que alberga varias universidades e industrias de tecnología punta. El Resort de Meditación se extiende sobre una superficie de más de dieciséis hectáreas, en una zona poblada de árboles conocida como Koregaon Park. Ofrece alojamiento de lujo a un número limitado de huéspedes y en las cercanías existen numerosos hoteles y apartamentos privados para estancias desde varios días hasta varios meses.

Los programas del Resort están basados en la visión de Osho acerca del que cualitativamente será un nuevo tipo de ser humano, capaz tanto de participar creativamente en la vida cotidiana como de relajarse en el silencio y la meditación. La mayoría de los programas se desarrolla en instalaciones modernas, provistas de aire acondicionado, e incluyen diversas sesiones individuales, cursos y talleres dedi-

cados tanto a las artes creativas como a tratamientos de salud holís-
ticos, crecimiento personal y terapias, ciencias esotéricas, el enfoque
zen de los deportes y el esparcimiento, cuestiones relacionales e importantes transiciones en las vidas de hombres y mujeres. A lo largo
del año se ofrecen tanto sesiones individuales como talleres grupa-
les, junto con un programa diario de meditaciones. Los restaurantes
y cafeterías al aire libre del Resort de Meditación sirven cocina tra-
dicional india, así como una variedad de platos internacionales en
los que se utilizan verduras biológicas cultivadas en la granja del
centro. El Resort también cuenta con un suministro propio de agua
potable y filtrada.

Para más información: www.osho.com/resort

Más información

www.OSHO.com

Un amplio sitio web en varias lenguas, que ofrece una revista, libros, audios y vídeos Osho y la Biblioteca Osho con el archivo completo de los textos originales de Osho en inglés y hindi, y una amplia información sobre las meditaciones Osho. También encontrarás el programa actualizado de la Multiversity Osho e información sobre el Resort de Meditación Osho Internacional.

Para contactar con **Osho International Foundation**, dirígete a: www.osho.com/oshointernational. Visita además:

http://OSHO.com/resort
http://OSHO.com/magazine
http://OSHO.com/shop
http://www.youtube.com/OSHO
http://www.oshobytes.blogspot.com
http://www.Twitter.com/OSHOtimes
http://www.facebook.com/OSHOespanol
http://www.flickr.com/photos/oshointernational

Lecturas recomendadas
Si deseas conocer algo más acerca de Osho, su visión y sus revolucionarias técnicas de meditación, puedes leer:

En editorial Kairós:
El ABC de la iluminación
Libro de la vida y la muerte
Autobiografía de un místico espiritualmente incorrecto
Música ancestral en los pinos
La sabiduría de las arenas
Dang, dang, doko, dang
Ni agua, ni luna
El sendero del yoga
El sendero del zen
El sendero del tao
Dijo el Buda...
Guerra y paz interiores
La experiencia tántrica
La transformación tántrica
Nirvana la última pesadilla
El libro del yoga I y II

En otras editoriales:
Meditación: la primera y la última libertad (Grijalbo, 2005).
Más de 60 técnicas de meditación explicadas en detalle, las meditaciones dinámicas, instrucciones, obstáculos, dudas...
El libro de los secretos (Gaia Ediciones, 2003). Comentarios sobre el Vigyana Bahirava Tantra. Una nueva visión sobre la ciencia de la meditación.
Tarot Osho Zen (Gaia Ediciones, 1998).

Música

El sello NEW EARTH ofrece en CD todas las músicas de las meditaciones activas diseñadas por Osho con sus respectivas instrucciones. De venta en librerías especializadas y en la página web: http://www.newearthrecords.com

editorial **K**airós

Puede recibir información sobre nuestros
libros y colecciones o hacer comentarios
acerca de nuestras temáticas en

www.editorialkairos.com

Numancia, 117-121 • 08029 Barcelona • España
tel +34 934 949 490 • info@editorialkairos.com